中华南社文化书系
总主编 张 夷 耿彦钦

巾帼风华：
南社女社员及女眷

曹 娟 钱西姿 主编

上海大学出版社
·上海·

图书在版编目(CIP)数据

巾帼风华：南社女社员及女眷 / 曹娟，钱西姿主编. —上海：上海大学出版社，2020.12
（中华南社文化书系 / 张夷，耿彦钦总主编）
ISBN 978-7-5671-4125-4

Ⅰ.①巾⋯ Ⅱ.①曹⋯ ②钱⋯ Ⅲ.①女性—名人—生平事迹—中国 Ⅳ.①K828.5

中国版本图书馆 CIP 数据核字(2021)第 017871 号

责任编辑　贾素慧
封面设计　柯国富
技术编辑　金　鑫　钱宇坤

巾帼风华：南社女社员及女眷

曹　娟　钱西姿　主编

上海大学出版社出版发行
(上海市上大路 99 号　邮政编码 200444)
(http://www.shupress.cn　发行热线 021-66135112)
出版人　戴骏豪

＊

南京展望文化发展有限公司排版
江苏凤凰数码印务有限公司印刷　各地新华书店经销
开本 787mm×960mm　1/16　印张 17　字数 296 千
2021 年 1 月第 1 版　2021 年 1 月第 1 次印刷
ISBN 978-7-5671-4125-4/K·229　定价　65.00 元

版权所有　侵权必究
如发现本书有印装质量问题请与印刷厂质量科联系
联系电话：025-57718474

本书编委会

文史顾问

杨天石　中央文史研究馆馆员、中国社会科学院荣誉学部委员

张　炯　中国社会科学院荣誉学部委员、中国作家协会原副主席、中国近代文学学会南社与柳亚子研究会名誉会长

王　飚　中国社会科学院研究员、中国近代文学学会名誉会长、中国近代文学学会南社与柳亚子研究会会长

刘传铭　著名艺术史论家，中国文化书院导师，CCTV"百年巨匠"总撰稿、中国南社文史馆馆长

钱彬龙　中华南社学坛主席团副主席、中国南社文史馆常务馆长

李筱松　李济深女儿、中国南社与辛亥革命后裔大会副主席

南社后裔顾问（以姓氏笔画为序）

丁芳华（宋大章孙媳）　　　　王　方（王大觉孙女）

王炎华（美籍，秋瑾外孙女）　王春莲（李书城孙媳）

方玉霞（方觉慧孙女）　　　　方　铿（方声涛女儿）

邓　克（刘北茂儿媳）　　　　卢慧琳（高振霄外孙媳）

吕　静（许崇智外孙女）　　　朱　泰（朱庆澜孙女）

庄　研（庄蕴宽孙女）　　　　刘佩芬（葛光庭孙媳）

刘樱子（史良外孙女）　　　　李　艳（张难先外孙媳）

李莉娟（李叔同孙女）　　　　李　薇（周南外孙女）

杨　杰（章乃器儿媳）　　　　杨　洁（孙中山曾外孙媳）

吴　红（吴忠信侄孙女）　　　吴艳芳（李曰垓曾孙女）

谷文娟（高燮孙媳）　　　　　沈罗亚（孙中山曾外孙媳）

张小曼（张西曼之女）　　　　张　虹（张开儒曾外孙女）
陈明利（陈去病女儿）　　　　陈雪松（邓素存外孙女）
邵黎黎（邵力子孙女）　　　　金蓉娣（田桐侄媳）
周　全（周瘦鹃女儿）　　　　孟　进（余祖言孙媳）
赵茹理（黄宾虹外孙女）　　　赵　颖（朱少屏曾外孙女）
胡　冰（胡石予曾孙女）　　　胡麦莉（胡朴安孙女）
夏应芊（孙世雄外孙女）　　　徐　憬（徐自华曾侄孙女）
黄本元（黄忏华女儿）　　　　黄金萍（陈陶遗孙媳）
黄建舲（黄兴孙女）　　　　　傅维俭（李烈钧儿媳）
蓝薇薇（蓝天蔚孙女）　　　　楼朋林（张伯驹外孙女）
窦兆莲（诸宗元外孙女）　　　蔡约荭（蔡寅孙女）

总主编　张　夷　耿彦钦
主　编　曹　娟　钱西姿
副主编　崔　艳　夏乃雄　倪仁江
编　审　倪　熊　陈　颖　闻海鹰
策　划　陈雪萍　王　静　宋之珺　李　瑞
统　筹　金雪莲　崔　灿　张　茜

编　委（以姓氏笔画为序）
庄　研　齐朝阳　杨丽娟　何　穗　汪　欣　张末梅　张爱丽
张雅萍　陆贞雄　陈　颖　陈　碧　陈　碧　林立勋　季竹林
赵武霞　胡叶平　俞　前　闻海鹰　耿彦钦　徐永明　殷秀红
高汐汐　高君芝　谢天开

目 录

代序：南社女社员与辛亥革命 ………………… 郭建鹏（1）

上编　南社女社员

郑佩宜
　　——最难燕妮共艰危 ……………………… 胡叶平（3）
三生石上精魂在，生为知己死为邻
　　——忏慧词人徐自华情传 ………………… 闻海鹰（12）
唯余小淑无言在
　　——南社徐小淑的诗与情 ………………… 闻海鹰（22）
陈氏姊妹　南社女杰 ……………… 徐永明　林立勋（30）
参与创立民国的巾帼英雄
　　——唐群英生平 …………………………… 季竹林（39）
人生的赢家
　　——小记同盟会女杰张汉英 ……………… 高君芝（53）
一生只等一个人
　　——记南社伉俪张默君与邵元冲 ………… 耿彦钦（66）
风华绝代，卓尔不群
　　——才高心善不为世容的吕碧城 ………… 陈　颖（83）
陆繁霜的爱情传奇
　　——揭秘姑奶奶陆繁霜尘封百年的恋情 … 陆贞雄（103）

1

曾兰：清末民初的成都新女性 ………………… 谢天开（115）
梅边谈月色，石上舞金刀
　　——中国现代梅王、女印人谈月色的传奇人生
　　　　………………………………………… 张爱丽（120）
乱世负载卿与侬
　　——从谈月色的一场梦说起 ………… 张雅萍（139）
女诗人陈绵祥 ……………………………… 齐朝阳（142）
何香凝与南社 …………………………………… 何　穗（154）
自喜良心日日红
　　——新南社社员沈华昇散记 ………… 俞　前（157）
《南香画语》与《南香诗钞》
　　——记南社著名女画家胡沨平 ……… 汪　欣（167）

下编　南社女眷

猗嗟陈母　千乘之英
　　——记陈去病母亲倪太夫人 ………… 俞　前（173）
追觅一缕牡丹的芬芳
　　——记南社名人李根源夫人马石君 ……… 杨丽娟（180）
丽梅独放
　　——林北丽与林庚白 ………………… 陈　碧（186）

柔肠侠骨柳无垢 ………………………… 张末梅(193)
心盟竹梅诗作嫁
　——找寻我心中的祖母姚盟梅 ………… 高汐汐(198)
庄蕴宽的两位夫人 ………………………… 庄　研(206)
一代才女陈衡哲 …………………………… 庄　研(210)
忆南社黄展云之女黄以雍 ………………… 陈　碧(213)
张应春和柳亚子的交谊 …………………… 殷秀红(216)
得见奇葩烂漫开
　——"吴江花木兰"沈月箴的故事 ……… 俞　前(222)
她们仨 ……………………………………… 耿彦钦(230)
女权先锋林宗素 …………………………… 陈　碧(240)

南社女社员与辛亥革命

代序

郭建鹏

在辛亥革命时期,南社女社员作为近代觉醒的知识女性,完成了从个体到群体的社会转变,以群体的身份来争取女性在社会中的地位与权利。在"国家主义"的民族叙事下,肩负起与男子共同建设新国度的时代使命。通过组建各种团体来展开妇女解放运动,率先将民族革命和社会革命融入国家政治权利的层面,拓新了女权运动的话语权与政治空间。

清末民初,中国社会呈现出多元化的变革态势,尤其在思想界,各种社会思潮空前活跃,受西方"天赋人权"的资产阶级民主思想影响,国人在反帝爱国斗争中,民主革命的呼声日益高涨,并将妇女解放运动推向高潮。在妇女解放思潮的冲击下,女性主体意识开始觉醒并赋予了新的内涵,她们意识到女性不是作为一个物化的附属品而乞仰于男性权力,在怪圈下生存,世界客观性的存在也应该赋予女性参与家庭、社会、政治之间的权益,意识到女性应该是拥有独立人格的主体,这个主体须与男子一样自觉地去履行人生的使命和责任。然而,在几千年来一直由男性打造的经济、政治、法律、文化、习俗等男权社会,要想解除男权社会对女性的人性规范与束缚,可谓举步维艰。社会制约着她们的前进步伐,同时也催熟了女性的觉醒意识,偕同历史变革的步伐,近代女性的觉醒经历了萌芽、发展、嬗变的过程。

成立于辛亥革命前夕的南社,是中国近现代史上具有浓厚文化底蕴、赋予鲜明革命色彩、带有政治倾向并呈现多元化的先进文人社团,这个先进的文人社团也是"中国近代第一个无性别限制的文学社团"。南社有女社员的加入与其创始人对女权及妇女解放的倡导有着密切的关系,南社的革命性也是知识女性加入的主要原因。据新编《南社社友录》统计,参加南社的女性共70人(填写入社书者63人,未填者7人),多数属于"挂名"社员,并没有参加过南社及其他社会活动。在南社70位女社员中,有35位南社先贤的夫人,占总人数的一半,剩下的一半又有不少为南社先觉的女儿、姊妹等,在南社男性社员营造的进步、宽厚的家庭生活中,她们耳濡目染地接受父亲、兄长、丈夫带来的先进文化和思想。其他女社员则是从封建礼教中挣脱出来的叛逆者,她们的叛逆思想来自西风东进的影响,来自自我解放的人生终极追求。在辛亥革命前,南社女性的思想已经孕育了革命的火种,将革命壮志融于字里行间。随着国内政治空间的变革,她们走向社会,扬女权、倡平等、主独立,发出响遏行云的呐喊之音。肩负起唤醒被压迫的妇女起来为自己、为国家、为民族而革命的使命。

作为时代的精英、妇女群体的代表,南社女社员紧随社会思潮和反对晚清统治、鼓吹资产阶级民主革命、弘扬民族气节之节拍,抛杼舍家,甚至留学东瀛,为女性的独立和民族国家的建构奉献出青春与生命。其杰出者如:徐自华、徐蕴华、吕碧城、唐群英、张昭汉、张汉英、陆灵素、何亚希、陈家英、陈家杰、陈家庆、张光蕙、张光萱等。她们追求自我解放、争做女国民的独立意识在晚清民初产生了深远影响。南社知识女性不仅在近代女性文学史上占有重要地位,在近代革命史、妇女解放运动史上亦称得上领军人物。

一、从闺阁中走出来的新女性

南社早期社员徐自华与徐蕴华、吕碧城、张昭汉、陆灵素等在辛亥革命前社会变革的大背景下,其人生、文学创作所折射出来的思想变革之道路,透视出晚清知识女性在妇女解放运动的发轫期由"闺阁怨妇"逐渐走上反清志士、"女性国民"的演进轨迹。

徐自华出身官宦人家,自幼跟兄姊就读于私塾,并跟随父亲多次外出游历,浓郁的文化气氛和祖父、父亲对她的格外培养,使徐自华不仅才华出众,而且对人生有自己的见识。1893年,她嫁给湖州南浔镇梅韵笙为妻,婚后不久,接连遭逢变故:先是祖父于1897年病故,3年后,其丈夫梅韵笙亦撒手人寰。年仅28岁的徐自华过上了寡鹄孤雏的生活,"真个龙泉趋死易,深愁虎尾立孤难"(《悼亡》)。生活的孤寂让徐自华倍感凄凉:

大地茫茫,看白战终宵未歇。帘卷处,彤云密布,朔风凛冽。世界三千都变玉,霜闺一色空疑月。唤娇儿、且读旧楹传,柔肠裂。　熊丸课,期望切。三迁教,愧难及。叹凄凉身世,那堪重说。旧事已随流水去,新愁只付

鹃啼血。剩寒宵、百感上心头,乾坤窄。(《满江红》)

由于父亲多病,寡居不久的徐自华便回娘家伺奉双亲,自号"寄尘",谓自己不过天地之间的孤尘一粒。徐自华生活上的孤寂与心灵上知音难觅的种种苦楚常常流露于笔端:"试相问天涯憔悴,若个是知音"(《满庭芳·铁板豪情》)。事情出现转机则在1906年年初,徐自华受聘于张弁群创办的浔溪女学,并主持校务。2月,经同盟会会员褚辅成介绍,秋瑾来浔溪女学任教,由此结识徐自华姊妹并成为莫逆之交。经秋瑾介绍,徐自华、徐蕴华加入同盟会,走上了民族解放和妇女自身解放的征程。徐自华曾写七律《赠秋璿卿女士》二章来记述二人之交往,其一写到:

萍踪吹聚忽逢君,所见居然胜所闻。崇嘏奇才原易服,木兰壮志可从军。

光明女界开生面,组织平权好合群。笑我强颜思附骥,国民义务与平分。

与秋瑾结识后,徐自华不仅诗风一改往日之闺怨哀伤的色调,呈现出一种崭新的感愤时事的现实精神。是年夏,徐蕴华追随秋瑾到上海,就读于爱国女校。后来,秋瑾在上海创办《中国女报》,筹款维艰,徐自华作《问〈女报〉入股未见踊跃感而有作》诗曰:

医国谁谋补救方,提倡女报费周张。划除奴性成团体,此后蛾眉当自强。

明珠翠羽日争妍,公益输财谁肯先。我劝红闺诸姊妹,添妆略省买珠钱。

诗中劝告女同胞,为了女性独立,省下买妆粉资财来支持女界的公益活动,表达了她对女性尽快争取独立、走向社会的期盼。为帮助秋瑾解决办报资金问题,姐妹俩及其所能来支持秋瑾。自此,徐自华完成了从闺阁到社会的人生转折,其思想亦由妇女解放步入国家、民族革命的成熟期。

1907年7月15日,秋瑾就义于轩亭口,其遗骸暴露于荒野,后由慈善机构草草成殓。徐自华为践行与秋瑾相订"埋骨西泠"的诺言,不顾清廷压力和自身安危,相约吴芝瑛女士实施营葬烈士活动。同年12月31日,在失爱女之后,冒风雪来绍兴与秋家密商安葬烈士之事。随后,她又撰写了《墓表》,并出资购买墓地,于1908年2月26日,与吴芝瑛共同将秋瑾安葬西泠桥畔。不久,徐自华又在《时报》刊登《会祭鉴湖公函——致学界同人》,为秋瑾开追悼大会。3月27日,追悼会在杭州凤林寺举行,会上还成立了以纪念秋瑾、继承秋瑾遗志为宗旨的秋社,徐自华被公推为秋社社长。1908年12月,秋墓被清廷平毁。民国初创,经徐自华和秋社同人及社会人士的共同努力,秋瑾灵柩迁回西泠桥畔,并设秋祠纪念。1913年徐自华去沪接办竞雄女校,主持校务15年之久。徐自华围绕着安葬、悼念秋瑾烈士事件中与吴芝瑛、陈去病等人一起展开了一系列与清廷抗争活动,体现了其革命意志和弘扬秋瑾精神的侠义性格。

身为淮南籍的南社社员吕碧城,在北方演绎了"一枝彤管挟风霜,独立裙钗百兆中"的独特人生之曲。吕碧城早年丧父,继而母女被族人夺产幽禁,复遭退婚之事,无奈背井离乡投奔舅氏,因求学又遭舅父的拒骂。"众叛亲离,骨肉龃龉,伦常惨变"的惨遇,使她强烈地感受到男权压抑下的女子于社会立足之维艰。吕碧城的独立意识和自强精神并没有因这一连串的打击而沉沦。1904年初,只身来到天津,开始了她的"另类"生活。在英敛之的帮助下,她进入《大公报》社。年末;在英敛之、方药雨、袁世凯等人的帮助下,吕碧城创办了天津公立女子学堂并兼任该校总教习。两年后,出任北洋女子师范学堂(北洋女子公学改名)校长,成为我国女性任此高等职务的第一人。在办学的同时,吕碧城在1904—1906年间借助《大公报》一角,发表了《兴女权贵有坚韧之志》《教育为立国之本》等有关兴女权、办女学的文章,积极地为兴女权、倡导妇女解放摇旗呐喊。这些关于女子教育、女权的文章,是吕碧城经历过社会实践后的心血结晶,为当时女性走出家庭、进入社会提供了可行性。并且,通过学习,让更多的女性"讲求学问,开通心智,以复自主之权利,完天赋之原理而后已",最终实现"女子对于家不失为完全之个人,对于国不失为完全之国民"的目的。难能可贵的是,吕碧城将男女平权置身于拯救民族危亡的爱国行为中,女性应主动承担起挽国家之颓势的义务和责任。

吕碧城通过媒体——报刊为自己拟构了一个伸张女权的文字公共园地;在精英男性的协助下,通过历史空间位移进一步拓展为一个充满"英雌"的社会独立空间;政治意识的错位,造就了她在革命、民族、国家思潮中充满女性个体诉求的女性生活家园。这交错纵横的"三维空间",连亘了她成功背后的企盼,也为她以后誉满欧美积聚了丰厚的资本,并为新女性新的生存空间开启了一条充满乐观与成功之路。

1904年12月,《中美华工条约》到期,国内外各界人士一致要求废除旧约;1905年5月10日以后,在国内掀起了轰轰烈烈的抵拒美约反美爱国运动。妇女界也投入到抵制美货的爱国运动行列;5、6月间,施兰英等在《女子世界》等报刊上发表《中国爱国女子请看》等文告,倡议全国妇女界联合起来,抵制美货。经过一段时间的酝酿和联络,1905年7月9日(农历六月初七),施兰英等人在上海广西路榕庐召开了上海女界抵制美约大会。会上当时为务本女塾学生的南社社员张昭汉(张默君)发表演说,号召妇女们抵制美货。她说:

呜呼!近数十年来,我国民能结群努力、全国表公情若此者,当自今日始。余不禁为祖国前途贺。然余又不禁悲而怨者,何我女界独寂然无闻也。女子岂非国民乎?岂无血气者乎?……

再者,欲御外侮,必先求有自立。今吾同胞,既以不用美货为抵制,宜亟运动有资本者,广兴工艺制造,以济中国之用。则非惟不致仰给外人、利权外溢,且广开民厂,工业大兴,内地贫穷,各得所养,拔本塞源,莫善于此……

张昭汉号召女界应以"女国民"的身份承担起拯救国家的责任,并且认为要彻底地摆脱外侮,必须拥有自立的资本。时隔40天,在第二次女界抵制会上张昭汉再次登台演说,传播不用美货、争到废约的宗旨。在这次抵制美货活动中,亦见到南社女社员陆恢权(守民)的踪影。在之前,五月初二日,上海城东女学校开游艺会,陆恢权登台发表演说女子积弱溯源。在这次抵拒美约运动中,张昭汉、陆恢权大倡女权、响应爱国活动,表明她们走向社会的同时已经上升到国家政治权益。

南社女社员的成长经历和社会交往活动是随着她们接受教育的方式与自身思想的变化逐步从闺阁走向社会群体的。她们的叛逆思想,是她们从家庭私塾教育走向社会教育的原动力。她们求知的强烈欲望,丰富了她们的学识,触动了她们敏锐的政治神经。在帝国主义、封建主义双重压迫下,民族、国家的危亡感使她们的觉醒意识朝着"社会化"发展,从闺房密友的交往演进到社会团体的创建,担负起唤醒沉睡的女同胞与男子共同拯救国家的重任。

二、异国他乡的社会政治活动

晚清女性自我意识的觉醒和妇女运动的勃兴,带有浓郁的时代色彩,是中国社会在迈向近代化的过程中一个重要组成部分。在西学东渐思潮的影响下,教育救国、振兴女学、高扬女权成为时人共识,在国内兴起了一股留学潮。在辛亥革命前后,南社出国留学的女社员有唐群英、张汉英、张昭汉、吕碧城、陈家杰、陈家英、吴其英等。在异国他乡,相对宽松的政治环境和社会生活,给她们营造了一个释放"天赋人权""自由""平等"的空间,在民主主义思想的引导下,她们强烈要求挣脱礼教枷锁的束缚,挽救民族危亡,很快融入留学生推翻清政府统治的革命激流,迈开了革命的步伐。

1905年7月,时年29岁的张汉英在日本实践女学校师范科留学。同年10月,唐群英在"天下兴亡,匹妇有责"爱国思想的驱动下和秋瑾东渡留学的影响下奔赴东瀛。留日期间,唐群英先后加入华兴会、同盟会,是同盟会早期女会员之一,与张汉英、黄兴、宋教仁、刘道一、孙中山等大批革命志士交往密切。在1906年,唐群英等人发起成立了中国"留日女学生会",并任书记(后改任会长)。而后,参加同盟会在横滨组织的学习制造弹药技术,而且成为宣传资产阶级民主革命思想的《民报》《洞庭波》杂志的撰稿者。唐群英利用手中的笔来宣传自己的爱国情感:"霾云瘴雾苦经年,侠气豪情鼓大千。欲展平均新世界,安排先自把躯捐。"(《黄公克强组织同盟会于日本东京,与宁君太一等设立报馆,颜曰"洞庭波",征集党人诗文。余于课余拟绝句八章以附刊》)

武昌起义前夕,为从舆论上配合国内反清斗争,唐群英于1911年5月在东京创办了《留日女学生会杂志》,作为中国留日女学会的机关刊物,它的办刊宗旨"发起女子爱国之热情,以尽后援之义务"。并且该杂志极力宣传爱国救亡和民主革命,其《发刊词》曰:"……女界同胞,正宜当此国家多难危急存亡厄在眉睫之秋,与男子奋袂争先,共担义务,同尽天职……极一时女界之光,吐千载闺阁之气。"她认为国家遭遇瓜分之祸,国民无论男女都难逃此劫,号召妇女站起来,与男子一起救亡图存。

在日本,另一份由南社女社员创办的刊物是《天义报》。《天义报》是"女子复权会"的机关报,由陆恢权、何震等主编,于1907年6月刊行。妇女解放问题在该报的舆论宣传中占有突出的地位,刊有守民的《论女子受制之原因》《平权论》《女子军歌》,还有独应《妇人选举问题》、何震《女子革命与经济革命》等,关于妇女问题的论述每期都有。这些文章有力地揭露了中国妇女所受的种种压迫,提倡女界革命外,兼提倡种族、政治、经济诸革命。

与唐群英、张汉英、陆恢权等留日南社女社员相比,张昭汉、吕碧城在欧美走出另样政治人生。1918年,受教育部派遣,张昭汉赴欧美考察女子教育。在美国,她考察了其东部各地著名的女子大学,如华沙、韦斯莱、斯密司、西门司、蒙特荷约克、越笛克拉菲及各州市立中心小学。后来又赴纽约,考入哥伦比亚大学教育学院,专研教育,1920年回国。出国期间,她当选纽约中国留学生会会长,巴黎和会召开前,她组织哥伦比亚大学同学成立爱国会,并被推为代表赴法,向陆征祥力陈不可签字之议。后来赴英国、瑞士、比利时、德国等地,考察欧洲战后社会政治和妇女教育,回国后,将其笔记汇集成《欧美教育考察录》公诸报端,进而传播她的教育思想。

吕碧城面对军阀割据混战的局面,怀着失望的心情于1920年9月赴美国哥伦比亚大学进修英语和美术,1922年回国。1926年吕碧城再次赴美,在旧金山、纽约、洛杉矶等地逗留一段时间,后来她又渡过大西洋,游历了巴黎、伦敦、维苏威火山和庞贝城,最后选择了在瑞士日内瓦湖畔定居。1928年,她赴维也纳参加世界动物保护委员会,1929年,她出席维也纳万国保护动物大会,随后谋创中国保护动物会。吕碧城身体力行,于日内瓦开始断荤茹素。吕碧城出国的最大成就集中在《欧美之光》一书中,她在《欧美之光》中专门介绍欧美各国的佛学会、素食会、动物保护会等。

南社女社员作为先知的女性,在异国他乡开启了女性新的生存空间,她们要求冲破封建禁锢,争取解放、平权的强烈愿望,化作新兴力量,来探求妇女解放与革命救国的道路,并产生了女性主体意识的革命群体,登上辛亥革命的历史舞台。

三、武昌起义时期南社女社员的革命活动

武昌起义的一声炮响,炸开了拱卫中国两千多年封建帝制的堤坝,起义、光复的浪潮迅速在全国各地涌起。当辛亥革命之火处处燃起时,以知识女性为主体的女界,亦不甘落后于男子,她们以"统熊罴之师,入虎狼之穴"的誓言,"弃红粉冒白刃,舍针黹执干戈",纷纷加入革命的队伍中来,并组织女子革命军奔赴前线。在湖北有吴淑卿组建的女子北伐队,在广东有徐慕兰为队长的北伐队,在浙江由光复会会员尹锐志、尹维峻等组建浙江女子军。而由宗孟女学校长陈婉衍担任管带的妇女北伐光复军,曾参加南京的光复战斗,后又组建了北伐军的预备队,这些女子革命军成为辛亥革命武装斗争中重要的力量。在民国元年前后,南社女社员创建、参加的革命团体如表1:

表 1　南社女社员革命团体

时　　间	团　体	宗　旨	参加者
1911年11月18日	女子军事团	驱攘残恶、救助同胞	范慕蕳、张昭汉、纪国振
1911年11月22日	女子后援会	集合女界同志,募集军资义捐金,以为民军后援	唐群英、张汉英、张昭汉
1911年11月28日	女子尚武会	养成女子尚武精神、灌输军事学识	张汉英
1911年11月	女子国民军		林宗雪
1911年12月8日	浙江嘉郡女界协赞会	协助军饷	沈右揆
1912年1月	同盟女子经武练习队	练习武学,扶助民国	陈家英、陈家杰
1912年2月	女子后援会北伐军救济队	医救受伤民军	唐群英、张汉英

在这革命的大军中,南社女社员吹响舆论革命的号角,积极投身到革命的队伍,走向前线,与男子并肩作战,甘愿为革命献身。在战场、在后方到处留下了她们为革命奔波的身影,其影响最大的应该是女子国民军。女子国民军的前身是由上海尚侠女校代表薛素贞发起的女民国军,此军队曾得到沪军都督陈其美的接济。女民国军第一次招募即有500名女子参加,并组成第一军,随即改称女子国民军,推举林宗雪为司令,薛素贞和张馥贞(林宗雪的妹妹)则成为林宗雪主要助手。当苏浙联军进攻南京时,林宗雪率女子国民军直接投入战斗,在战场上的英勇奋战,得到苏浙联军总司令徐绍桢的赞许:

> 今日已派兵攻取幕府山,兵气甚壮。现编义勇队五百人,又有女子国民军三十人来投效。同胞奋勇,已属可嘉,女子从戎,尤足以见巾帼须眉之气。业已编入行间,以资鼓励,且示未来者。谨闻。绍桢。微。

攻占南京后,林宗雪率领女子国民军驻扎在神策门内绿筠花圃,一面进行休整,一面在《民立报》刊登招军启事,"有志投效女士,亦请径来本军"扩大队伍,积极准备北伐。南京临时政府成立后,女子国民军曾得到孙中山的亲自阅视,并得

其赞许。正当女子国民军满身豪气地准备参加北伐时,却被黄兴等人阻止,黄兴等认为:

> 查女子热心爱国,志愿充兵,其忠勇之气,深属可嘉。在民军起义之初,有此一举,固足以唤起人心,奖进士志。至现时用兵,目的端在北伐,行军万里,劳苦异常,而战斗机关尤须处处强劲,节节灵活。以身体羸弱未经训练之女子随队遄征,诚恐一有疏虞,反致滞戎机而累全局。查该女子等既皆素抱热忱,此中困难情形,当能谅及……

此文一下,女子国民军队员大部分被遣散,余下的队员则分赴临时病院及卫生队转为看护妇。林宗雪北伐之心仍在,不甘就此解散女子国民军,又向徐绍桢上书,"望其设法维持,以遂初志"。徐绍桢认为"女子体质虽云柔弱,但志勇之气实堪嘉尚"。可是,陆军部于2月16日再次下令将女子北伐队一律取消:

> 因清帝未经逊位之前,女界同胞多负激昂之气,组织成军,以图杀敌。殊不知深闺弱质,迥异男子。况一切行阵步武均未习惯。若令之助战,何异驱市人而临大敌。在古贤亦所深讳,岂共和政体之所忍焉!特剀切宣布,一律取消,如果负爱国之热,即诣各病院为看护役,亦救护同胞之一道也。

无奈之下,林宗雪为安置队中的女子,转而募款开办女子蚕桑学校,女子国民军则完全解散。

除了参军外,觉醒的女性更多地投入到军队后援工作中。1911年9月,唐群英离日回国,开始武昌起义前的准备工作。起义伊始,她立即与张汉英等人在上海组织了女子后援会:

> 昨日,有东京女留学会会长唐群英与河南女师范学堂监督张汉英二女士来沪,以武汉事起,大局糜烂,满目疮痍,不忍坐视,拟召集女界热心之士,组织女子后援会,开往各处调护民军受伤军士;一面派人至各省筹款,接济饷糈。

旋即,唐群英、张汉英、张昭汉等向广大妇女发起《女子后援会意见书》,认为"世界之物,未有贵于独立与自由者。国不独立,则失所以为国;民不自由,则失所以为民。欲购此最大之幸福，必先掷最大之代价；此代价非他，赤血而已矣，黄金而已矣"。其制定的《女子后援会简章》，明确该会宗旨及募捐方法和款项用途。

在辛亥革命爆发前后，包括南社女社员等女性筹办的各种团体，其共同的目的都是为革命贡献自己的一份力量。这些女性在"国家主义"的民族叙事下，力求与男性平等的承担时代所赋予的历史使命。在女性刚刚从封建家庭中走出来，还未完全摆脱男权的禁锢，就迎向国家重构的战争中，其魄力与勇气成为妇女解放运动的典范。

四、民国后南社女社员引领的妇女解放运动

民国的建立，让人们看到胜利的曙光，人们欢呼雀跃，为这个新的国体摇旗呐喊。这个新的政权并没有把女性作为社会中的国民而给予其应有权利，在南社社员唐群英的领导下，知识女性扛起了捍卫女权与保卫辛亥革命果实的大旗，向男性统领的政治制度发难。

1911年11月，林宗雪、唐群英等在上海开始筹建女子参政同志会，该会以"普及女子之政治学识，养成女子之政治力量，期得国民完全参政权"为宗旨。1912年1月5日，林宗素向时任临时大总统的孙中山提出"承认女子完全参政权"的要求，得到孙中山的赞同。于是，知识女性们以建立各种参政组织来全力争取妇女参政权的活动。1912年2月，南京参议院在制定临时约法之际，唐群英等人于本月20号在南京碑亭巷洋务局召开女界参政同盟会。在演说中，唐群英强调开会宗旨，要求中央政府给还女子参政权。张汉英则强调：

> 男女同为人类，世界乃是男女两部分合力做成，有男女而后有世界，有世界而后有政事。参政权为男子分所应当，亦即为女子分所应得，无待于要求；今日之所以不得不出于要求者，则以四千年来此权被彼男子劫夺，我女子放弃耳。

3月3日，张昭汉等以"神州女界共和协济社"名义上书孙中山，提出女子参政要求。上书说：

共和国既建设矣,国内必无不平等之人。男女平权,无俟辞费。此番改革,女子幸能克尽天职:或奔走呼号,捐募饷糈;或冒枪林弹雨,救护军士;或创立报章,发挥共和,鼓吹民气;或投笔从戎,慷慨赴敌。无不血诚忿勇,视死如归。侠肠毅力,莫让须眉。其于祖国,爱而能助。

袁世凯就任临时大总统后,南社女社员仍为争取女子参政权而奔走。经过唐群英的多方联络,1912年4月8日,由"女子参政会""女子尚武会""女子后援会""金陵女子同盟会"等团体及各界妇女在南京联合组成"女子参政同盟会",并向全国发出《女子参政同盟会致各省都督等电》。唐群英等对《临时约法》剥夺女权表示抗议,如不改变,则拒绝承认《临时约法》;并在《时报》上发布《女子参政同盟会宣言书》,号召女界共同扫除障碍、争取公民之地位,"阻碍吾党之进行者,即吾党之公敌,吾党当共图之!"可见其决心。后来,为争取同男子一样享有平等的选举权和被选举权,她们联袂北上,要求北京参议院承认女子参政权。当《参议院议员选举法》《众议院议员选举法》正式公布后,因未提及女子选举之事导致在京的60余名妇女涌入参议院进行抗议,"凡反对女子参政权者将来必有最后之对待方法。即袁大总统不赞成女子参政亦必不承认袁为大总统。"

为争取参政权,唐群英等南社女社员及广大知识妇女前后多次上书孙中山、袁世凯及参议院等,她们不屈不折的精神是值得赞赏的。而且,唐群英等借鉴欧美女权运动之经验,以近代西方"天赋人权"的启蒙思想为理论依据,来抵制几千年传袭下来的男权主义。虽然这次参政运动并没有实现女子参政与女子平权的目的,远远偏离了她们的想象,但促进了她们另寻他路的思想。

唐群英、张汉英等领导的女子参政运动陷入困境,她们改变方针,从女子教育着手,来唤醒沉睡中的妇女。从1912年起,唐群英先后在北京、长沙、衡山等地创办或筹办过中央女学校、南洋女子法政大学、长沙女子法政学校、女子美术学校、自强女子职业学校、白果虹茶亭女校(岳北女子实业学校)、衡山女子学校(希陶女学)、长沙复陶女子中学等,办学热情之高和筹创办校的数量之多,在我国女子教育史上是首屈一指的。张汉英回国从事女子教育,经多方奔走游说,并自筹经费,首创醴陵女子学堂,自任校长兼教员,并借学堂教学之际向学生宣传女权、提倡男女平等思想。

对于妇女参政问题,张昭汉认为:妇女参政,约法有明文,无庸可虑。预闻国家大计,要资学问,此宜所急。民治基础,在于民智,妇女宜先治学,尔后参政。1912年,张昭汉被任命为国民党上海事务所文书主任。任职期间,她积极发展女权运动,经多方筹募,先后创办了神州女界共和协济社、女子畜殖场、神州女校。1922年,在济南、南京举行的中国教育改进社大会公推张昭汉为总会女子教育组组长兼交际主任。1925年,各地女界团体在她的组织下成立中国妇女协会,与太平洋妇女研究会、世界妇女协会等国际妇女团体建立联系。张昭汉为妇女运动走向国际所付出的努力,功不可没。

当南社女社员在为参政权奔走呼号之际,她们还创办了女子刊物,借此唤醒广大妇女为自由、权利而斗争。南社女社员创办或任主笔的报刊如下表2:

表2 南社女社员创办或任主笔的报刊

时间	报刊	创办者、主笔	地点
1911年	江苏大汉报	张昭汉	苏州
1912年	女子白话旬报(第八期改为女子白话报)	唐群英	北京
1912年	万国女子参政会旬报	张汉英	上海
1912年	神州女报	张昭汉	上海
1912年	女界报	曾兰	成都
1912年	亚东丛报	唐群英	北京
1912年	女权月报	张昭汉	上海
1913年	女权日报	张汉英、唐群英	长沙

总体上看,获取人身自由、倡导男女平等、争取权利成为她们所办报刊的重要宣传内容。如作为"全国女子参政同盟会"的机关报——《女子白话旬报》,其宗旨为"以至诚之音,引伸至真之理,务求达到男女平权目的",并发表了唐群英《女子参政同盟始末记》《女子参政之先声》等文章。唐群英与张汉英等为宣传女权运动在长沙创办"女子参政同盟会"湖南支部的机关报《女权日报》。在妇女参政运动举步维艰的时候,为进一步加强妇女参政运动的宣传,张昭汉在上海发起以"普及教育,提倡实业,鼓吹女子政治思想,养成完全之国民,以促共和之进行"为宗旨的神州女界共和协济社及《神州女报》,从多方面论述妇女应当享有参政权,虽然其发行时间比较短暂,但其在民初妇女参政运动中的影响却很广泛。而张汉英担任经理兼编辑主任、柳亚子等编辑的《万国女子参政会旬报》,不仅积极宣传女子参政,而且登载了痛斥袁世凯政府的文章,在宣扬女权的同时又加入反

袁斗争的队伍。

除了办报、办学，她们还拿起手中的笔，将满腔的"国家意识"抒泻于笔墨之间。此时女社员的诗文更富有革命性。如：

君山突起水潆洄，山色湖光照眼开。不访纯阳大仙侣，何当共我醉三回。

唐群英《舟泊岳州城下登岳阳楼》

百战归来剩此身，同舟犹话劫余尘。老陈不是寻常客，曾率诸侯讨暴秦。

唐群英《归舟遇陈汉元有赠》

衮衮时贤竞厌贫，本来面目独斯人。争传渔父终兴汉，忍说桃源可避秦。

养虎而今贻祸患，伤麟千古共酸辛。碑前泪迹红如血，遗爱从知在国民。

张昭汉《悼逷初先生》

天胡此醉拚高卧，风送秋声到枕寒。黯黯红尘求死易，茫茫碧海涤愁难。

花魂惨淡香弥永，剑影依稀血未干。（是夕梦仗剑诛某民贼）大好河山已如此，宁能不作梦中看。

张昭汉《秋夜书感》

巍巍城郭尽欹斜，触目凄人两鬓华。徒事干戈斗同室，岂知国柄似浮槎。

天阴若泣寒沙鬼，风急愁闻薄暮笳。试问头颅抛几许，可能换得自由花。

张汉英《哀江南八首》之二

阴霾叠叠障清晖，忍使英雄赋式微。民气不随王气长，血花空逐雨花飞。

我疆我土嗟何益，平等平权愿已违。遍野哀鸿竟谁恤，当途豺虎自丰肥。

张汉英《哀江南八首》之三

角声凄绝紫金山，人世沧桑旦夕间。信是金钱能夺气，敢云哀乐不相关。

慨歌壮士徒遗憾,始祸将军应汗颜,猛虎依然困平野,沐猴今已遍朝班。

张汉英《哀江南八首》之四

破浪乘风万里程,天涯雁影只身轻。河山满目皆荆棘,好为人间铲不平。

仆仆风尘鬓欲斑,挥戈挽日未曾闲。大苏过岭无人识,独看天南几百山。

陈家英《送长兄汉元重赴广东国会》

海上繁华,江南佳丽,东风一夜愁生。看劫灰到处,尽化作芜城。忆昔日、春光满眼,红酣翠软,歌舞承平。但而今,枯井颓垣,何限伤情。　河山大好,又无端、弃掷堪惊。叹血饮匈奴,肉餐胡虏,一篑功成。百万雄师何在,君休笑、留得蜗争。想神京千里,不闻画角悲鸣。

陈家庆《扬州慢·过闸北》

辛亥革命给南社女社员留下的记忆,是满目疮痍的伤痕,是内心深处血泪的流淌,看到大好河山被强虏随意践踏,革命战友倒在敌人的屠刀之下,何等的悲怆!可是,革命党对袁世凯的妥协,最终养虎为患,让沐猴把持国家政权,到处哀鸿遍野。她们急迫地希望革命党重新振作起来,"曾率诸侯讨暴秦",为自由、为平权而甘愿奉献一切。二次革命的失败,袁世凯称帝、张勋复辟等一系列的政治风云,让人们在悲愤中更加清醒,在这群魔乱舞的时代,只有挥戈荡平妖魔,才能重建江山。

争取参政权、与男子平等的地位、实现管理与监督国家大事的权利,是近代知识女性所要达到的终极目标。在辛亥革命时期,尚不具备实现这一目标的条件。虽然这场革命的领导者孙中山先生在进行资产阶级革命的过程中,将近代妇女解放提到政治议程,并提出:"我汉人同为轩辕之子孙,国人相视,皆伯叔兄弟诸姑姊妹,一切平等,无有贵贱之差、贫富之别。"给妇女界带来希望和鼓舞。但是,在革命党内部,对女性参政问题并未达成共识,宋教仁等革命者不能接受女子参政的请求,以致唐群英率领女界砸毁议会,掌掴宋教仁、林森等暴力事件的发生。当革命果实被封建势力的代表者袁世凯夺取后,要实现女子参政无异于与虎谋皮。经过多次努力后,唐群英等总结此时在中国实现妇女参政,必须通过普及女子教育、提倡女子实业来提高女性的文化素质和独立生活的能力,才能培养广大妇女的参政意识和参政的能力。唐群英、张汉英、林宗雪等南社女社员先后开办多所学校和工厂,为女性独立于社会作了先导。

结　　语

　　之所以有众多的女性加入南社,不仅仅因为南社发起人对女权的倡导、尊重女性的权利、给予其平等的参与团体活动的地位,南社的革命性、时代性才是这个团体凝聚的核心力量。作为南社革命活动中的一分子,南社女社员自觉地把推翻清王朝的斗争同妇女解放结合起来,通过组建革命军队、团体来同男子共同作战,实现建立新国体的目的;民国建立后唐群英、张昭汉等领导的参政运动、办报刊、建女学等一系列社会活动,构建了20世纪初妇女解放运动的新内涵;在创建新的国体与政体过程中,南社女社员率先将民族革命和社会革命融入国家政治权利的层面,利用男性对女性的现代性诉求,来开拓新的话语与政治空间。她们完成了从个体到群体的社会转变,以群体的身份来争取女性在社会中的地位与权利。

　　在辛亥革命时期,虽然革命领导人提倡妇女解放,认为女子与男子有平等的权利和地位,试图通过利用妇女解放和提倡女权运动的现代性话语来实现对封建传统的革命性。但是,他们并没有从本质上改变男权话语下的女性观,所以,在民国建立后,当唐群英等女性将女子参政权提到国家议程上来时,他们则以积极反对的姿态来驳斥女性的正当诉求。"同为国民、同担责任"是当时觉醒女性共同的呼声,女性通过政治空间来寻求女性的"国民"身份,是对传统女性希冀于男性的同情与支持下实现女性解放的超越。与男性结盟,共同抵御外敌,是女性共同的民族观。平等参与国家机器的构建,则是辛亥女性在特殊的历史语境中,女性"国民"身份的体认。在革命话语的引擎下,将女权运动融进民族国家建构(nation-building)的过程中,融入宏大的社会革命和政治革命的诉求之中,南社女社员做出了卓越的贡献。同时,我们不能因其未取得参政权而将其结果定性为失败,民国建立,革命成功在即,但臣民向国民、国民向公民身份的转变,女性个体身份与权利在民族国家内部真正地达到与男性平等,还需要一个漫长的革命与变革过程。在新的历史条件下,中国妇女运动需要进行的是自我调整和重新定位。

巾帼风华：南社女社员及女眷

上　编　南社女社员

郑佩宜
——最难燕妮共艰危

胡叶平

她叫郑佩宜,一个平凡的女人,温、良、恭、俭、让,一辈子只知道相夫教子、操持家务;她也是一个伟大的女人,丈夫叫柳亚子,她站在丈夫的背后,独自撑起家族的重担,没有她,柳亚子就成不了柳亚子。柳亚子和郑佩宜是南社会员中一对共进共退的恩爱伉俪。《南社入社书》是由柳亚子设计并下发的,格式为:姓名、年龄、籍贯、居址、通讯处、介绍人,共6栏。陈去病当然是1号,高旭当然是2号,柳亚子便应当是3号。可是高旭填表填了自己和夫人何昭,柳亚子把自己的位置向前挪了一下——第3号,何昭退居第4,第5位是郑佩宜了。

历史的烟云并没有为她留下什么,我去吴江黎里柳亚子故居的时候,也只看到了她零零落落的几张黑白剪影,那时候,我几乎以为,她和鲁迅先生的太太朱安女士一样,不过是作为一个"母亲的礼物"而存在的。可是,当我看到同为吴江籍的著名画家郑怀桥在柳氏夫妇结婚30年之时特意为他夫妻二人所做的肖像画《椿萱图》,画上柳先生身着灰色长袍、左手捧书,安然坐在石头上,一旁,立着旗袍裹身的郑佩宜,他夫妻二人目光温和,嘴角均微微含笑,形神闲逸,却分明有脉脉的温情在流动。

那一刻,我才明白,什么叫伉俪情深、举案齐眉。

柳亚子和郑佩宜的婚姻与恋爱,是散发着浓浓的革命气息的。

封建社会的男女婚姻,自然难以逾越"父母之命,媒妁之言"。但作为青年革命者,柳亚子和众多"离经叛道"的年轻人一样,对待婚姻有自己独特的想法。他历来反对"女子无才便是德"的谬论,在他最初的构想里,希望能找一位才貌双全的女子比翼双飞。后来,女学和天足运动兴起,他又希望未来的太太是一位知书识字的天足女学生,有思想、有抱负,最好还是一同奋斗的革命者,就像法国的玛丽·古兹、俄国的苏菲亚一样。

理想总是丰满的,现实却是骨感的。当时的吴江,交通、文化、社会风气都还远远不如上海、北京等地,全吴江境内没有一所女学,别说要找女学生,就连到了十五六岁还未缠足的女孩都不可能存在。柳亚子不得不在思想上作出让步,希望未来的太太虽缠过足而家庭还能容许其放足,至于入学读书,可以退居到第二位。

但柳母的想法却和儿子背道而驰。

1902年下半年,柳亚子考中秀才以后,苏州五舅母的一个姨甥女,成了柳母心仪的儿媳人选,这个女孩最打动柳母的,是一双小巧温婉的三寸金莲。

柳亚子自然反对,但又不敢和母亲发生正面冲突。他苦思冥想,决定实行迂回战术。一次,柳亚子和镇上徐姨丈的儿子(也是柳亚子的一位表弟),跟着柳母同去苏州外祖母家做客。柳亚子和表弟的卧室,与外祖母和母亲的卧室中间隔着一间空房,声息却能相通。每到晚上,柳亚子和表弟同睡一床大摆龙门阵,母亲就会摸索到隔壁,关照别再讲话,乖乖睡觉。这天晚上,柳亚子故意谈到自己的婚姻问题,听到隔壁有了动静,便提高了嗓音,说:"我现在的主张,非要找一位放足的小姐做太太不可,但听说母亲要替我作主,讨一位三寸金莲的小姐来做她儿媳妇,这是何等的矛盾。好吧,她要讨她的好儿媳,由她讨去,但我绝对不能要的,弄僵了,只好我走我自己的路,海角天涯,总有我安身立命的地方!"一番话,听得柳母惊心动魄,一夜思量后,柳母为了留住儿子的心,第二天就回绝了五舅母家的亲事,并告诉儿子,将来一定为他找一位放足的小姐。

第二年,《苏报》案震惊中华,当时柳亚子已加入上海爱国学社,柳家担心柳亚子找一位革命人士作意中人,便急着在吴江境内为他做媒说亲,只为绊住他的脚、收住他的心。挑来挑去,后来选中了盛泽郑家的郑佩宜小姐。

盛泽郑家也是镇上名门,郑佩宜的父亲郑式如独具才干,性情敦厚,喜欢结交宾客。戊戌维新后,为拯救国难,兴学劝商之风大盛,郑式如得风气之先,创办郑氏小学,是镇上第一所新式学校;又提倡实业,与镇上商界贤达首创商会,任商会会长,为丝绸重镇揭开了新商业史的首页。郑佩宜是郑式如的原配王夫人所出,出生于1888年,3岁的时候,王夫人去世,小佩宜就被接到了祖母张太夫人身边抚养。佩宜从小天资聪颖,个性很强,待人接物却温婉有礼,甚得祖母和父亲的宠爱。父亲创办的郑氏小学就在郑家宅内,年龄相仿的两个哥哥都入了学,佩宜是女孩,不能进学堂,她就常常捧着书本,站在门外听课,放学以后,再缠着两个哥哥教她。学校教英文,她也因此学到了一些英文单词。但是囿于旧俗,郑佩宜很早就缠了足,16岁的时候,受天足解放风潮的鼓动,她决意放足。原本,放足的程序需要循序渐进,但佩宜害怕祖母知道了反对,就狠狠心,一个晚上偷偷将长长的裹足布统统扯掉,以致双足稍呈畸形,影响行走。

再说黎里柳氏和盛泽郑氏,原本就是亲戚加世交。柳亚子的曾祖母与郑佩宜的曾祖母是同胞姊妹,柳亚子的祖父与郑佩宜的祖父、叔祖都是中表兄弟,论起来柳亚子和郑佩宜还是表兄妹呢!再者,柳亚子的叔父与郑佩宜的父亲也是交往颇多、交谊甚深的。

柳亚子和郑佩宜的这门亲事,便是柳家叔父做的媒。

郑式如是见过柳亚子的,他还曾经写信给柳亚子的叔父,称赞柳亚子是亚洲的卢梭、孟德斯鸠,当代的顾炎武、黄宗羲,他在信中说道:"幸得坦腹东床,何快如之!息女娇痴,本不足奉箕帚,惟念男女相差三百级,支那旧例,差堪援以自解耳!"这位未来岳父如此高看自己,让柳亚子感动不已,怀着对未来岳父的感恩之情,柳亚子同意了这门亲事,但他提出一个补充条件,让叔父转告郑式如:请求郑家将郑佩宜送往上海求学。当时,叔父含糊答应,但囿于两家长辈深深恪守的"女子无才便是德"的旧俗,这个条件后来被长久地搁置了。

其实从柳亚子的革命经历和他对郑家提出的条件,就可以看出,柳亚子期望的意中人是一位受到新思潮影响的、有才华、有学识的先进女子,但柳家和郑家都以为只要柳亚子点头同意了亲事,就大功告成,殊不知,对这个条件的"搁置"却酿成了日后的轩然大波。

1906年,柳亚子任教健行公学,他在上海结识了一位L女士。L女士出身松江世家,也是书香门第。幼年时,父母为她订过一门婚事,但是未婚夫行为不检,沾染不良嗜好,荡尽家产,L家本想解除婚约,对方扬言准备抢亲。L女士便远走上海,就读于城东女学,连寒暑假都不敢回家。那时候,徐姨丈的长女,也就是柳亚子的表姐也在该校就读,她和L女士成了莫逆之交,柳亚子与徐表姐亲近,通过这个关系结识了L女士。柳亚子对L女士的遭遇深为同情,便常常在生活中帮助她,L女士对柳亚子起了爱慕之心,还大胆地向柳亚子表露心迹:"明知使君有妇,即为外室,亦所不辞!"柳亚子大吃一惊,既为L女士的痴情无私所感动,又想到自己历来主张男女平等,说什么也不能接受L女士的办法。他毅然回信表示谢绝,然而谢绝归谢绝,来往仍然不断。

那年暑假,L女士跟着徐家表姐到黎里度夏,柳亚子和她们结伴返回黎里。L女士弹得一手好风琴,柳亚子想向她拜师学琴,就天天往表姐家跑。暑假即将结束时,表姐提醒柳亚子:"你一个暑假天天往我们家跑,明眼人都看得出来你是为了L女士,你还是娶了她,别让别人说闲话。更何况,L女士也对你有意,她可是说过除非嫁你,会'为郎憔悴'而死呢!"

那时柳亚子和郑佩宜成婚的良辰吉日早已选定,这门亲事可是自己点头同意的。一面是婚约在先的郑佩宜小姐,一面是对自己痴情不改的L女士,柳亚子愁肠百结难以抉择。后来他想到,自己已投身革命,当然得有做国殇雄鬼的准备,L女士与自己志同道合,万一日后遭遇不测,断头台上携手同归,也算人生一乐;而郑佩宜小姐,连面都没见过,谁能保证得了她能夫唱妇随与自己共同赴死?如若真有那么一天,岂不是害了她去做"春闺梦里人"?主意打定,柳亚子给郑佩宜写了一份长信,请求解除婚约。到了上海,此信用双挂号寄往盛泽。

然而信最终落在了未来岳父郑式如的手中,郑式如瞒了女儿,找到柳家叔父交涉。于是,黎里柳家兴起轩然大波,先是柳家叔父和徐姨丈作为说客匆匆赶到上海,劝说柳亚子,却无果而返;再是柳父来信扬言要与柳亚子断绝父子关系。柳亚子和徐家表姐都怕事情闹到上海,便匆匆送L女士去了芜湖,柳亚子也躲到了金山乡下。

几天后,柳亚子的大姑母柳兰瑛来到了上海,她是柳亚子从小最敬佩、最依赖的亲人,也是柳家劝说柳亚子的最后一张王牌。在大姑母循循善诱的询问下,柳亚子一五一十地说了事情的经过。大姑母听了以后,告诉柳亚子:"事情本来并不要紧,你原本口口声声不想让郑小姐为你涉险,可是你知不知道现在郑小姐的性命可是也捏在了你的手里!"柳亚子心里一震,连忙追问。大姑母说:"那封长信,你的未来岳父一直瞒着郑小姐,你没有见过你的这位未婚妻,自然不知道她的性格,她是个独立要强的姑娘,自幼失去了母亲,感情上没有庇护,我想恐怕她要比一般人更经不起挫折,解除婚约这种事情放在别家姑娘身上已是奇耻大辱,放在她身上,更加万劫不复,别经不起打击,做出什么伤害自己的事情来,那是不是太悲惨了,你自己去想想吧!"柳亚子压根没想这么多,他哑然了许久许久才开口道:"那怎么办呢?我已答应了L女士,若是凭空反悔,岂不是也对不住她?!"大姑母说:"你可以和郑小姐先结婚,明年再和L女士去日本留学,到那里再结一次婚,不好吗?"柳亚子忙摇头:"这是L女士最初提出的办法,但我不赞成,那不是毁弃了我提倡女权,主张一夫一妻的本意吗?"大姑母笑道:"傻孩子,算了吧,何必如此认真。你们革命人中间,三妻四妾的还少吗?L女士那边,我来去和她谈,明天就动身,保证你几天之内就有好消息。"对于这位大姑母,柳亚子是从小就顺从惯的,听了这一番似是而非的道理,竟也没了主意,只是一声不响。数日后,大姑母果然从芜湖回来,还带来了L女士的一封信,信中说事情已解决,一切由寄母面述。原来,L女士已认大姑母作了干妈,这场风波,就此平息下来。柳亚子离开健行公学，随大姑母返乡成婚。

回到吴江，柳亚子先去盛泽郑家小住，和郑佩宜正式见了面。在相处中，他发现未婚妻聪慧秀丽，知书识礼，端庄大方，而且彼此心性相通，有很多共同语言。这也许就是天赐良缘吧！之前感情上的种种压抑烟消云散，柳亚子沉浸在与郑佩宜的甜蜜爱恋中。他发现，这样得到两家人祝福的感情才是真正让他心安理得的。慢慢地，他也疏远了与L女士的联系。

1906年10月19日（光绪三十二年，丙午，九月初二日），秋高气爽，丹桂飘香。柳亚子与郑佩宜在盛泽郑宅正式成婚，他们举行了别开生面的文明婚礼。

吴中旧俗，婚礼时，新娘头上得戴"头面"，是一种用珠翠穿成的很重的头饰，得用四方红巾盖头遮面；新郎新娘得在红毡毯上行三跪九叩之礼，先拜天地、祖宗，再拜父母双亲；参拜结束，新郎得用一根长长的红绸带，将新娘引入洞房。其间，还有许许多多繁文缛节。文明婚礼是对旧式婚礼的改革，废除跪拜，实行鞠躬，礼节甚为简单。婚礼那天，柳亚子穿长袍马褂，郑佩宜不戴"头面"，不盖四方红巾，她身穿一套粉红色衣裙，婚礼开始，一对新人向长辈行三鞠躬，然后相互三鞠躬，礼毕就宴。这文明婚礼，在当时吴江境内还是破天荒的创举，顿时轰动全镇，人们争相观看，此举在全县开了风气之先，一直被人传为佳话。

婚后，柳亚子和郑佩宜相濡以沫，举案齐眉，是难得的神仙眷侣。柳亚子读书写字的时候，一直是郑佩宜为他红袖添香、研墨敲章。柳亚子性格直爽豪放，喝了酒有时候不免暴躁发怒，每到这时候，郑佩宜就伴君左右，给丈夫沏茶、温汤，用母性的温柔抚慰丈夫急躁的心。后来，柳亚子投身革命，东奔西走，郑佩宜相随左右，从不曾退却。政治凶险，虽然是柳亚子冲锋陷阵在前，郑佩宜在背后却从来不敢有半点松懈，她尽心竭力，在生活上悉心照顾柳亚子，在事业上，她以自己的智慧帮助少年夫君办人剖事，让他少走弯路。最惊险的一次，她甚至差点儿连自己和儿女的性命都搭进去了。

那是1927年，蒋介石在上海发动"四一二政变"，大肆搜捕、屠杀共产党和进步人士，以国民党左派著称的柳亚子也被列入通缉黑名单，他不得不四处流亡、东躲西藏，这是郑佩宜一生中最担惊受怕的日子。

这年5月8日晚上，国民党上海东路军收到密报，说柳亚子已从杭州回到黎里家中，于是命令驻守苏州的十七旅旅长张镇迅速捉拿柳亚子。当天晚上，张镇便派出一队士兵，乘坐汽艇，驶往黎里。

当汽艇到达黎里时已是深更半夜，国民党士兵将柳宅前后围住，用枪托猛烈砸门。柳亚子的妹妹被砸门声惊醒，她手持烛台，正想去告诉柳亚子夫妇，但见这时,柳氏夫妇卧室烛光明亮。原来郑佩宜早已经意识到定是有人来抓丈夫了!柳氏家宅虽然房屋众多,但后门已被士兵围住,想逃出去根本不可能。该怎么办呢?看着熟睡中的丈夫,郑佩宜咬咬牙,准备殊死一搏。她镇定地唤醒柳亚子,帮他穿好衣服,带他离开卧室,来到了第五进楼房西首第一间,这间房的西墙,有一间狭长的复壁,里面没有灯火、门窗,黑暗而闷热,平常人根本不会走进去,郑佩宜叫柳亚子藏身复壁之中,再吩咐佣人移几个箱子把复壁的小门挡住,不留一点痕迹。接着,她又嘱咐女儿无非、无垢,无论遇到什么情况都要像没事一样保持镇定。随后,她便回到卧室,叫来侍女阿吟与她一同卧下。这前后不过几分钟的事情,郑佩宜却处理得井井有条,丝毫没有留下痕迹。

这时候,"轰"的一声,柳氏家宅的大门被撞开了,张镇等人气势汹汹冲进柳家,指名要柳家交出柳亚子,否则格杀勿论;但柳家的家仆们丝毫不为所惧,始终咬紧牙关说先生没有回来过。张镇恼羞成怒,他带人楼上楼下四处搜人,他们拿着手电筒四处乱照,胡乱地搜着各个房间的橱柜、床铺,样子吓人。

当来到主卧(柳氏夫妇的卧室)的时候,张镇猛地揭开床帐,他原以为会把柳亚子逮个正着,却只看到两个女人惺忪着睡眼躺在里面。张镇恶狠狠地问床上的女人柳亚子在哪里,这时郑佩宜仿佛没事一般回答他:"不在家里。"张镇再问,郑佩宜索性别过头,不予理睬。

张镇气急败坏,又转身威胁无非和无垢,哪知这两个不满10岁的孩子也口径一致地回答他爸爸不在家里。

张镇无可奈何,这时候楼下传来一声叫喊:"柳亚子在这里!"张镇赶紧冲下楼,一个士兵冲着一个长袍男子喝道:"你是不是柳亚子?"那男子吓得屁滚尿流,"咿咿呀呀"说不出话来。张镇之前并没有见过柳亚子,一看眼前人是个哑巴,误以为"柳亚子"就是"柳哑子",高兴得赶紧叫人把这个"柳亚子"五花大绑捆了起来,不由分说就带走了。

士兵走后,天还未亮,郑佩宜放出了藏身复壁的柳亚子,她知道,一旦国民党发现抓走的人不是柳亚子定会回来骚扰,那时候就不可能像这回一样走了,想到这些,她决定马上安排丈夫出逃。她叫家仆连夜去乡下借来一只小船、一身破衣服,让柳亚子打扮成农民模样,从后门的小河中摇船去上海;接着,她又带着两个女儿简单地打点了行囊,天亮以后,就带着女儿们坐车赶往上海。

这样一套障眼法最终骗过了国民党军队,郑佩宜的大气和沉着让柳亚子成功脱险。几天后,柳亚子携夫人和女儿东渡去了日本。

后来,柳亚子亡命扶桑、避难香港,始终把郑佩宜带在身边,郑佩宜随同柳亚子结识何香凝、经普椿等知名人士,拜会毛泽东、周恩来等政坛领袖,风云际会,堪称女中豪杰。郑佩宜50岁大寿那年,柳亚子特意为她赋诗两首,第二首写道:

怀抱平生马克思,最难燕妮共艰危。苍生满眼成何济,青史他年已有辞。

在诗里,柳亚子说自己崇信马克思,他把郑佩宜比作燕妮,他对夫人佩宜的敬重和恩爱,跃然纸上。

附:

一副对联,情系后裔

1930年5月,陈陶遗拜访刚从日本避难回沪的柳亚子夫妇时,为柳夫人郑佩宜写了一副对联:

上款: 佩宜先生雅令
联语: 汲水浇花亦思于物有济
　　　扫窗设几要在予心以安
落款: 上章敦牂泉月　陶遗

陈陶遗尊称柳夫人郑佩宜为先生,足以显示陈对郑佩宜的敬重。从对联的文字上看,只是描写平常生活,浇花、擦窗、抹几等再平常不过的家务之事了。同时,对联中也表达了柳夫人将家里打理得洁净有序、井井有条,为柳亚子打造一个舒适的家,使柳亚子能全力以赴的去做对社会进步有益之大事。

早年,我在文物拍卖市场上曾见到这副对联,当时被一位知名的收藏家拍走。他还为这副对联写了一篇文章,除了从书法上评论之外,还讲述了关于这副对联的故事。因此,这位收藏家说:"他十分喜爱这副对联并将其珍藏。"此后,我也见到过几篇讲述这副对联的文章,其中有一篇的名字为《陈陶遗帮柳亚子抗婚》。陈陶遗的一位世交竹尧生,多年以前也曾对我讲述过这个故事。事情是这样的:

1906年春,高旭、朱少屏、柳亚子、陈陶遗等在健行公学当教员。柳亚子20岁,陈陶遗26岁。那时,柳亚子爱上了一位城东女校的学生(柳在他的《五七年》中,用英文字母"L"指代那位女生)。

同时,柳家父母将柳亚子跟盛泽镇郑家三小姐郑佩宜的婚事确定在当年农历九月初二举行。当柳亚子接到父母婚期讯息后,左右为难、不知所措并焦急万分。无奈之下,柳亚子找了陈陶遗商讨如何应对。陈陶遗对柳亚子说:你等既然走上革命之路,就要有做国殇雄鬼的心理准备。婚姻之事次之。L女士已向你写信示爱,并非柳不嫁,她赞成革命并表示万一今后为革命与柳携手同归,也算人生一乐。这样的女子才是你柳亚子的革命伴侣。你父为你指婚的郑佩宜小姐是大家闺秀,也不知道郑家小姐是否支持你所决心要走的革命之路,万一今后你有不测,那不是连累了人家?

柳亚子与陈陶遗商量的结果是抗婚。柳当即给父母写了一封抗婚信并用双挂号邮寄给父母。发信后柳亚子就去金山松隐镇陈陶遗外甥家里躲藏起来。这样一来,事情就闹大了。柳的父母认为这还了得?柳亚子居然如此大胆,竟敢违抗父命?

柳家人商量一番,决定派出柳亚子最敬畏的大姑母柳兰瑛和徐姨丈前往上海、松隐解决此事。经过一番调停,这位很有本事的大姑母认L女士为义女、从松隐把柳亚子带回盛泽,并实现了柳亚子与郑佩宜的大婚在郑家如期举行。

大姑母带着柳亚子回到盛泽郑家小住,柳亚子发现郑佩宜端庄大方、知书达理,在相互了解过程中双方有了很多共同语言。他们结婚后相敬如宾,相爱一世。而陈陶遗在他们婚后也经常往来。陈也慢慢感觉到郑佩宜温婉贤惠、知书达理,是柳亚子难得的贤内助。对当年出点子帮柳亚子抗婚这桩事情,陈陶遗心中始终存有丝丝内疚。正是在这样一种心态下,陈陶遗为郑佩宜写了这副对联。

陈陶遗和柳亚子一生都是醉心革命、肝胆相照的知己。在柳写给陈的多首诗中,其中一首写道:

半载春申江上住,与君肝胆最相知。
临歧珍重长亭柳,不许行人折一支。

另一首写道:

云龙湖海士,豪气凌蛟螭。
平生肝胆交,相望无穷期。

柳亚子名贯长虹,与柳相识的大家、名流无数。但陈与柳的友情用"肝胆相照"四个字来形容,却是最相称、最合适的。

我从这副对联的故事中看到,表面上只是一桩恋情和婚姻的个人生活私事,但在深处却表现出强烈的柳和陈的反清意志和革命斗志;他们抛去个人危安,立志为民族为国家做出牺牲。所以,我认为在这件事情上,难以分辨相关联的先贤们谁对谁错。

在一次苏州举行的南社和辛亥革命后裔大会上,我听了上海陆贞雄先生的发言,他说"柳亚子当年相爱的L女士,就是我的姑奶奶陆灵素。"会后我找了陆咨询此事,陆告诉我他所知道的柳亚子与陆灵素这段恋情。但他至今才知道陈陶遗支持柳、陆而抗婚的事情,他也告诉我陈陶遗与陆灵素后来的丈夫刘三关系密切,陈曾密令刘三谋刺端方。

郑佩宜同胞姐妹的后裔徐文蕉女士也参加了此次后裔大会,会议期间不曾相识,但在会后的微信里与她取得了联系,我将这件事通过微信简而述之。她看后说:"想起先人们的某些事情,心里不免很难过……"

后裔大会期间,我很赞同张末梅女士的一段话:"我们后裔在不断还原先贤的人生旅程,总要从先贤的生活小事先着手。有些先贤的生活小事中也能显现出他们的人品人格和思想火花。"

借此机会,感谢张夷先生,他多年来致力于南社研究,打造了一个集专家学者与南社后裔于一堂的交流学习平台,帮助我们更好地传承先贤的精神!

三生石上精魂在,生为知己死为邻
——忏慧词人徐自华情传

闻海鹰

[一九三五年]六月十二日(七月十二日)酉刻,女诗人徐自华逝世于杭州西湖秋社,享年六十三岁。临终时神志清醒,嘱咐身后未了之事,条理井然,现将其亲笔遗嘱录后:"生圹于民国四年做在孤山之麓,近复修理,早已舒齐。自民十八年省府决议,此地为禁葬之处,发生重大问题矣。虽云已做者不迁,但究不知余柩能葬否?此事务祈秋社诸社友、联名电行政院力争,或上呈文,并信致叶楚伧、柳亚子两君,务恳鼎力帮忙。能达到目的,始慰余魂于地下。否则无钱再营坟墓,只有火化余棺在生圹前,此坟作为衣冠墓矣。墓碑上可写'忏慧词人徐自华之墓'。墓志铭已面恳柳亚子先生椽笔,柳君已面允。并亲奉'三羊开泰'端砚一方,贻为润笔也。如柳君文迟迟未来,可着亨利催之。余之墓志铭已请定柳亚子大笔;但半生历史唯吾妹小淑知之独详,请其亲撰行述,并由妹氏出名。余之诗稿,归小淑收去整理,寄与柳亚子收藏。诗稿下边有九成宫帖一部,赠予马达生任作纪念。"

——郭延礼《徐自华诗文集》附录《徐自华年谱简编》

先要认识一下徐自华遗嘱中出现的人物:

柳亚子,南社三大创始人之一。南社多年活动基本都是柳亚子主持,他是社务的实际执掌者,于南社的兴盛功不可没。柳亚子与徐自华姐妹情谊很深,当年由陈去病介绍,认识徐自华,即称赞她为"奇才如许,有青绫帐外,谢家琼树……漱玉新词,断肠旧恨,谁辨今和古",将徐自华的诗才与史上才女谢道韫、李清照、朱淑真相提并论。徐自华身后,柳亚子两度为她撰写墓表;抗日战争时期,他一直照顾徐小淑的女儿林北丽一家于乱世,竭尽心力。

亨利,即陈绵祥,南社创始人陈去病之女,徐自华义女。当年徐自华痛失爱女梅蓉,陈去病一是敬慕她的诗才人品,二是为了安慰她失女之痛,把自己的女儿绵祥寄于徐自华身边托她教育。徐自华对绵祥视如己出,十分钟爱,陈绵祥也一生敬爱徐自华,她诗词中常常出现的"慧母",就是指徐自华。

小淑,徐蕴华,徐自华之妹。徐自华执掌浔溪女学时,她就读于校并师事秋瑾,后又去上海就读,成为陈去病的学生。徐小淑生性敏慧,诗词亦佳,受秋瑾的影响很深,很早就参加民主革命,和徐自华一道成为南社早期社员。成年后由陈去病作媒,嫁与南社社员、福建闽侯才子林寒碧,生女林北丽。徐自华的身后之事,几乎都是徐小淑在鼎力操持,几度为徐自华迁墓,寻访在离乱中遗失的墓碑,千方百计达成她营葬在秋瑾之侧的心愿。徐小淑早年丧夫丧女,命运多舛,后期投身于家乡的教育事业,贡献卓著。

马达生,徐自华族侄。熟悉徐自华生平的人都知道她身边有个义女叫濮亚华。1907年鉴湖女侠秋瑾就义后,徐自华冲风冒雪渡江至绍兴文种山探寻灵柩,就是濮亚华跟随一起去的。后来徐自华作主,把濮亚华嫁与族侄马长生。马长生字文夫,崇德人都叫他文夫少爷。马长生在崇德北门创办芝村小学,至今犹在。马达生就是这个马长生的弟弟,徐自华临终赠予《九成宫》帖。

一、卿本佳人,隐约洛神之遇

徐自华出生在浙江省桐乡市崇福镇。崇福旧为石门县之县城,位于沪杭中间,京杭运河穿镇而过,不仅地理位置优越、历史悠久,更有人文之胜。远的不说,近代就有黄叶老人吴之振,以诗名入《清史列传》,"康熙初年,山林诗,之振最有名。"另一个更有名的则是明朝遗民吕留良。徐自华的娘家石门徐氏,是城中望族、书香门第,《清稗类钞》中《石门徐氏一门能诗书》一则,让徐氏名副其实地青史留名。

徐自华出生于1873年。这一年,紫禁城里的东西两宫太后开始撤帘归政,同治皇帝在被垂帘听政12年后,开始走上了亲政之路。然而,同治帝是个短命的皇帝,活了19岁,坐了13年江山,有12年在两宫太后垂帘听政中度过,1873年,开始亲政,一年后,他驾崩了。

徐自华谱名受华,学名自华,应是取"腹有诗书气自华"之意。孩子的名字往往寄托了长辈们深深的期望,诗书之家的自华果然长成一派才女气质。她从小便酷爱读书,祖父亚陶公曾有诗赞:"我已三更幽梦醒,楼头尤闻读书声。"徐自华早慧,诗才也高,她14岁时作《新晴晚眺》:"檐前残滴乍无声,冉冉轻风放晚晴。

远眺城南山一角,余霞衬出月钩明。"同年另一首《西溪夜泛》诗:"轻舟才过板桥西,月色溶溶满小溪。一阵风来波面响,林间宿鸟尽惊啼。"相比李清照的《如梦令》:"尝记溪亭日暮,沉醉不知归路。兴尽晚回舟,误入藕花深处。争渡,争渡,惊起一滩鸥鹭。"异曲同工,毫不逊色。

徐自华生年距中日甲午战争有20余年的时光,历史给了这个女孩相对平静的成长空间。在她无忧的少女时代,读书、作诗、填词是她主要的生活内容。她懵懂以为,自己的一生都会拥有如此清雅的光阴。她不可能预见她的婚姻,也不可能预见到她22岁那一年的甲午战争,中国将再次跌进更深的屈辱的深渊,她也将会有完全不一样的人生。

1893年,徐自华21岁,这一年的春夏之交,石门语溪的运河水载着徐自华,飘向一个叫南浔的古镇:她出嫁了。

湖州南浔是近代商业重镇,富商成群。梅家亦是富贾,夏家桥畔梅家屋宇连片,徐自华嫁的是梅家少爷梅韵笙,据徐蕴华回忆,梅家"翁姑善居积,富资财,爱钱如命,事事刻薄。即细小的新妇零用,亦要取自母家。婿韵笙,性庸懦,不劳而食,无所用心。文学无基础,工作又怠忽"。

白居易《琵琶行》中有"商人重利轻别离"之句,梅韵笙之情意寡淡,似乎更甚。不仅性情庸懦,且流连酒肆。"煮得梅花枝上雪,有人泥饮未归来",独自一人煮雪饮茶,等待着泥饮未归的梅韵笙,这就是婚姻中落寞而压抑的徐自华。从语溪到浔溪,徐自华像一尾迷茫的鱼儿,怎么也寻不到在新生活中的安处之法。婚后她常常回娘家,因为在那里身心才得以安居。妻子回娘家,作为丈夫的梅韵笙,"书来从未催归棹,眷恋庭闱体寸私",如此漠然,这样的婚姻,如何能不抱恨千秋?一场噩梦7年过,7年隐忍抑郁的夫家生活后,一场病夺走了梅韵笙年轻的生命,留给徐自华一对稚嫩的儿女,和一寡妇的名分。"追前思后倍心酸,血泪长流拭未干",痛丧夫乎?怨命运乎?也许徐自华自己也不知道。

诗人的心是敏感而细腻的,寡居的徐自华愁苦无以排遣,便自然而然落笔诗词,她对花赋诗"断肠人对断肠花",秋来得句"烟霏云敛兮淡日无光,凭高一望兮天地凄凉。凋草木兮飞霜,悼余生之遭兮心郁郁而自伤"。

一个才高、善感、忧郁的女子,若是结识一个有胆识具才情的男子,心有灵犀当然是再正常不过的事情吧?寡居在石门县娘家的徐自华,正是在此时际会了这样的男子,此人是谁?此人就是近代风云人物,福建闽侯人林长民,字宗孟,号双栝庐主,自称苣苳子的林长民,著名才女林徽因的父亲。

在1903年徐自华的诗词中,出现了"剑山人苣苳子",此人正是林长民。林长民的父亲林孝恂曾任石门县知县,与徐家有交往。林长民与徐自华的交集正是这样开始的。林长民留学日本,有诗《东京万翠楼避暑》:"温泉浴后束轻纱,又身寒泉试水花。旧梦新愁都涤尽,短歌偏记《浪淘沙》。"徐自华和诗道:"寒泉轻试涤尘纱,菡萏含香正放花。东望万山深翠处,有人月夜倚窗纱。"而在同一年的徐自华词中,确有《浪淘沙·和苕苓子感旧事词》:"秋水剪双眸,颦笑温柔。花前一醉暂忘忧。多少壮怀无限愁,且付歌喉。"无疑是写给林长民的。宗孟先生的短歌偏记浪淘沙,就是这一阕《浪淘沙》吧?自古诗言志偏于端凝,而诗余之词更能直抒性情,在词中暗吐心曲,本就是无比美好的情感体验。《水调歌头·和苕苓子观菊》也是这样的情感涌动:"莫怪花中偏爱,别有孤标高格,偕隐总相宜。对影怜卿瘦,吟癖笑侬痴。"

造化总爱捉弄人,这样的情愫若起于少女之心,该是多么美好的初恋情怀,"郎骑竹马来,绕床弄青梅"。徐自华的洛浦之遇,却在身为寡妇膝下有儿女,寄居娘家的境况里出现,于灵心悸动中天然便夹杂了丝丝酸苦。这样的感情在她的生命中也只能像所有的初恋故事一样,无声无息无疾而终。后来因为林长民与徐志摩在英国时的一个虚凤假凤的情书游戏,引起了考据癖顾颉刚的兴趣,颇考证了一番林徐情缘,却也无所着落没有了后续。时隔20年后,林长民因参加郭松龄讨奉之战而死于关外战乱。此事在当时的中国引起了很大的反响。也许是立宪派的林宗孟毕竟与革命派的徐自华殊途相背,竟不见徐自华对于林宗孟之死的一字半语。时间是沙漏,漏尽尘封的旧时年华。

二、秋娘高情,卿是燃灯之佛

秋瑾,是中国女界的普罗米修斯,她盗得照亮女子独立自由之精神的火种,带着一身的光和热,影响了近代史上中国女性不知凡几,徐自华即是最重要的一个。徐自华是以吴兴浔溪女学执掌者的身份迎接秋瑾的,那日嘉兴褚辅成带着秋瑾,也带着发展女性革命者的秘密使命,坐船来到了水乡南浔,介绍秋瑾到浔溪女学做教员。浔溪女学由张静江的哥哥张弁群创办,聘请寡居的梅家少奶奶徐自华执掌,于是,如鸿蒙初辟,如电光火石,徐自华亲自迎来了生命中的生死知己——鉴湖女侠秋竞雄。

同为才女,秋瑾与徐自华一样早慧而多才;秋瑾嫁于湖南王家,与徐自华一样遭遇了"彩凤随鸦"的婚姻,然而她对命运的选择却与徐自华迥然不同。她有勇气脱离并不满意的丈夫,冒险东渡日本求新知。她勇猛爽利,常常着男装,挂着一根绅士的文明棍招摇过市,路人侧目,她却一无所忌。秋瑾取字"竞雄",公开表示要与男性争平等权,任那些顽固士绅吹胡子瞪眼。秋瑾生就一种任我独行的性格,似一团烈火,强悍、进取、不让须眉。徐自华却温柔敦厚,温良恭俭让,心慕秋瑾却怎么也迈不出效仿的脚步。

她与秋瑾是惺惺相惜的。她说:"每疑仙子隔云端,何幸相逢握手欢。"秋瑾赞她:"仙辞飞下碧云端,如此清才得接欢。"两人一见如故,相识恨晚。两人白天一起在浔溪女校教书育人,晚间秉烛谈心,倚窗唱和,评诗论文,乐趣无穷。

秋瑾不仅才情卓绝,更有着烈火一样的性格。她强烈的辐射能力可以点燃每一个身边的人。面对她所喜爱的才女徐自华,她努力而真诚地实施着她的点燃事业。她向徐自华讲述外面世界的种种思潮,讲述日本欧美的女权斗争,为国内女子的自甘奴役而痛心疾首。她为徐自华打开了一扇窗,让自由民主、男女平权的新风吹进这个传统女性封闭的心田。秋瑾爱她的才情,也热切希望她的改变。徐自华慢慢地被融化了,她在《赠秋璿卿女士》诗中有了这样的表白:"光明女界开生面,组织平权好合群。笑我强颜思附骥,国民义务与平分。"在秋瑾的影响下,徐自华姐妹双双加入了光复会,成了革命同志。

秋瑾是那样地渴望成为一个精神上的男人,很多时候徐自华也不自觉地把她当成了男子。才情,胆识,豪气,秋瑾无不具备,世间男儿不丈夫,剩有巾帼胜须眉。徐自华三十四年的人生中,何尝得见过这样理想中的"男儿"?她开始依恋秋瑾,几乎是爱着她的。

美好的日子常常倏忽即逝,由于秋瑾性格的张扬和热烈的革命倾向,南浔士绅群起反对,辞退了秋瑾的教职。相聚短短两月有余,徐自华已然离不开秋瑾。"有泪偏从别后倾""深愁别后见君难""早知如此分离速,不若当初不识君""思君更是怕逢秋"。两人竟是这样的离别伤情,儿女情长。

那一场著名的"西泠之约",发生在秋瑾离开南浔的第二年早春。光绪三十三年(1907)的二月初四日,钱塘杭州春寒料峭,湖山氤氲着清冷的气息。清王朝这座大房子,没落腐朽的气息越来越浓,百日维新昙花一现,预备立宪真假莫辨,一切都挡不住它的摇摇欲坠。

徐自华与秋瑾租借的小船在西湖悠然地行进着,船上的秋瑾沉默着,不发一语,目光透过湖上的烟波,望向凤凰山的方向。杭州是南宋皇城所在,元灭了宋,清灭了明,历史总是出奇地相似,光复会以排满为志,所以一直对这个南宋王朝曾经的种种充满着惺惺相惜的情感。传说宋家嫔妃的陵寝就在这凤凰山上,面对这一方湖山,想着此时中华民族的风雨如晦,怎么不教人悲从中来呢?

"望先帝之旧墟,慨长思而怀古",面对着汉家旧地,秋瑾黯然神伤。秋瑾这一次的临杭,与自华重聚的同时,还有着更重要的使命,那就是察看地形,绘制地形图,为即将发动的起义作军事上的准备。因为早在年前,秋瑾与徐锡麟等在西湖白云庵密谋约定,要加紧制定浙皖同时起义的计划,假如此举成功,必能引起全国革命的连锁反应——革命行动可以北指京津、东出上海、南应湖北江西。

秋瑾,这个看似柔弱的女子,往自己身上背负了太多的家国责任。这样的一个女性,无疑是令人赞佩的,而在徐自华的心中,除了敬爱,似乎疼惜的成分更多一些。自华唤她作"璿卿妹",怜她病体孱弱还这样不管不顾地为革命事业风雨奔波。她总想竭力帮她做些事,为的是要分担她的重担,让她不再这样辛苦。哪怕能劝说她归隐林泉,不再为这个风雨飘摇的民族出力,也强过这样的呕心沥血。

"璿卿,你看这湖光山色。你我要是能归隐在这湖山之中,再不用理会这世间种种丑陋与黑暗,桃花源里相伴,岂不是神仙生活吗?"

徐自华似乎不止一次对秋瑾表达过这样的意思,而今天在岳王坟前,这样的话必然是要遭到秋瑾的责备了:

神州陆沉,汉家泣血。寄尘姊你竟然如此恋私忘公?我身虽非男儿,心比须眉烈。流血尚不惧,辛苦怕什么?我在上海创办《中国女报》,就是要唤醒女界,不要做依附男人的花花草草,我们要觉醒,要自强,要靠女子自己的力量,创造一个新的女界,创造自立自主的新生活!

徐自华已经很熟悉这样的激烈言辞了,她深深地理解这个仿佛豁出命去的义妹。听着她的慷慨激昂,自华甚至有种奇怪的感觉,她觉得自己的内心深处有一股新的气血在涌动,小小的却力量强大。随着秋瑾的陈词,那一股气血正在渐渐成形,成形为一个新的徐寄尘。她有个感觉,总有一天,那个小人儿会成长成熟,跳脱出来作主宰她命运的一个新我。

船儿来到了岳王庙附近,两人弃舟登岸,边走边谈:

寄尘姊,每次来到岳王庙,我仿佛总能听到岳武穆对着河山高声吟诵《满江红》:壮志饥餐胡虏肉,笑谈渴饮匈奴血!而今民众遭难,我不入地狱谁入地狱?

璿卿,不许地狱地狱的,让人听了心里都发颤。我知道你心有宏志,只是凡事总是太激进,让人担心。

东南天险好山川!这一片河山,埋着岳武穆,埋着于谦、埋着张苍水……你不是曾经写过吗?"半壁江山埋碧血,一生功业痛黄龙!"寄尘姐,革命党人志在流血,千锤百炼浑不怕,要留清白在人间!真要是有一天,上了断头台,你也会帮我埋骨青山的!

唉,你呀!好,你要是死了,我一定会把你葬在这里的!让你天天对着于岳双少保,让这片青山也埋你这一副好皮囊,好忠骨!对着秋瑾,徐自华几乎是宠爱的。话至此,心头蓦然一惊,轻声说道,璿卿,要是我走在先,你也把我埋在此地吗?

秋瑾粲然一诺,好!寄尘姊,这是我们的湖山之约!

徐自华没有想到,践诺的一天来得如此迅疾。由于徐锡麟起义失败,清政府搜捕革命党,六月初六,秋瑾在绍兴轩亭口就义。徐自华闻讯悲痛欲绝,她怀念与秋瑾相处的日子,心痛她一介柔弱女流竟遭斩首之刑,她悲悯她一腔爱民族的热血空洒,理解她一心唤醒沉沉女界怒其不争哀其不幸的情怀,徐自华下定决心践湖山之诺,开始奔波营葬事业。

正当此时,徐自华竟遭遇了生命中的又一个大劫,女儿梅蓉因患白喉不治夭折。然而,践诺葬秋的责任未完,她甚至不能放任自己尽情悲痛。这一年冬天,在义女濮亚华陪同下,徐自华风雪渡江,来到绍兴收拾秋瑾遗骸,圆秋瑾一个湖山之梦。人人都说大义徐夫人义薄云天,有季札之风,只有她自己知道,一切的力量都源自秋瑾,因为她是徐自华的火种,点燃她,让她从此甘愿冒险,从此勇敢任侠,从此百折不挠。

三、江湖侠侣,相携白首共温

没有秋瑾,也就不能认识陈巢南吧?这个诗酒狂歌的性情男儿,也是徐自华的财富啊!有了他,失去了秋瑾的徐自华才不至于茫然无主。秋瑾为徐自华打开了一个全新的世界却仓促撒手,陈去病接力似的引领了徐自华,入南社,兴革命,江湖双双载酒偕行!

陈去病与徐自华的初识应该是在1906年,他去浔溪女校访秋瑾之时。秋瑾是陈去病景仰的革命女杰,她遇难后,陈去病第一时间想组织追悼会但未能成功,就在上海成立了神交社。他将神交社精神定位在"效仿前辈先贤,追慕民族精神",可以说是前承晚明几复风流,后继南社革命精神,柳亚子也说"隐然是南社的楔子"。

1908年初,徐自华践诺"埋骨西泠",历经艰险,终于和吴芝瑛一起,完成了在西湖义葬秋瑾的大事。陈去病参加了西湖之会,看到了徐自华的诗集,深为惊艳。他写下《题忏慧诗集》:"漫数当年午梦堂,一门风雅祗篇章。"徐自华的出身以及她的诗词让他想起了晚明时期吴江才子叶绍袁夫妇的一门风雅和他们的女儿天才诗人叶小鸾。要知道陈去病是一个有着很深重的晚明情结的人，他凭吊南明亡君，祭拜遗烈坟茔，整理晚明文献，极具遗民姿态。他不将徐自华比作别的才女而单比晚明叶小鸾，可见他对徐自华的独具才性的欣赏。

西湖纪念大会后，陈去病去了绍兴府中学堂任教。绍兴杭州两地相距不远，夏日，陈去病来杭，徐自华约了一众友人月夜泛舟，留下了一首趣味横生的诗：《夜泛三潭印月，忽失巢南所在，同人遍觅不得，疑其溺死，后复相见，乃议罚作十绝，诗成有怨余语，作此答之》，说的是游湖中途，诗仙巢南忽然不见，船上众人遍寻不见，你呼一声我唤一句，忽然之间寻着了，原来是"醉趁他舟独自归"，巢南狂狷的行事惊了同游，于是罚酒、罚诗、辩解、不依……文友之趣，其乐融融。

徐自华失去了婚姻、失去了女儿、也失去了秋瑾，她需要这样的陪伴与寄托。这位陈去病，仿佛一根神奇的纽带，不仅连接着她与秋瑾，还连接着她最引以为傲的家族气息。陈去病的才情与风骨，是与徐氏家族中的优秀男性们一脉相承的。西湖赏月、清明踏青、牡丹花开相约灵隐……世间景致的美好是需要同频共振之人才能同赏的。只是变局之年的陈去病，男儿的世界终归是志在天下。他每每因事爽约，徐自华刚刚幽幽低诉"强欲宽愁愁未宽"，又充满期待问他"孤山梅汛可能回？"

陈去病侠骨柔肠剑胆琴心，他体恤着徐自华的孤苦，把最珍爱的女儿陈绵祥交给徐自华教育，让她承欢徐自华膝下，慰她孤寂。世间最深重的莫过于托孤之情，徐自华收绵祥为义女，悉心养育，视如己出。乱世凉薄，这一缕情感温暖着徐自华，走过了很长很长很长的日子。

秋瑾逝后的徐自华，身边总会有陈去病的相伴与支撑。1909年，陈、高、柳起南社，徐自华第一批入社；1912年，民国成立，徐自华立志要把被迁到湖南的秋瑾遗骨迎回杭州安葬，浙湘争葬的斗争从秋王家族之争上升到浙湘两省之争，再到争取黄兴等民国高层出面斡旋，都是陈去病扶持着徐自华一路走来，最终秋瑾的灵柩也是由陈去病亲自从湖南护送回浙江，回到曾经的西泠桥边，再度安葬。陈去病与孙中山有袍泽之谊，他邀请中山先生来杭州，亲自祭奠秋瑾，让秋瑾精神在民国元年的西湖之上，再次荣耀发扬。

1916年的中国，袁氏复辟帝制，各地纷纷起事独立，4月，浙江宣告独立，陈去病担任都督府秘书。闲暇期间，陈去病常常泛舟湖上。一次，他与徐自华共游西湖，萧剑并载，湖边游人观之艳美，竟把二人比作姜白石与小红之游，留下了一段佳话。陈去病有《湖上闲游箫剑并载过西泠桥见者几疑白石小红再世也》诗，

"西湖六月水生寒,荷雨荷风搅碧滩。独我扁舟自摇荡,轻妆不厌百回看。"1919年,徐自华诗有"十年翰墨互相亲,耐久之交淡见真",还有什么比这一份久而弥香的情谊更值得珍之宝之呢?"青山莫漫思偕隐,白发相看喜共存……平头讵算垂垂老,儿女欣同语笑温",陈徐二人,情谊已如陈酒温厚醇香。

徐自华与陈去病相知20余年,交往早已超越了文酒之谊,也超越了男女之情。谁也无法否认他们各自倾慕对方的才情;时事动荡中,他们亦友亦侣行侠江湖,共同实现着对于时局政治的革命理想。1922年,体贴陈去病的鳏居孤苦,徐自华把她一远房表妹俞芬说与陈去病作了填房,陈俞芬恪尽妻责,无微不至照顾陈去病生活起居。1929年俞芬夫人为陈去病生了长子陈绵祥,取字吉利。陈去病晚年得子,绕膝怡然。

温柔敦厚,诗教也;疏通知远,书教也。诗书之教下的陈去病与徐自华在对待这一份情感上,更多的是相濡以沫互相关爱,徐自华把超越了物欲的女性之爱给了陈去病,她友爱他的朋友,疼爱他的子女,相助他的事业,体贴他的孤苦……她能完成的角色,是陈去病的一个亲人、一个知己、一个灵魂的伴侣!

只是,人心最是深似海,又有几多的心事不得与人言呢?1933年中秋之日,陈去病溘然而逝,留下绝笔:"相识满天下,知己有几人?"巢南的人生,骤然落幕,谁也无法挽留。至此剩下的,有一个问题:魂归何方?归葬何处?陈绵祥在《先考佩忍府君行略》中记述了此事:"府君夙爱西湖风物之美,尝购地孤山,思自营窀穸,亦既规划有成矣。"原来如此!"夙爱西湖风物之美",陈去病心里,是否尚有更深一层的爱恋?身后之愿,他是要魂归西湖!西湖有"南宋",西湖有"于岳两少保",西湖有"秋瑾",西湖还有寄尘徐夫人!生生死死,死死生生!家人亲友学生,是深知逝者心曲的吧?!大家为其议葬湖上,"徐夫人自华亦愿分生圹余地"。私心里,两人是存了百年之后相伴湖山的愿望吗?对陈去病,徐自华终究是觉得内疚的。这一生,她助他教养子女,她替他再组家庭,然而徐自华深知,这一切,都不是陈去病最想要的。就在陈去世后不久,柳亚子往杭州吊苏曼殊墓遇徐自华,《浙游杂诗》第八首写道:"又向湖滨吊曼殊,忽逢忏慧共唏嘘。信陵醇酒巢南死,累汝申申詈女婴。"

内疚?遗憾?这一世,缘未尽,到底意难平,到底意难平啊!

留给后人唏嘘的,还有苏州同里,陈去病故居浩歌堂,至今依旧端然悬挂着的两幅照片,陈去病与徐自华,大小一样,相框一致。陈家人说,陈去病是"爹爹",徐自华是"好伯"。苏州话中,"爹爹"是父亲,"好伯"是姑母。陈家人还说,从小"姆妈"就教育他们,要孝敬"好伯",要对"好伯"好!"姆妈"就是陈俞芬,她在陈去病去世后,独自一人抚养众多子女长大,保护陈去病故居,收集保护陈去病留下的诗词文章,十年浩劫,小心护珍。几十年间,瘦小的陈俞芬撑起了陈家,保护了陈家。

就这样几十年,粉墙黛瓦的绿玉青瑶馆中,陈去病与徐自华比肩远望,遗容静穆,流芳百世。陈家子孙代代尊徐自华为先祖,徐氏后代也认陈去病为至亲眷属。若得情深,若得情真,死生契阔,与子成说。徐陈二人的深情令人感叹,俞芬夫人又何尝不是？她瘦小的身体里,同样藏着对陈去病的大爱。不然,何以理解尊重丈夫内心深广的情感世界？可说这世间最深的情,最大的爱,都在这两幅静默的照片中了。

徐自华、秋瑾、陈去病……爽阔浩荡的家国深情,先人风骨总让人仰之弥高。青山莫漫思偕隐,白发相看喜共存。三生石上精魂在,生为知己死为邻。

唯余小淑无言在
——南社徐小淑的诗与情

闻海鹰

相比男子，女人更容易选择以"追随"为人生历练的方式，追随一个信仰，或者追随一个具体的人物。比如徐自华，毕生追随秋瑾，而她的妹妹徐小淑亦复如是，在追随秋瑾的同时，也追随其姐徐自华。石门徐氏，徐自华长姐如母，徐小淑对她一生既爱且敬，可说是姐之、母之、师之。

徐小淑名蕴华，以字行世，号双韵，对秋瑾执弟子礼，秋瑾被杀后她自称"立雪人"。柳亚子所称的"玉台二妙"即指徐自华徐蕴华姐妹。在南社女诗人群体中，她与姐姐徐自华一样才华横溢，诗词俱佳。

> 蓦地西风起，帘卷夕阳楼。问花底事晏放，可是为侬留？冷眼严霜威逼，回首群芳偏让，比隐逸高流。容易华年老，莫负一丛秋。　　待把酒，拚沉醉，度吟讴。珊珊瘦骨，更将佳色胆瓶收。笑口纵开须惜，只恐秋光轻别，对此暂消愁。但愿明年景，依旧赏清幽。
>
> 《水调歌头·和林宗孟词人观菊》

徐小淑生于1884年的8月，母亲马氏夫人一共生育了2子5女，小淑是家中最小的女儿。仕宦人家、书香门第、富家幼女、天资聪慧，这样的女子，哪怕长成一朵百合肆意地开放，都是理所应当的。清末的石门徐氏，一门书香已传几世，世世皆擅诗词歌赋。小淑7岁能诗，与闻名乡里的才女姐姐徐自华形影不离，从小诗书共读。"昨宵喜得雨霏霏，今日春郊过客稀。爱煞桃花映人面，呼鬟拗取一支归。"这是徐小淑留存下来的第一首诗《踏春词》四章其一，这娇俏无忧的少女形象几乎要从文字中跳跃出来。

徐小淑与姐姐感情极好。徐自华1893年嫁入南浔梅家，小淑虚龄10岁。

从此,烂漫无忧的少女多了一件心事,就是想姐姐。徐自华在一首《人日忆妹》诗写道:"人日思吾妹,髫龄乍十三。天然心敏慧,一味性娇憨。剪采花应戴,吟诗韵已谙。遥知依母坐,怀我话浔南。"在运河边石门县城里娇憨依母的徐小淑,常常要想起姐姐,思念就像春天的花草一样,恣意蔓延。马氏夫人在这个幼女口中听得最多的询问也许就是:

姐姐怎么还不回来啊?

春天的花儿真好看,我摘些来戴,姐姐在干啥呢?

我又做成了一首诗,寄去让姐姐看看,可有进步?

姐姐怎么没有书信来呢?

姐姐近日可作诗词否,怎么不寄来让我赏读赏读呢?

小小的姑娘也许会伫立在运河畔,注视着语溪的运河水流向南浔的方向,默默地怀想着亲爱的姐姐婚后的生活。徐自华婚后生活琴瑟不谐,又在1900年夫死守寡。膝下一双儿女,堂上刻薄婆母,徐自华便常常回语溪故里居住,姐妹俩又有了朝夕相处的时光。

多年后的徐小淑有回忆的文字:"1894年,寄尘22岁,嫁南浔梅氏。翁姑善居积,富资财,爱钱如命,事事刻薄,即细小的新妇零用,亦要取之母家。婿韵笙,性庸懦,不劳而食,无所用心,文学无基础,工作又怠忽……"但当时十几岁的少女并不能深刻体会得到这样的情境,思念是真切而深厚的。每逢佳节倍思亲,大家庭除夕夜的热闹依旧冲不走她对姐姐的想念:"小别迢迢无限思,浔溪为底音信迟。儿家姊妹真无忤,同伴吟窗半是师。"

  漱玉清音歇,可颉顽、女儿溪畔,犹留词笔。慧业忏除焚稿矣,黄鹄歌成凄绝。更又是、掌珠坠失。身世茫茫多感慨,抱愁怀,天地为之窄。谁解得,词人郁? 残山剩水悲家国,最伤心,秋风秋雨,西泠埋骨。风雪山阴劳往返,今日只留残碣。叹一载、空喷热血。造物忌才艰际遇,剩裁云缝月金荃集,恐谱入,哀弦裂。

《金缕曲·题〈忏慧词〉》

1905年,徐小淑跟着寡居的徐自华,来到了南浔小镇。因为徐自华应南浔张弁群和众乡绅之邀,执掌小镇上新开的女校——浔溪女学,小淑追随着姐姐一起前来,一为求学,二为伴姊,两全其美。

自1898年上海中国女学堂开先河以来,文明之风迅速吹向全国各地。浔溪女校就是在这样的背景下创办起来的。当时为了表明女校的不脱礼教,学堂中执事包括教习多用妇人,学校便邀请了梅家寡居的石门才女徐自华执掌校务。创办浔溪女学的张弁群是民国奇人张静江的哥哥,其时已经是同盟会成员。徐家姊妹从此走出闺门,一步一步跨入了这个风起云涌的时代。

徐小淑在浔溪女校遇见了一生中最重要的一个师尊,便是秋瑾。1906年,秋瑾从日本留学归来,由嘉兴褚辅成介绍,来到浔溪女校担任教职,并传播革命的火种。英风侠骨的秋瑾一到南浔,带来了一束耀眼的光芒。徐小淑无限的敬仰喷薄而出:"出群才调久相师,私淑心香已几时。一旦得居问字列,十年深悔读书迟。"徐小淑原本性情爽利,比徐自华更多了几分胆色。秋瑾的侠气对于她来说,简直像磁石一样吸引人:"隐娘侠气原仙客,良玉英风岂女儿。"秋瑾慧眼识人,也毫不隐瞒对于小淑的喜爱与期望:"素笺一幅忽相遗,字字簪花见俊姿。丽质天生谢道韫,史才人目汉班姬。愧无秦聂英雄骨,有负阳春绝妙辞。我欲期君为女杰,莫抛心力苦吟诗。"22岁的徐小淑在秋瑾的感召下,家国情怀日益浓烈,与同学吴惠秋一起加入了同盟会,走上了革命的道路。相比姐姐,她年轻率性,毫无家庭的牵绊,当然更容易成为去家为国的革命者。这一年的初冬,秋瑾带着徐小淑来到上海转入爱国女校求学,徐小淑课余追随秋师刊行《中国女报》。刊行费用捉襟见肘时,徐自华赠金,小淑亦将自己金钏链等赠予秋瑾作办报之资,然而终究杯水车薪,《中国女报》两期之后,资金与销路皆成问题,无奈夭折。

1907年,秋瑾与徐锡麟发起的浙皖起义失败,徐锡麟牺牲,大通学堂被围,秋瑾被抓。徐小淑在上海爱国女校收到秋师信札:"痛同胞之醉梦犹昏,悲祖国之陆沉谁挽?日暮穷途,徒下新亭之泪;残山剩水,谁招志士之魂?不需三尺孤坟,中国已无干净土;好持一杯鲁酒,他年共唱摆仑歌。虽死犹生,牺牲尽我责任;即此永别,风潮取彼头颅。壮志犹虚,雄心未渝,中原回首堪肠断!"得到秋师这样的绝笔文字,徐小淑惊疑莫名,果不其然,两日后,她便得到了秋瑾被杀的噩耗。徐氏姐妹悲愤填膺,徐自华一心要实践与秋瑾的西泠之约,为秋瑾收拾遗骸,归葬西湖。福无双至,祸不单行,正在徐自华与吴芝瑛密切商议葬事期间,女儿梅蓉罹患白喉之疾,徐自华不得不抽身。徐小淑便成了徐、吴之间的信使,信札往返石门与上海,事无巨细地为秋师归葬西湖而竭尽心力。

当年秋瑾之死凝聚成了一件悲剧作品,在近代史上如无声的惊雷。自古至今,中华可不死而甘愿赴死者大有人在:魏晋嵇康之死,一曲广陵绝唱,打铁的男儿铁血丹心;春秋屈原之死,自沉汨罗,众人皆醉我独醒,芝兰之质何以浊世难容;南宋文天祥之死,舍生取义,留取丹心照汗青;清谭嗣同之死,"我自横刀向天笑",大义凛然！这些猎猎男儿,抱着"我以我血荐轩辕"的意志,以死永生！而自古世间女子,如此流血,唯秋瑾一人尔！小淑以"秋门立雪人"自况,对于秋师的敬仰,对于浊世的愤恨,让她迸发出了无限的力量。她作诗吊秋师:"历史千秋有伟名,果然虽死胜犹生。浊流纵处身仍洁,党祸横加气莫平。大抵英雄皆热性,断无家国不关情。他年铜像为师铸,含笑重泉志竟成。"她虽然不像姐姐一样与秋师有西泠之诺,但是也决心帮助姐姐完成秋师的遗愿,矢志不渝。

终于,徐自华在风雪渡江赴山阴寻找到秋瑾遗骸后,运抵杭州西湖下葬。在陈去病等人的帮助下,徐小淑协助徐自华举行了秋瑾的纪念活动,并成立了秋社,徐自华任社长,小淑成为第一批社员,终生成为秋瑾精神的宣传者与发扬者。

徐氏姐妹在西泠秋瑾墓前,立起了一块特殊的石碑！

碑文正面是"呜呼！鉴湖女侠秋瑾之墓",背面是《鉴湖女侠秋君墓表》,文曰:"迹其行事,不拘小节,放纵自豪,喜酒善剑,若不可绳以理法。然其本衷,殊甚端谨……石门徐自华,哀其狱之冤,痛其遇之酷,悼其年之不永,憾其志之不终,为约桐城吴女士芝瑛,卜地西泠桥畔葬焉……而尚想其烈,或将俯仰徘徊,至流涕不忍去,例与岳王坟同不朽云。"这是秋瑾的墓碑,徐自华拟的碑文。吴芝瑛一读碑文,击节赞叹文章"纵横骄悍",读之让人"如见其人"。她抱病用一笔端丽的小楷抄成《墓表》,徐自华延请石门洲泉金石家胡匊邻刻石,时人谓此"西泠十字碑",亦称"三绝"碑。

徐小淑的第一次受伤,就是为了抢救这个"三绝"碑。原因是秋瑾墓刚成不久,这一年的10月,清御史常徽来到杭州游赏,见秋墓后很不以为然,特别是墓碑上所书10字:"呜呼！鉴湖女侠秋瑾之墓"最触清廷神经。于是他向朝廷奏请平墓。清廷准奏,秋瑾灵柩再次迁走。由秋兄秋莱子迁回到绍兴严家潭殡舍暂厝后,辗转送往湖南秋瑾夫家湘潭王宅。灵柩已迁,眼看"三绝碑"将危险不保！

徐小淑在回忆文章《记忏慧词人徐寄尘》中如此描述这段往事:"毁墓前夕,上海同志,为了保存有伟大历史意义的三绝墓表,作光复后纪念,密遣小淑赴杭,得杭方同志朱端人之帮助,星夜起碑,埋在西湖朱公祠供案下泥土中。端人为朱公后裔,而寓于祠者。小淑徘徊伺机,为西湖巡逻队所见,遽以松柄击伤尾闾骨,虽终身隐痛,但胜利完成,迄今不怨。"

"秋门立雪人"徐小淑,终于又一次保护了秋师。

江河莫洗此忧愁,浩劫飞临不可收。
忆到闺中温雅意,微躯便死也难酬。

《悼亡》其一

在杭州悼念秋瑾的纪念大会上，徐小淑开始了与林景行的诗侣之情。

林景行，原名昶，号寒碧，字亮奇，福建闽侯人。光绪乙酉年（1885）生。林寒碧的父亲林孝简与曾任石门知县的林孝恂（字伯颖）为从兄弟，所以林寒碧与徐小淑早年相识的林长民应是堂兄弟关系。1907年小淑在上海于秋瑾居处初识寒碧，又在杭州秋瑾纪念会上，林寒碧与徐小淑再次相见。此时林寒碧弱冠之年，翩翩少年，陈去病见其温文尔雅，有心作媒，两人开始正式交往。

1909年5月2日，徐蕴华与林寒碧在上海张园举行了婚礼。证婚人郑孝胥在日记中有记："1909年5月2日，雨……午后，赴张园，侯官林昶、石门徐小淑结婚，请余为证婚人，来宾数百人。"

林寒碧与徐蕴华的结合，由于不符合林家对长子婚姻的要求，所以没有得到林家长辈的支持。女儿林北丽在《二十七年的旅程》文中写道："他们俩自友谊而恋爱，在父亲22岁的时候，他接受了母亲'不效劳清廷，决不作官'的条件和母亲结了婚，这是对祖父一个致命的打击：母亲不但夺取了他的儿子，并且毁掉了继承他传统政治生命幻想的对象。"婚后，林寒碧即回日本继续完成他的学业，直至1911年武昌起义时才返回国内。

1915年，林寒碧因发表反袁言论被当局追捕，两人不得已远避辽东，第二个女儿林北丽便孕育在辽东。徐自华资助妹妹返回上海，她却再遭不幸：林寒碧出门遇车祸遭难，撇下尚在月子中的妻子和未及满月的小女儿，撒手人寰。

1916年8月8日的《时事新报》报道林寒碧的车祸：

> 本馆总编辑林寒碧先生，于昨晚九时，因事赴友人之约，行至马霍路，被汽车冲跌，由巡捕送往仁济医院医治。讵因受伤过重，抢救无效，竟即逝世。林君少年英迈，长于文学。在本馆主笔政三月，每有著述，时贤常称道之。昨夕出馆前，尚著时评二则，不谓竟为其绝笔也。

《时事新报》为林寒碧归国后主笔政之地，在9日的《记林寒碧先生之惨死》一文中，记述徐小淑当时情状，让人酸楚异常：

> 凶耗既至，同人相率往院，则先生尸身已移诸别室。继而先生之室人徐氏得报，舍其怀中出世仅十二朝之呱呱者，奔临大恸，抚尸昏晕者屡。死者已矣，生者何堪！天下可痛之事，诚无复过此者矣！

驾车撞伤林寒碧的是英国人克明,因租界有治外法权,领事裁判权在外国人手里,此事后来竟不了了之。徐蕴华经此一难,心生避世之念,为幼女北丽取单名"隐"字,带领一双女儿返回崇德家乡,央老母相帮抚孤,自己开始致力于家乡的教育事业。

徐蕴华是坚强的,丧夫之痛并没有打垮这个娇小的女人。她在1916年冬天,回到家乡崇德创办县立女子学校,任校长,并在校内设立女子师范讲习所,任所长。凭着自己的善于经营和灵活的交往,她把学校办得越来越好,并得到乡绅募捐,开始扩建新的校舍。然而一心扑在学校上的她,却因为疏于照料家庭导致聪慧乖巧的禾儿被肠胃炎夺去了生命。

  我是何人谁是卿?漫言色相太分明。
  枪林弹雨忧中老,国恨家仇愤怎平。
  望去丰神悲逝水,劫来情绪感苍生。
  不甘妄食丹山凤,饿死争求气节清。
  ——自题五十六岁摄影(二十八年六月摄,命犹子益藩为之题,时故里沦陷年余客孤岛)

诗中所记丹山凤,出自《山海经》。书中记有丹山五色之鸟曰凤凰,其首文曰德,翼文曰义,背文曰礼,膺文曰仁,腹文曰信。

1939年的中国,战乱频仍。日寇横行,崇德在1937年8月遭轰炸,家园焚毁,徐小淑出走避难,线路也是坎坷曲折,经武康至杭州再转诸暨,再谋赴重庆投奔女儿,却途遭兵乱,只能经温州又转途上海避难,乱中复受伤,赴上海疗伤。

家园已经陷落于日寇,崇德有事贼的汉奸竟想让徐小淑回去办学,她作诗明志,凛然拒绝。

当年与林寒碧的婚姻,不见容于福建林家,她一身傲气不屈服,婚后,挑起了家庭的重担。林北丽在回忆母亲的文章中这样道:"母亲为了要争这一口气,依然劝父亲在海外求学,所以母亲在结婚以后,就挑起了一副经济重担。"

虽然生活困窘,然而夫妻恩爱,她此时的生活应是苦中有甜的。为支持丈夫学业挑起家庭的重担,徐小淑开始担任教职,踏上杏坛,在吴江贞丰女校执教。1913年,徐自华执掌竞雄女校后,转聘她到上海竞雄女校任教。

生活甫定,二女出生,紧接着却是林寒碧的猝然遇难。饱受苦难、身心俱创的她回到家乡,抚育女儿,兴办教育,一心扑在杏坛事业。

民国十六年，国民党开始了清党，党内左派纷纷遭到陷害。崇德地方恶势力说徐小淑是左派，开始围困县女师，要逮捕她。徐小淑不甘屈服，趁夜到杭，不久在杭县县党部担任了妇女部长一职，以实际行动粉碎了恶势力的阴谋。于是徐小淑头顶官衔，傲然回到了崇德，继续她的教育事业。两年经营，崇德女子学校并掉商校，成立了崇德第一高等小学，设校址在反清志士吕晚村园居旧址，故又称"晚村小学"，由她继续担任校长一职。晚村小学一直持续至今，已百年有余，今名崇德小学。对于今日古镇崇德，徐小淑当之无愧是新式国民教育的开山鼻祖之一，首当立丰碑于家乡杏坛。

1945年，抗战胜利，她又返回崇德，居镇东横街老宅之中。抗战胜利，家乡百废待兴，徐小淑依然不能忘情于教育。她要求复校，政府却拖拉迟缓，于是冲突又起，她再次愤而出走，到屠甸老友家暂居，8月，随女儿北丽到了台湾，暂居台北青州町。

此时的徐小淑，年已64岁，垂垂老矣，却壮怀依然。

屡说扶持谊太长，伯农天性亦纯良。
我儿夫妇仁慈念，致有佳孙后代昌。
长子家乡喜穴营，幼儿榇寿拟先成。
如怜归去人衰老，池水年分几滴清。

——临终再嘱淞、笑两儿

诗中伯农，是徐小淑老友孙雪庐之子，名孙伯农。孙伯农生于1924年，是桐乡启新学校的奠基人之一，2005年12月因病逝世。孙伯农做教师40年，曾荣获全国优秀班主任的荣誉称号，在桐乡教育界享有崇高的声望。

孙伯农的父亲孙雪庐，曾多次出现在《徐蕴华年谱》中：1943年条目有"5月1日，由友人孙雪庐之助，委托刘冠廷夫妇，自香港带次外孙女林应胜至杭州抚育"；1946年条目有"避居崇德屠甸友人家"；1962年条目有"上半年，在新华医院病榻口述《记忏慧词人徐寄尘》，由老友孙瑞康（雪庐）笔录"。

据查孙雪庐此人，乃是徐小淑创办的晚村小学的教务主任，是徐小淑晚年生活中重要的生活伴侣。在女儿林北丽回忆中，孙雪庐就是"雪伯"，"孙雪庐是我母亲的同辈亲戚，我幼年时叫他雪伯，庚白也这样称呼他……母亲曾在抗战初期随雪伯夫妇到浙东避难，雪伯的夫人在抗战末期病故……母亲曾得到过雪伯的照顾，1949年后雪伯在上海某中学任教，在雪伯的晚年，我和笑初曾照顾他的生活多年"。

1962年,79岁的徐小淑心肌梗塞逝世,临终两嘱,一是遗憾不能安葬在西泠孤山林寒碧之墓旁,二就是嘱咐女儿女婿,一定要照护好老友孙雪庐。细细体会小淑心中绵长情谊,令人唏嘘莫名。

次年,徐小淑安葬在上海梅陇公墓,墓碑铭文为柳亚子先生预撰。林北丽回忆:"亚老(笔者注:指柳亚子)应母亲函恳,于1945年预撰《徐小淑诗人墓表》。他当时还对我说:'也许你妈比我长寿,后半段由你续完。所以此文当时并未写完,后不幸言中,妈于1962年逝世(后亚老四年),所以《墓表》是我续完的,但我担心自己的文笔配不上亚老,所以末后只写一段,非常简略。原文于'十年浩劫'中在丰子恺舅舅家遭毁,我已去过他女儿家,她们也为我找过,据说丰家文物那时损失极大。"

据此可知,1963年安葬徐小淑于上海梅陇公墓时,她的墓碑是由丰子恺书丹,后刻柳亚子为她撰写的《徐小淑诗人墓表》。此碑在"文革"中全部被毁,丰子恺先生的手迹也已经无法找见。

2005年11月,在杭州吉庆山马坡岭,西湖文化名人墓地建成,纪念碑落成。徐小淑得以与林寒碧、徐自华同列碑刻。

世事变迁,唯余小淑无言。四十年后终得团圆,先人有灵,湖山有幸!

陈氏姊妹　南社女杰

徐永明　林立勋

一

我们的大姨陈家英，字定元，1895年生；二姨陈家杰，字治元，1897年生，姊妹俩幼承家学，才华出众，文采斐然。

陈家英

陈家杰

二位姨妈从小就仰慕兄长陈家鼎和陈家鼒，坚决支持兄长们的革命行动。青少年时期，陈家鼎和黄兴等革命志士曾来梨花塘边外祖父家聚会，共商大事，二位姨妈就带着小幺妹，即我们的母亲陈家庆，分别在家门口、屋子外面、村口放哨。陈家姊妹在开明的父亲陈悔叟的保护下，皆不缠足，接受男孩子一样的教育，故爬竿上树都行，可以登高望远，见有清廷侦缉队进村，便以笛声通报。年岁稍长，大姨陈家英和二姨陈家杰均就读于湖北江汉高等女学，更是协助仲兄陈家鼎传递书信、散发革命期刊《民报》《复报》《洞庭波》《汉帜》等。再后来，两人都留学日本，都参加了同盟会，并在《留日女学会杂志》《神州女报》上撰文，反对腐朽的满清政府，批判封建主义，提倡男女平等。大姨陈家英曾以定原为笔名，发表《女子复权论》；二姨陈家杰也以家雄、治原为笔名在报刊上发表诗文，参加反清反袁的斗争。

1911年4月25日，大姨年方16，二姨才14，少有大志又具才情的姊妹俩，双双加入南社，入社编号分别是143、144，介绍人陈曾，即我们的大舅陈家鼎。在上海市金山区张堰镇的上海南社纪念馆里的南社雅集大照片中，留有她们的倩影。在第二次雅集的照片中，我们的两位姨母均戴着上世纪初欧美流行的大宽边帽子，她们是照片上仅有的两位女性，且都在华年。另有一张雅集照片，大姨戴着金丝边眼镜，宽边大帽，鬓角插有一朵绢花；二姨未戴帽，梳着当时流行的中分双螺髻。

大姨二姨不仅端庄秀美，诗也做得极好，且胸怀大志，意欲腾飞。柳亚子先生刻印出版的《南社丛刻》中都录有她们的诗。大舅亡命天涯多年后回家，大姨曾写诗抒怀：

　　　　十载逋亡客，同胞若路人。相逢浑似梦，再别倍思亲。家远常通讯，时危好爱身。吾将游北美，躬谒自由神。

1913年初大舅与宋教仁相约同游岳麓山共扫烈士墓时，曾联句哭祭英灵，大舅吟道："十载有家归不得，而今随尔入黄门。"他们都是忠于国事，献身革命，十载有家归不得的志士。大舅将思念亲人同时要报国远游的豪情壮志都写在这句诗里了。

辛亥首义成功，二舅母唐家伟在武昌率先挂牌成立"天足会"，鼓励缠足妇女放足，此事传到湖南，大姨、二姨和我母亲皆欢呼雀跃。不久，二舅母回到长沙、宁乡，在两处都设立了"天足会"，人手不够，姊妹三人便带着一帮闺友去支援。"天足会"在湖南反响很大，一时传为佳话。后来他们在上海也设立了"天足会"。

1913年大舅、二舅参加反袁斗争失败，遭到通缉，他俩各携家眷亡命日本东京；大姨二姨则负笈海上，唯外祖父母和我母亲留在宁乡老家。袁世凯不断派人监视骚扰，外祖父忧愤而死。消息传到东京，大舅、二舅望国门而痛哭。1915年袁世凯图谋称帝，湖南老家益发不能居住，大舅乃秘密归国，将外祖母接到上海租界居住，他自己则每日为上海《民意》《民信》两报撰文反袁，一如昔年之反清。

袁世凯窃国又卖国,1915年承认丧权辱国的"廿一条",即"中日协约",大姨感伤国事,思念兄长,有诗一首《秋夜次秀元三妹兼呈伯兄》:

夜起披衣感不禁,虫声唧唧晓钟沉。神州断送唯挥涕(时值"中日协约"成立),沧海横流独放吟。万里思亲游子梦。百年过客酒人心。眉山兄弟天涯别,应念慈帷老病侵。

1916年袁世凯死,大姨二姨随兄长伴外祖母移居北京。1917年6月张勋复辟,辫子兵涌入,京城一时大乱。当时大舅二舅公务在外,家中唯有女眷。我母亲正在北京投考北洋女子师范(在天津),勇敢、机敏的大姨先护送外祖母赴天津脱险后,又回京看望妹妹,数次往返京津。她有诗一首纪实《有怀秀元三妹北洋女子师范即次其韵》:

眉山兄弟各天涯,负笈从师愧未加。桃李相思春宴乐,芭蕉心卷故园花。湖湘词祖推骚体,江左才门数谢家。记得燕云烽火夜,旧游如梦说京华。

下有小注云:"复辟之乱,炮震京邸,屋瓦有声。余偕妹留考京校时护家慈出险,赴京门再回都门,往返京津重围中,日或数次。"

我们勇敢的大姨性情温和,事亲纯孝。母亲曾说,外祖母喜食鳝鱼,少年的大姨曾到梨花塘边和稻田里亲手去捉,有时也从坊间菜肆鱼摊购得,归家后即洗杀烹饪。她用长钉将鳝鱼头钉在条凳上,自己也骑在条凳上,然后一手持磨尖的骨质旧牙刷柄,一手抓一把面粉紧紧捏住滑溜溜的鳝鱼尾巴,只听得"哧溜"几声,鲜红的鳝鱼血流满了条凳,鲜活的鳝鱼已经从头到尾分成两三条鳝丝了。1918年外祖母病危,大姨亲侍汤药,衣不解带地在外祖母床边。几个月后,外祖母病逝,大姨的绣袄襟边已经磨成丝丝缕缕,裤子膝盖处也磨破了,孝女之名,蜚声亲友间。

大姨尊敬兄长,友爱幼妹。两个哥哥奔走革命,她便努力侍奉父母。那时,家中数遭清廷的查抄驱赶,大姨没有胆怯退缩,而是以自己柔弱的肩膀,挑起照顾家庭的重担。母亲每忆及幼年往事,常含泪告诉我们:"大姨比我大9岁,我出世时,你们的外婆都48岁了,哪有母乳啊。全是吃的红糖调麦糊糊,靠大姨妈一调羹一调羹喂大的。"大姨为家庭,也为国家奉献了青春,直到26岁才出嫁。她嫁给了同盟会员、国会议员诚笃君子萧炳章。萧当时担任孙中山的秘书,结识了我大舅陈家鼎。闻汉元(即陈家鼎)家有女弟,孝、美而有才名,丧偶的他便立意追求。我母亲对大姨父的求婚信连声称赞:"好文采!这是《指南录后序》里文天祥的话,被云帆姐丈引用来表白,用得正好!"大姨父和大姨母伉俪情深,姨父著有《可庐唱和集》记载了他们夫妇相互唱和的作品。

对于大姨父萧炳章的革命活动,大姨全力支持。1927年,大姨父痛恨蒋汪背叛孙中山的三大政策,毅然参加了周恩来、朱德、叶剑英等领导的南昌起义,大姨闻讯,倾家产以相助。

二

《南社丛刻》录有我的二姨陈家杰的诗作《近感寄伯兄汉元燕京》:

> 飞鸿起天际,风雨忆诸兄。浮海思西渡,平边愿北征。欲安土鲁寇,须仗木兰兵。不独超投笔,余昭亦请缨。

这首诗生动地反映了二姨陈家杰的凌云壮志和满怀豪情,有与男儿比高低之气概,这也与她少年时代的经历有关。她从小就经历了反清斗争的洗礼,十一二岁就随兄长和大姐离乡背井负笈日本,十四五岁便在上海加入南社,和男性诗人们一起唱和吟咏,赋诗填词。

二姨性格倔强,独立不羁,是个叛逆者。我母亲陈家庆幼年时奉长兄之命进入"周南女学"读书。某日学校举行"同乐会"校庆之类的活动,彩旗飘扬,鼓乐阵阵,大姨二姨都作为家长去学校观礼。母亲喜滋滋地迎接她们四处走走。行至楼梯边时,二姨视楼梯口贴着的告示"左来右去"于不顾,高跟鞋"噔、噔、噔"地从楼梯中间直上二楼,母亲忙阻止道:"先生告诫我们,登楼必左来右去,二姐走错道了,快随我到右边来。"大姨就和蔼地顺从小妹,二姨则不然。她一面嘲笑我母亲迂腐,一面我行我素:"我偏要右来右去,其奈我何!"母亲无奈,只得任二姨从楼梯右边上去。

岁数稍长,性格中倔强的一面又从她的婚姻中表现出来。五四运动前后,男女青年要求个性解放,婚姻自主,新时代的气息扑面而来,大大地改变了二姨的生活。

秋天,二姨自长沙北上,在武昌抵上海的轮船上,认识了一位姓王的青年。

他是位小学教员,普普通通的青年罢了。可就在偶然的相遇中,仿佛命中注定似的,二姨那少女的眼中却看出了这位青年的诚笃憨厚。交谈中,二姨了解到他是江西人,家道贫寒,而今他是到上海去谋求发展的,尚有老母一人住在家乡。二姨的芳心对他即生怜悯,继而由怜悯而生爱意,哪怕是邂逅,二姨也深情相许。

大舅得知此事后,坚决不允,他要二姨慎重对待。在他看来,二姨才貌双全,出类拔萃,年纪又轻,外文又极好,正宜出国深造。即使要谈婚论嫁,也应该在众多的倾慕者中挑一个配得上她的才俊的才是。可是大舅的劝说未能奏效,兄妹争论多次,最终以彻底决裂告终。劝不醒的二姨含泪与她曾经十分尊敬的兄长告别,从此不再来往。

二姨终于和她心爱的人结婚,但她的婚礼是在很冷落、难堪的气氛中进行的。二姨婚后过着贫困的生活,夫婿在她的新生儿堕地前就因肺病而去世,临终前,他千叮万嘱要老母赶来上海照顾临产的妻子。二姨在儿子出世不久,就得了产褥热和猩红热,也随夫君而去。

二姨的孩子身世可怜。大姨陈家英后来把他接去抚养,取名萧振玉,字金声。我们的母亲陈家庆在20世纪30年代执教安徽大学中文系,曾将孩子接去,亲自督促他研习古文,学习唐诗宋词。抗战时期,萧振玉投身军界,后又参加远征军,与日寇拼战沙场,为他的生母陈家杰圆了"请缨报国"的宏愿。我母亲有诗悼念二姨,其中一首题为《读仲姊志元遗诗即用其集中韵哭之》:

> 生死悠悠别几年,幽明路渺总凄然。升天已早应成佛,住世无多便是仙。片羽吉光何限意,残脂剩粉亦堪怜。伤心碧海青天夜,痴望人圆似月圆。

三

我们的二舅母唐家伟,字敏慎,湖南宁乡人。她生于何年,我们已无从考起,只记得母亲说她比二舅小8岁。

二舅母精明能干,有闯劲,勇于接受新思想。嫁给二舅时,二舅早已秘密加入同盟会,且跟随孙中山先生奔走于日本与中国。二舅母无怨无悔,毅然跟随夫君,也加入同盟会。二舅在湖北陆军学堂读书毕业后,就任新军教练官,后又历任旅长师长。辛亥首义在武汉打响,二舅即率部响应。二舅母在军中闻革命军在武昌大胜,将武汉三镇都占领了,立刻回家放足,剪掉恼人的缠足布,挂牌设立"天足会",动员饱受缠足之苦的妇女解放自己。一时男人剪辫子,女人放小脚,革命新风遍吹荆楚大地。

随后,二舅母回到湖南,在长沙、宁乡都设立了"天足会"。缠足妇女放足后将裹脚布交到"天足会",二舅母即发给每人二文钱以资鼓励,一时门庭若市。

二舅母还和夫君在1912年都加入了南社。

1913年,讨袁失败,二舅母深明大义,紧随夫君再度亡命日本。袁世凯死,二舅夫妇双双回国,住在上海宝康里。

20世纪20年代初,二舅母践行孙中山先生的女权思想,在上海办起"中华女子美术专科学校",开发女子民智。柳亚子先生、我大姨和母亲都做过该校教员。柳亚子先生口吃,我母亲后来对我们说起,亚子先生虽"期期于言词,但其道德文章和诗才,令女学生们佩服之至,无人敢笑话他"。二舅母擅长湘绣,上海香山路中山故居内曾有其手绣花卉一幅悬于壁间。1929年12月,二舅母及其学生陈乐君、钱忠箴等合作刺绣的孙中山先生《大同篇》及该校其他师生创作的中国画花鸟、人物、山水等作品在比利时国际博览会展出,显示了中国女子美术作品的独特魅力。

1928年后,校事零落。二舅母随二舅先居南京,后又回到长沙。当时程潜先生主事湖南省政府。二舅素与程潜友善,乃去省政府任参事。抗战爆发,日寇进犯湖南。蒋介石命焦土抗战,长沙大火。危急中,二舅母与二舅一起救护伤员,协助安置难民。他们夫妇同心,共赴国难。

二舅母生性豪爽、泼辣,有男子气概。我母亲幼年时有一天肚子痛,去某私人诊所就诊。该诊所医生出言不逊,母归,哭诉于她的二嫂。二舅母愤愤然赶到诊所,伸手摘下那个诊所的招牌,背起就走。理屈的医生连忙出来道歉,打躬作揖,并亲自到二舅母家赔罪,呈上礼物。二舅母当即退还礼物,把这医生好生训导一番。

一生辛劳的二舅母,在抗战胜利后不久,病逝于长沙。

四

湖南人民出版社2010年出版了一本《湖南女士诗钞》,该书分三部分,第一、二部分选录了清朝的女诗人诗词作品,第三部分就是我母亲陈家庆的《碧湘阁集》。该书的整理校点者贝京女士称:"民国时期,湖南也出现了一些女诗人,其中陈家庆最为突出,被视为当时重要的女诗人之一。"又说:"《吴宓诗话》称其词胜于诗文,可以说是民国时期具有全国性影响的湖南女词人。"

我们的母亲陈家庆,字秀元,1904年生。她是家中最小的孩子,比长兄陈家鼎小28岁,比大姐陈家英小9岁。母亲降生时,正是大舅二舅献身反清革命之时,他们组织队伍,谋刺高官,联络各方志士,以文才武略开展斗争,真是屡败屡战,奔走不息。外祖母生母亲时已40多岁,身体不好,需要多加调养,而且没有奶水,全靠大姨日日用红糖调麦糊糊一小匙一小匙喂这小幺妹。某一日,大雪纷飞,遭到清廷通缉的大舅突然归来,令全家欣喜不已。大舅剪下棉袍的下摆为襁褓中的小幺妹作垫褥,又亲自给她调红糖麦糊糊充饥。探视父母和弟妹后,他又返回东京,继续跟随孙中山先生革命。

出生于忧患中的母亲。自小就跟着大姐陈家英,二姐陈家杰,帮助长兄陈家鼎干革命。母亲说,当时她最矮小,不为人注意,而且没缠足,爬树快,所以常常是她爬树发信号。听到这里,我们子女三人不禁哈哈大笑,问母亲您老人家何以爬树爬得这么快。母亲说:"这亏得你们的外祖父,外祖母要给我们裹脚,我和你大姨、二姨就奔向你们的外祖父,外祖父连忙抱起我就逃,大姨二姨紧紧跟着外祖父一块逃到远远的地方,外祖母只好叹气。后来你们的大舅自日本归来,也几次反对给我们姊妹裹脚,他的话在家中很起作用,外祖母终于不再提缠足这事了。"

1910年冬,陈家曾有过一段艰难的日子。当时陈家鼎、陈家鼐夫妇、陈家英和陈家杰均流亡在日本,外祖父又被清廷拘捕下狱,只剩下老人和小孩,屋外大雪纷飞,家中又断粮了,一时饥寒交迫,相拥而泣。母亲那时只有7岁,在哭了一阵后,抹去眼泪,悄悄地出了门。她手持小簸箕,身穿红棉袄,翻过屋后的小山坡,在雪地里连滚带爬地到亲戚家借米。她的勇气感动了亲戚,于是他们担米到陈家,解了燃眉之急。

1912年春,陈家鼎陪同孙中山到武昌与黎元洪会晤。旅途中,孙中山和陈家鼎亲切交谈,了解到陈氏棠棣在湖北湖南的革命故事,尤其是小妹妹都帮助送信望风,孙先生大为感动。他当即挥毫赠墨宝5份给陈氏兄弟和三姐妹。孙先生又听陈家鼎说他的大妹、二妹在日本都加入了同盟会,便与陈家鼎相约,共同做陈家庆入同盟会的介绍人,于是母亲陈家庆便成为同盟会最年轻的会员,是年陈家庆虚龄9岁。

母亲幼年时,就在父亲悔叟公的教导和兄长的督促下学习,她博闻强记,打下了扎实的国学基础。母亲早慧,她十三四岁便代兄长写祭母文,15岁时已在《申报》和《时报》辟专栏"丽湘阁杂掇"发表诗词和文章。

1917年7月陈家庆由傅屯艮先生和陈家英介绍加入南社。入社书编号为1072,后又参加南社湘集、新南社。

母亲的著作甚丰,除了早年的《丽湘阁杂掇》,后来又有《碧湘阁集》《曲史》《汉魏六朝诗研究》《黄山揽胜集》等。大量的诗词作品,还散见于《安徽大学学报》《国民日报》《申报》《时报》《新民晚报》《和平日报》《词学季刊》等报纸杂志。以上作品,包括手稿,在"文革"浩劫中,均被焚烧殆尽。2010年,湖湘文库编委会将《碧湘阁集》全文收录于《湖南女子诗钞》。2012年,我们子女将搜集到的诗词和父亲徐英的诗,交给"20世纪诗词名家别集"编委会,以《澄碧草堂集》合集出版。母亲诗、词、古文兼善,而尤以词作著称。其词不专一体,自具个性和风格,或清丽,或雄健,或洒脱,较少凄清缠绵的格调,艺术上音韵和谐,格律谨严,时有巧思,尤见功力。

此处敬录母亲诗词各一首:

别武昌和澄宇

客途迢递苦思量,烟树微茫别武昌。万里辞家宁恸哭,百年披发忍伴狂。呕心文字终何补,袖手乾坤竟莫匡。此去锦城秋涨足,梦中来往忆还乡。(此诗作于抗战时期,父母携家避难于蜀前夕)。

满江红·闻日人陈兵南翔感赋

残照关河,听几处,暮笳声切。更休唱,大江东去,水流呜咽。越石料应中夜午,豫州更击横流楫,怕胡儿铁骑正纵横,愁千叠。

长城陷,金瓯缺,黄浦路,吴淞月,照当年战垒,霜浓马滑。三户图强能复楚,廿年辛苦终存越。问中原又见几人豪?肠空热!

母亲一生任教。20世纪20年代末任教于苏州乐益女子中学,松江女子中学,30年代起任教于安徽大学、重庆大学、政治大学、东方语文专科学校。1949年后曾在上海中医学院教授中医古文,后又被聘为上海文史研究馆馆员。母亲"文革"中惨遭迫害;1981年春,国家名誉主席宋庆龄亲自为我母亲陈家庆平反。

参与创立民国的巾帼英雄
——唐群英生平

季竹林

在中国近代史上有一位里程碑式的女性：她既是中国同盟会第一位女会员、推翻帝制创建民国的中华女界第一人，又是中国女权运动的创始人，还是近代杰出的女报人和女子教育的开拓者，她被第四次世界妇女大会列为中华百年八大女杰之一。这位奇女子曾被孙中山先生誉为"创立民国的巾帼英雄"，授勋"二等嘉禾章"。她领导的女子参政运动被赞誉为"五千年来女权之曙光""中国妇女运动的第一声"，她就是被辛亥革命同仁称为"女界孙黄"的革命功臣、南社女社员唐群英。

一、唐家有女初长成

唐群英，字希陶，号恭懿，1871年12月8日生于衡州府一武将人家，现湖南省衡阳市衡山县新桥镇黄泥村。

唐群英的父亲唐星照，为清朝武官，官至提督，册名允微，号少垣，知书达礼，聪颖强健。青年时期投笔从戎，有勇有谋。咸丰年间，因功升至提督，赏换花翎，又因军功而被赐予"长勇巴图鲁"称号。简放江西袁临协镇都督府，统领镇字马步全军，诰封振威将军。唐群英母亲曹氏被诰封一品夫人，生唐群英兄妹六人，两子四女。

唐群英长兄名维藩，历官上津通判，湖南南路安抚使，东安、道县、浏阳等县知事。长姐名希孟，二姐名希范，妹妹名希欧。弟名乾一，号坤成，别名子虚子，毕业于日本法政大学，官至民国临时参议院、众议院议员。按大房排，群英居第八，故被乡人称为八姑奶奶。后来因其不逊须眉，成为女界领袖，被族人视为光荣，破例将她的名字和事迹载入族谱。并征得她胞弟乾一夫妇的同意，将他们的次子遂九，过继给她做了嗣子，故人们又称她为"八公公"或"八先生"；按同胞兄妹排，她居第四，所以也有人称她"四小姐""四姑奶"；更有同仁因其字希陶，又尊称她为陶公。

唐群英的出生地新桥三吉堂，是父亲唐少垣将军辞官归故里后1867年建成的宅第。占地约七亩，原有房屋上百间，不仅有大小客厅，还有一个气派的"官厅"，正厅阁楼上嵌有"圣旨"二字。槽门内有一副"三多门第""吉庆家声"的对联，"三多"即指多积德，多读书，多劳作；是谓唐门家训。

在三吉堂右首，建有宽敞书屋，毗邻花园，匾额为"是吾家"，这其实是三吉堂之前1864年的建筑，后来唐父官至提督，才在"是吾家"的基础上扩建为大宅院三吉堂。"是吾家"同样也有一副对联，上联"是足下青云起处"，下联"吾心中皓月来时"，显示出非凡的抱负和襟怀。另外，院内有两个小花园，十来个天井，还有羊圈、马厩和其他杂屋。整体背靠平整如枕的红茹岭，面对气势磅礴的龙形山，视野开阔，三面环山。门前有一大水塘，屋后古木参天，翠竹成林，依山傍水，气宇轩昂，古朴幽雅，属超然物外的上等居所。

生于优裕、开明家庭的唐群英没有被"女子无才便是德"的封建思想所束缚，而是和兄弟姐妹一起进了私塾。好学上进的她手不释卷、博览群书，是几个同胞中学习最认真、最刻苦的。在众多史书中，她尤喜《木兰词》《烈女传》《精忠岳传》之英勇类的作品，英雄气概、果敢担当的性格在她的少年时期便逐渐形成。

10岁时，唐群英央求父亲教她剑法，勤学苦练之余，她还常常组织周边的孩童扮作宋军辽军"打仗"，并自称"穆桂英"，挂帅出征，迎战"辽军"。她指挥若定、气度不凡，俨然一副统领千军的帅才风范。当时，女子都要缠足，名门千金更要有一双三寸金莲。一开始，唐群英以为缠足不分男女，就忍痛接受了。没想到哥哥居然不缠，而且健步如飞，她认为是母亲偏心，就联络两个姐姐采取一致行动扯掉裹脚布。姐姐胆怯，她就独自扯掉。被母亲发现，又强行裹起来，几经缠缠扯扯。所以，在同胞姐妹中，唯有她不是三寸金莲，而是个半大脚。

之后，她一边潜心攻读中国典籍，一边练习马术剑术。十几岁时，出落的文雅清秀，眉宇间透着英气的唐群英既能写出一手好诗文，又能跃马扬鞭、剑花飞散。父亲望着这个果敢豪迈、文武双全的女儿，曾感叹道："唐氏坟山不贯气，若是个男儿必能光耀门楣。"唐群英听罢反问："是女儿，就不能光耀门楣吗？"她能文善诗，15岁时曾写出"邻烟连雾起，山鸟放晴来"的灵秀诗句，被私塾先生称为"女中奇才"。在四个姐妹中，群英最为父亲钟爱。她也"尝以不能易髻而冠为恨"。

1890年,父亲去世,1891年,20岁的唐群英遵父遗命(一说从母命)嫁与湘乡荷叶塘曾国藩的堂弟曾传纲为妻。初嫁曾家,唐群英与丈夫相亲相爱。婚后不几年生下一女儿,视如掌上明珠,一家人其乐融融。可是,天妒良缘,在1895年至1897年两年间,唐群英屡遭不幸,先是女儿夭折,然后是夫君病故,短短时间经历了人间最难承受的感情折磨,骤感万念俱灰,情绪一落千丈。失去至亲的痛苦令唐群英一蹶不振,幸有胞弟乾一帮助,她才挣扎着从痛苦的深渊爬出,重新燃起生存的希望。慢慢让自己振作起来,决定"不再嫁人,但要重新做人"。

　　按照当时的封建传统和曾家的族规,她要在婆家守节,才不失为"名门闺秀"。但唐群英个人见识高迈,蔑视旧礼教,不拘旧礼。不肯抱着那块贞节牌坊同归于尽。在胞弟的相援下,于史书中找出依据,冲破夫死守节的封建桎梏,毅然"大归",造成了与夫家决裂。归家后,唐群英定居于"是吾家"书屋,意为是我最初的家。

二、放眼世界观风影

　　在唐群英的婆家湘乡荷叶塘,当时有三大名门望族:清代名臣曾国藩曾氏家族,"鉴湖女侠"秋瑾的婆家王氏家族,和被后人颂扬为"革命的母亲"葛健豪娘家的葛氏家族。三家彼此联姻,构成了封建统治阶级在荷叶塘的最上层。

　　当初唐群英在婆家时,因曾家与鉴湖女侠秋瑾的丈夫王廷钧王家是近亲,两家又都居住在湘乡荷叶塘。唐群英与秋瑾年龄相仿,唐群英年长秋瑾四岁,有亲戚和邻居的关系,促使两人很快熟识。秋瑾的革命思想、文学才华和女侠豪情迅速点燃了唐群英骨子里的豪气和担当。她们志趣相投、性格相近,很快成了无话不谈的莫逆之交,并常有诗词唱和。

　　葛健豪听闻秋瑾是一位能文能武的巾帼奇人,也常常回荷叶塘省亲,接受了一些进步的思想,为日后走出湖南、走出国门,激励自己和教育儿女提升了认知。清末的中国积弱积贫,三女子均为豁达豪迈的性格,且志趣高尚,不贪图荣华富贵和安逸生活,常在一起探讨民生国运,忧国忧民,从而结下了深厚的友谊,被后人称颂为"潇湘三女杰"。因为她们的思想觉悟是几千年封建思想统治下女性最早的觉悟,后来她们的女权意识和女学思想成了近现代中国妇女解放思潮的重要组成部分。

　　离开夫家后,唐群英为了改变自己弱者的形象,每日在"是吾家"早习武艺,夜研诗书。当时,外侮频扰,国势日蹙,康有为、梁启超等人正在力倡变法维新。

她饱览群书，尤以新书居多，这其中深受维新思想影响，广泛汲取新思潮的能量，如严复的《论世变之亟》《救亡决论》，梁启超的《变法通议》等，希望能从中找到思想的出路。有一次，她偶然读到维新派领袖康有为的《大同书》，犹如冷水浇背，醍醐灌顶，"男与女虽异形，其为天民而共受天权一也"，这句话令她异常兴奋。那一刻，唐群英的心底豁然明朗。她觉得困扰自己多年的思想瓶颈一下子打开了，感觉前程不再渺茫，似乎看到了生命的意义。绝不能如此碌碌无为下去，要像男儿一样有一番抱负。男士有如此呐喊，作为一个有知识、有志向的女性，又何必坐以待毙，听从命运安排呢。

于是她坚定信念，今生今世一定要为妇女同胞争权利，争自由，争幸福，为国家民众争独立，争富强，争民主。她反复读过《大同书》后，提笔挥毫，写下一首五言绝句《读〈大同书〉抒怀》，透露出了当时的心迹："斗室自温酒，钧天谁换风？犹居沧浪里，誓作踏波人！"

1900年，鉴湖女侠秋瑾离开了荷叶塘，随丈夫到北京任职，因当年八国联军入侵，战事纷扰，不久又返回家乡。唐群英闻讯赶来探望，听秋瑾讲述列强进犯北京烧杀抢掠，肆意妄为；清政府如此的软弱无能，一味委曲求全；同胞们流离失所，任人宰割，不禁义愤填膺，满腔悲恨，慨然说道："国之兴亡，匹妇亦应责无旁贷。不是天下兴亡，匹夫有责，而是人皆有责！"至此，唐群英旨在救国救民于苦难之中，一直在寻找时机和途径。

1902年，秋瑾随丈夫返回北京复职，因看不惯清政府的腐败无能，又不能和丈夫志向投合，终日郁郁寡欢。1904年4月，不顾丈夫王廷钧百般反对，冲破家庭的羁绊和重重阻挠，在没有路费的情况下，变卖衣物首饰筹集资金，幸也得到好友资助，奔赴日本寻求救国之道，迈出了人生中重要的一步。

唐群英在获知秋瑾远赴日本后，1904年秋，应秋瑾之约，果断追随，漂洋过海东渡到日本求学。她先自费考入东京青山实践女校，成为秋瑾的同学。两年后，又以优异成绩升入东京成女高等学校师范科，该校拥有全国名师任教，在日本声望极高。入学后，她发愤学习，因成绩优异，由湖南当局改为官费生。求学期间，唐群英一边潜心学习一边积极参与留日进步学生的各种革命活动。她先后结识了刘揆一、刘道一、黄兴、赵恒惕等湘籍人士。1905年5月，经赵恒惕介绍，她加入黄兴等人发起的华兴会，成为唯一的女会员。7月，又经黄兴介绍会见了孙中山。在交谈中，她向孙中山谈及自己对于男尊女卑的反对，表达了"天下兴亡，人皆有责"的主张。孙中山当即赞道："革命首先是唤醒四万万同胞，女同胞觉醒的还很少，群英女士是第一个走进革命队伍里的女同胞，是榜样，是二万万女同胞的带头人。"8月,华兴会和兴中会等革命组织合并为中国同盟会,她和宋教仁、陈天华等70余人一齐宣誓加入同盟会,成了中国同盟会第一位女会员。由于唐群英比相继加入同盟会的何香凝大7岁、比秋瑾大4岁,所以,同盟会的会员都尊称她为"唐大姐"。

随后,唐群英积极参与并组织革命活动,在留日学生中声名鹊起,1906年7月,她与王昌国发起组织的"留日女学生会"成立,她当选为书记,后被选为会长,同时创办会刊《留日女学会杂志》。

为宣传革命,引导广大有志青年走上革命道路,1906年10月,黄兴和宁调元在日本创办杂志《洞庭波》,创刊号上唐群英曾发表"七绝8首"被革命党人广泛传诵,其中两首尤受孙中山赞赏,一云,"欲展平均新世界,安排先自把躯捐";一云,"愿身化作丰城剑,斩尽奴根死也瞑",着实振奋了进步青年的斗志。当时,同盟会在横滨设有弹药制造机关,唐群英就带领秋瑾、方君瑛、陈撷芬、林宗素、蔡惠和吴木兰等人前去学习制造弹药和使用枪械。后来,她又利用假日时间到神乐坂武术学会练习枪法。

在历练与斗争中唐群英已完全刷新了自己的思想,彻底从维新派转变为革命家。打碎旧世界,创造新世界,成了她一生的信仰和追求,唐群英的名字在中国近现代历史舞台上初显锋芒。

三、敢效须眉不等闲

1907年3月4日,孙中山被日本政府驱逐出境,与唐群英话别时,口占五言诗相赠:"此去浪滔天,应知身在船。若返潇湘日,为我问陈癫。"陈癫即同盟会会员陈荆,字树人,湖南双峰革命志士,孙中山的追随者,孙期待唐群英日后回国,与之联络的革命同志。

7月15日,秋瑾因组织起义在绍兴被捕牺牲,唐群英日不思食、夜不能寐,深为痛失好友和同志而悲痛。为怀念好友、增强斗志,她痛而疾书,撰写挽联:"革命潮流是秋风吹起,自由花蕊要血雨催开。"秋瑾已为鬼雄,唐群英发誓要作人杰。

12月,唐群英在成女高等学校师范科毕业。毕业仪式上,她撰文致辞,慨然写道:"然女师女范,昭然于史册者,若班氏木兰伏女辈,当时轻视女学,犹能独往独来,卓绝古今,使有以提励之,则其造诣又当何如也?无如积瘁不振,女权陵夷,学识幽闭,遂成斯世困屯之形。溯国运盛衰之际,又岂非我辈担负女教责任之时耶？"充分表达了振兴中国女学的决心。

1908年2月，唐群英自日本学成回国。回国后，迅速依照孙中山指示，与陈癫联系，后两人会同其他革命党人秘密组织永丰武装起义和花石武装起义，令人惋惜的是，前者流产而后者失败。1910年6月，因国内形势趋紧，环境恶劣，她按黄兴命令再次赴日，以考入东京音乐专科学校作掩护，深入开展留日女学生运动，广泛动员女界投身反清斗争。

1911年秋，她奉命回国，向同盟会中部总会大员宋教仁报到，并随即在上海发起并领导了多个女子革命团体组织，又与张汉英在上海筹建女子北伐队。10月10日，唐群英和张汉英在湘人傅屯根、黄钧、阳兆鲲的介绍下，填写南社入社书，加入著名革命文化团体组织——南社，社号分别为193和194，成为后人眼中"文有南社、武有黄埔"的南社著名女革命家、女教育家。又因她的诗词出众，风格既有豪放，又有婉约，负钧天之志，饱含爱国之情，从而成为南社第一位女诗人，亦为我国近现代诗坛女子诗人中的佼佼者。

同是10月10日，武昌城响起反清起义枪声，起义战火迅速蔓延，各地革命党人闻风而动，纷纷作出响应。唐群英和张汉英积极组织"女子后援会"，并担负起护送黄兴到武昌指挥起义的重任。武昌起义的枪声是在时机不成熟的情况下仓皇打响的，策划起义的同盟会会员黄兴、宋教仁等人当时都不在武汉，湖北革命党人力邀黄兴主持起义大计，当时黄兴因黄花岗起义失败正在香港养伤，为保住民主革命的胜利果实，毅然带伤前往，于10月28日经上海到达武汉。护送黄兴的重任即由唐群英率领的女子后援会担任。

武昌起义打响后，遭到清政府疯狂镇压，黄兴辗转到达武汉，亲临一线指挥战斗，尤其在保卫汉阳、反攻汉口的战役中，身先士卒，浴血奋战。唐群英则率领女子后援会，积极开展战地救援、救护伤兵，募集粮饷运往前线。

11月初，唐群英又率"上海女子北伐队"投入到光复南京的战斗中。当时江浙联军久攻南京不下，焦急万分的唐群英找到时任江浙联军总司令的李燮和，请求将自己组建的女子北伐队编入联军。获得批准后，她仅用3天时间就组织了一支200余人的青壮年女子队伍，请联军司令部负责短期集训。同时，李燮和又将半个月前组建并经训练的女子敢死队队员50人，拨归女子北伐队管辖指挥，委任唐群英为队长。同月下旬，抵达南京外围时，联军主力担负攻城主战，女子北伐队和其他兄弟团奉命在玄武门助攻。唐群英挑选八名精兵组成敢死小分队，亲率敢死队员打扮成难民，暗藏短刀、短枪，偷偷混入南京城，英勇机智地与清兵周旋，伺机杀死了守城清兵。

之后,她挥舞双枪带领女兵引大军攻城,一路冲锋陷阵、勇猛杀敌,使清廷两江总督仓皇出逃,南京城胜利光复。此役耗时近一月,既是革命军对清廷的致命一击,更堪称辛亥革命成功的奠基之战。唐群英以在此战中的突出贡献获得同仁广泛赞颂,革命党人张继有诗描述:"烽烟看四起,投袂自提兵",是为当时的真实情景。自此,"女子北伐队"及"双枪女将唐群英"声名大振。

1912年1月1日,中华民国南京临时政府举行临时大总统就职典礼,孙中山正式就任中华民国临时大总统。2月1日,中华民国临时政府召开庆功会,唐群英以"女界协赞总会"代表的身份出席,受到孙中山总统接见。由于唐群英在辛亥革命中功勋卓著,黄兴、宋教仁双双为其请功,孙中山授予其"二等嘉禾"勋章,称她"不愧是创立民国的巾帼英雄"。

四、恨无长剑斩蛇虎

1911年底,民国尚未正式建立,唐群英等女杰们怀着无限憧憬的心情,准备迎接新纪元,期待"同享共和幸福",并提前着手对女性进行参政培训。1912年元旦,中华民国临时政府成立,参与新政权创建的女杰们却遭受了劈头盖脸的打击。2月初,临时参议院在起草《中华民国临时约法》时,不承认女子的平等地位,不允许女子参政。

唐群英等闻讯,联合各地女子团体组织,奔走呼吁,奋力倡导男女平权。2月20日,唐群英"慨以女权运动领袖为己任",以女子后援会会长名义,与张汉英一道,做出了一件令全世界惊愕的大事——联络湖南、上海等地女子团体,在南京组织成立"中华民国女子参政同盟会",其直接动机就是"要求中央政府给还女子参政权"。2月26日,向参议院递交《女界代表唐群英等上参议院书》。但是,提案并未被临时参议院接受,3月11日公布的《中华民国临时约法》对这个要求置之不理,女界愤慨万分。于是,在中国政治舞台上,唐群英率众女杰毫不客气地推出了一幕震撼人心的"三闹参议院"的历史大剧。

3月19日临时参议院正在开会,唐群英、张汉英等30余人涌入议事厅,要求参政权。参议院数十人手足无措,慌乱不堪。后假作商议,告诉唐、张等人,此法案为暂定稿,将对女界反映的情况充分考虑。众人才暂熄怒火,愤而离去。

20日下午,唐群英等人又往参议院,却被卫兵挡着不让进入,唐群英、沈佩贞等人怒砸玻璃窗,踹倒卫兵,冲入参议院,众议员四散而逃,女杰意愿仍无果而终。

21日早九时，唐群英再偕女子同盟会众人到参议院要说法，该院落已派重兵驻守，几次强攻不能进入。唐群英则率众女士亲至总统府谒见孙中山总统，痛斥参议院拒不让进、不给予参政答复等行为。后经孙中山协调，唐群英率领女界代表20人前往参议院，进行旁听，对"男女平等"一项展开激辩，双方不肯妥协，不肯退让，险些发生正面激烈冲突。孙中山身为临时大总统，虽赞成男女平等，但限于历史原因，为迎合各方势力，也难以从中调停。

1912年3月10日，袁世凯在北京就任中华民国第二任临时大总统，4月1日，孙中山在南京解任。4月4日民国临时参议院议决该院迁往北京。唐群英、沈佩贞等"女子参政同盟会"代表赶到北京，向参议院上书，要求修改法律。但是，北京的形势更糟糕，北京参议院当时也正在讨论一项与妇女参政密切相关的问题：国会选举法。该法草案一开始就把妇女剔除在外，规定国会议员的选举人和被选举人都必须是年满25岁以上的男子。唐、沈的上书连被讨论的资格都没有，就被搁置了。女界代表与参议院对峙多时，参议院绝无让步之意，矛盾越来越激化。

4月8日，"中华民国女子参政同盟会"正式成立，唐群英被选为会长兼文事部长，会议通过了由其主持起草的十一条政纲，明确提出"本会以实行男女平等、实行参政为宗旨"，并发表了"宣言书"。12日，以女子参政同盟会名义致电"各省都督、各政党、各报馆"，申明"参议院所布之《临时约法》，我女界绝不承认"。

7月，唐群英等人"出死力以争"女子在国会中的选举权和被选举权。8月10日，又到参议院面呈《女界代表再上参议院书》，但是当天国民临时政府发布的《参议院议员选举法》《众议院议员选举法》根本没有妇女的一席之地。盛怒之下，唐群英、沈佩贞等60多名女界代表强行闯入参议院，在痛斥无果之余只好说狠话，声称如果袁大总统不赞成妇女参政，妇女"亦必不承认袁者为大总统"。

8月13日，在同盟会等五政党合并为国民党的改组会议上，唐群英和沈佩贞到场，质问为何不通知女会员参加，以及为何在党纲中删除"男女平权"条款，并大骂宋教仁甘心卖党、独行专断，使"一般男会员垂头丧气，无可争辩"。

8月25日，同盟会改组国民党大会在北京湖广会馆举行，秘书长宋教仁宣布国民党新党章时，唐群英、沈佩贞等人发现党章里根本没有任何关于"男女平权"的条款，却有一条：不接受任何女性加入。唐群英站起来大声质问，但别人的鼓噪声完全淹没了她的声音。怒不可遏的唐群英、沈佩贞、傅文郁愤而冲上主席台，扭住宋教仁。唐群英愤抬右手往宋教仁脸上打了一记重重的耳光。据当时的媒体描述"举手抓其额，扭其胡"，"以纤手乱批宋颊，清脆之声震于屋瓦"。

宋教仁捂着脸狼狈躲闪,林森上前劝说,也跟着挨了唐一记耳光,致使会场秩序大乱。后经张继等人再三劝慰,并许以从长计议,宋、林仓皇退场,直到孙中山和黄兴出面,局面才算安定下来。

对众女杰来说,人权当然包括妇女的权利。而在男人的角度看来,政治革命似乎不包括什么妇女革命。当政治革命成功后,妇女人权问题就不得不面对那些根深蒂固的阻碍。在当时特定的历史时期,高瞻远瞩的革命家、政治家孙中山、宋教仁等对新兴的女权运动不够重视,而且在认识上有很大的偏差,他们将女权问题当作应该滞后考虑的次要问题,像"女子在国会中的选举权和被选举权"这样的项目就被他们晾在一旁。再者,中华民国的临时约法仿照英国宪法而来,当时的英国尚未解决女子参政问题,民国大员由社会各界男士组成,概不会同意女子参政。

而唐群英以她勇武的举动向世人宣告,女性不再是闺中弱质,她们的政治权利不容勾销和抹杀。9月初,唐群英在北京发表了《女子参政同盟会代表唐群英宣言书》,再次呼吁广大妇女坚持斗争,为争取自己的权利"起而师之",决心"身可杀,此心不可死;头可断,此权不可无",立场之坚定令世人震惊。

五、百战归来剩此身

1912年9月2日,孙中山致函唐群英、沈佩贞等人,善意地指出:"党纲删去男女平权之条,乃多数男人之公意,非少数可能挽回。君等专以一、二理事人为难,无益也。文之意,今日女界宜专由女子发起女子之团体,提倡教育,使女界知识普及,力量乃宏,然后始可与男子争权,则必能得胜也。未知诸君以为然否?"唐群英读罢默然无语,与其在男人决定命运的斗争中拼个头破血流,不如退而求女子本身的强大。她若有所悟,似从中受到启发,认识到唤醒女界广大同胞才是当务之急。9月5日,唐群英分别会见宋教仁、林森,就"一记耳光"失礼之举致以歉意。

1912年9月,唐群英革命情绪开始转为平静,逐渐放宽眼界,着手在北京创办《女子白话旬报》,声称"本报专为普及女界知识起见,故以至浅之言,引申至真之理,务求达到男女平权的目的"。其后,她又创办《亚东丛报》,宗旨一以贯之:"本报提倡女权,发挥民生主义,促进个人自治。"社会对此多有褒奖,黄兴题词:"湘衡女杰,震旦之灯;悬之女界,发大光明。"宋教仁题词:"四千余年,黑暗专制,女族沉沦,甚于男子。振聩发聋,女士任之;女士而外,谁其扶之。"

10月22日,中华民国女子参政同盟会在北京设立本部,唐群英被推选为本部总理,各省设立支部,其声势之浩大,成为当年中国政坛最醒目的话题之一。唐群英在会上演说指出,女子与男子同是国民,既承担了国民的义务,就应该享受国民的权利。她坦诚地承认现在女子参政的程度确实不够,可暂且不争被选举权,但不能不争选举权。仍在不懈坚持男女平权的抗争。但之后发生的一件事,让她更加改变了革命方向,潜心办报办学。

1913年2月初,《长沙日报》报馆广告署来了一位客人,自称要登一份结婚启事,遍告亲友。负责接待的一听名字是蜚声民国的女杰唐群英,不禁谨慎对待。但来人说,唐群英也一同前来,只是去了主编室,广告署的人这才不再怀疑,遂登了启事。此事一出,震惊不小,当事人唐群英却被蒙在鼓里。原来,来客是报界人士郑师道,和唐群英一同在北京报馆有过交集,对唐痴心爱慕。因唐群英含糊对待,故以此逼唐就范。唐群英被动承担,羞愧难当,恨报馆不问事实,贸然行事。又因《长沙日报》惯有对女权运动造谣中伤、捏造事实、轻视妇女等问题,唐群英早已恨之入骨。婚示成了导火索,她一怒之下带人砸了《长沙日报》报馆,声称还要三枪了结此事,说一枪给郑师道,一枪给报馆主编,一枪留给自己。三枪没打响便以湖南总督谭延闿紧急出面赔偿报馆损失,把郑师道赶出湖南而结束。

唐群英深感女子受歧视,没有讲话的平台才造成被动局面,更加认识到报纸舆论导向的重要性和严肃性。于1913年2月16日,与张汉英、丁步兰等留日归来的同学联手创办了湖南有史以来第一张妇女报纸《女权日报》,极力标榜"男女平权,并参国政"的主张。针锋相对《长沙日报》攻击女子参政同盟会的言论,唤醒妇女觉悟,走出家庭,走向社会,投入到反封建、反压迫、争女权的革命洪流中。报纸一出,社会反响强烈,使湖南妇女扬眉吐气,湖南舆论界耳目清新。就连省议员都纷纷赞许,并在省议会上议定每月给《女权日报》600元经费。

1913年3月10日,袁世凯在北京就任中华民国大总统,辛亥革命众女杰参政愿望更加渺茫。革命期间,女杰们依托革命党达到前所未有的政治地位,而现在这个党在参政问题上对她们不理不睬,她们不得不依赖自身的力量从头再来。但自身的力量又是何其薄弱,根本就不堪一击。唐群英等女杰站在历史的风口怅然若失,众多女子团体也在历史红尘中逐渐烟消云散。

3月22日,国民党领袖宋教仁因碍于多方利益,被暗杀于上海,唐群英惊闻宋教仁身亡后,倍感哀伤。之前虽为男女平权有过激烈交锋,但是,她深知宋是一位难得的贤才,是辛亥革命的股肱之臣,且曾经是并肩战斗过的战友,怀着沉痛心情，撰写长文，对宋的一生给予高度评价："……唯我宋公，天生英杰。志在澄清，拔帜易色。航海而东，学如不及，气迈风云，心存邦国……武汉一呼，全国震慑……"彰显了革命志士之间惺惺相惜的朴素情怀。

10月6日，袁世凯经国会选举，正式当选中华民国总统。袁就职之后，坚持一个强有力的中央政府，对女子参政愈加不屑一顾。唐群英在得知参议院否决了她们递交的要求补订《女子选举法》的意见后，又一次到参议院与议长吴景濂激烈争辩，并在《女子白话报》上发表文章，公开抨击袁氏政府。

11月13日，袁世凯北洋政府内务部以"法律无允许明文"的"罪名"，正式勒令取消女子参政同盟会，查封该会名下《女子白话报》等报馆，并悬赏一万银元通缉唐群英。因事先得悉内部情报，她在友人暗助下提前逃出北京，潜往天津，乘船至上海、香港，取道越南河内，于1915年春经由昆明辗转回到家乡衡山。

1916年初，教育部史宝安司长在讲话中宣称："女子参政，不适于女子生理及本国国情，女子以生育为其唯一天职。"三从四德的全套锁链又悉数摆弄出来，甚至变本加厉。

在特定的历史条件下，即使主观愿望强烈，才能出众，也无力在男权社会中争得方寸舞台。这既是唐群英的个人悲哀，也是当时致力于妇女解放运动的中华民国女子参政同盟会的悲哀。回归家乡的她深刻意识到争取男女平权的艰难，只有先振兴女学，开启女界智窦，才是中国妇女解放运动的头等大事。此后，唐群英转向兴女学、办女报活动，女子争取男女平权的斗争渐趋沉寂。民国初期轰轰烈烈的妇女参政运动告一段落，女权运动转入低潮。

唐群英经历了跌宕起伏、大风大浪的人生后，四十五岁时倾全力、罄家资，在省城和家乡衡山县，开设了女子实业学校和女学堂。一举开办了"女子法政学校""女子美术学校"和"自强女子职业学校"，潜心于女性基础教育，将希望放在了未来人才的培养上。

专心办学的唐群英并未被袁政府的高压政策所吓倒，而是在二次革命和护国运动中，响应孙中山的号召，在湖南组织讨袁运动，以多种方式为革命贡献自己的聪明才智。在《女权日报》上，毅然揭露袁世凯政府篡夺政权、实行独裁的本来面目。风声鹤唳的政局下，刊登《袁世凯辞职》《赵秉钧将逃离青岛》等文章，为女界报纸赢得了地位、赢得了掌声。

袁世凯死后，1917年春，唐群英再赴京华，意欲联系女界老友，重新恢复女子参政同盟会。但时过境迁，物是人非，已无法再唤起诸家斗志。回湘路上，偶遇同盟会故友陈汉元，追思往事，感慨万千，写下了"百战归来剩此身，同舟犹话劫余尘"的诗句,聊解心头忧闷落寞。

六、碧云深处尽昙花

唐群英为筹措办学经费,除了争取官费补贴、动员社会贤达捐助之外,还变卖了自己大部分家产以应所需。自己办学的同时,她还适时动员政府选派优秀女学生赴日本留学。为择优选派,她亲自到考场监考,从上百女学生中遴选十余名进行复试。唐谆谆教诲、饱含寄托,勉励众女"多学则智,自立即强""要有参政的知识,要有独立生活的能力,这两件事便是从教育上着手",她痛斥"女子无才便是德"等谬论,期待众人将女权教育与国家的强盛和民族的自立联系起来,更要担负起唤醒女同胞的责任,彰显殷殷盼之情。后赴日留学成行,众人皆感谢唐群英的高瞻远瞩、玉成其事。

唐群英潜心办学期间,也曾屡受阻挠和反对,其中就受到过叶德辉的欺负。当年唐群英借坡子街烈士祠创办富强女校,曾国荃的孙子曾霖生助其办学,具呈湖南都督署,愿将自家一处私产捐给该校。按说,这种合情合理的捐助与外人无关,叶德辉不当插手。但叶氏是地头蛇,他认为对方踩在他的地皮上办事,却不跟他打招呼,摆明了不给他面子,是有意挑衅他叶某人的权威。叶德辉之前因与曾霖生也有过节,他便打通门路,强行取消原批文,使唐群英办学受阻。唐群英一怒之下,痛斥叶德辉为"惯痞"。

时光到了 1924 年,在湖南主政的赵恒惕推行"立宪自治",53 岁的唐群英又与王昌国、葛健豪等首倡恢复了湖南女界联合会,继续为争取女权而斗争,终于使湖南省宪政委员会同意在省宪法条文中载明了"无论男女,人民在法律上一律平等,21 岁以上男女有选举权和被选举权,享有受义务教育以上的各级教育权"。由此,开创了湖南省宪法收录"男女平权"的先河。唐倾毕生心血致力争取的男女平权终于在官方法则中有所提及,唐群英略感心安。

随后几年,党派纷争,军阀混战,唐群英对民国政坛深感失望,妇女解放运动的绩效平平,但这并没有令她灰心,她虽退出政治舞台,却干着自己认定值得一干的实事。表面看去,这位曾经名噪一时的风云女杰渐归于沉寂,实际上,她在家乡倾力办学有着极好的口碑。她选择办学而不是继续从政,或许会令人感到遗憾和惋惜,但多数人为她的选择称道。她的教育理论与方法,都是从当时斗争的实际出发,志在唤起女界觉醒。

1926 年衡山掀起农民运动,她积极支持原红茶亭女校和当时岳北女子实业学校的学生们和其他妇女一起"闹祠堂"。再次以实际行动为争取女权作斗争，培育出了一批批有觉悟、有知识、有本领、自立自强的新型女性。

1930年，年近花甲的唐群英自感体力不支，辞去各女校校长、理事等职务，回归"是吾家"书屋。却又在几间墓庐屋办起了一所没有挂牌的"云在庐"课堂。就近组织适龄子侄和贫困人家的孩子来此学习，依然不改初心。

从1912年10月至1930年的18年间，她单独或与友人合作，先后在北京、长沙、衡山等地创办了中央女学校、长沙女子法政学校、自强女子职业学校、女子美术学校、衡山白果红茶亭女校、湖南女子法政专门学校、衡山女子高级小学、长沙复陶女子中学、岳北女子实业学校、"云在庐"课堂等10余所学校，其办学热情之高，办校数量之多，在中国教育史上堪称首屈一指。

1935年3月，唐群英应同盟会旧友仇鳌、张继、戴季陶等人的盛意邀请，前往南京观光，风雨数载，故人重逢，彼此感慨良多。昔日的女会员，今朝非贵即阔，一个个翠绕珠围、华贵富丽，唯独昔日的革命精神杳无形迹。唐群英仍是布衣素面，心中怀揣着早年的理想。风景如旧，却情怀不在，唐群英赋《金陵访旧有感》一诗，自表个人情操："纷纷姊妹尽华裙，顾我何忧彻骨贫！不见梅花亭外立？西风岭上好精神。"

经多方协调，当时的"国府主席"林森拟聘她为"国府顾问"，被推辞；便每月发给她生活补贴200元，但月后即停发。于右任、张继、居正等老同盟会员为此不平，联名上书。其中写道："唐同志群英女士，以湘上名媛，幼承家训，早岁东渡日本，追随总理革命。讨袁之役，几遭不测。晚年息影家园，景况萧条。中央曾以补贴，但数月即停……"

1936年秋天，日本帝国主义悍然进兵华北，国难深重，自知有心而无力报国的唐群英，因体弱多病回到湖南老家。生命的后半生倾力办学，既竭尽了心力，也竭尽了财力，致使晚年贫病交加。但正是通过她办学兴教，无数妇女同胞提高了思想觉悟和文化知识，获得了追求自由平等、参与社会活动的实力。对此，她信仰使然、无怨无悔。暮年，她挂着国民党"中央党史编纂委员会委员"和"国策顾问"的头衔，领薄薪自奉，虽生活清苦，却素心安然。她时以琴棋诗画自娱，时忙于整理一生所作诗篇，并汇编成册，取名《吟香阁主诗草》，共计4卷，遗憾未能付梓即散失，现仅存其中12首。

"回首夕阳增旅思，碧云深处尽昙花"，她看淡人生，却因未竟的事业难以释怀。1937年4月25日，因忧思成疾，积郁成症，一代女杰唐群英在困苦潦倒、伤时感事的心境中病逝于"是吾家"书屋，终年66岁。遗骨葬在衡山新桥唐族墓地。其生命虽如昙花般匆匆而逝,信念却如磐石一样永驻人间,精神更如春风化雨般为后人永世传颂。

七、身后评价

唐群英去世后,许多老友深情回顾,写下祭文、挽联,以表哀悼。

张继为她写下挽联:"苦心婆室泪,遗著洞庭波。"

族人出于对她敬重,破天荒将她载入族谱,并刊登唐映皋诗予以赞颂:"岂是寻常女儿家,纵横开放自由花。心存忧乐关天下,志切师资泛海涯。"

另有云樵诗:"多才本是旧家风,三吉堂名誉望隆。超固能文皆俊杰,木兰再世又英雄。肆挥典籍精华尽,一洗胭脂陋习空。缔造中原新世界,论功应与补天同。"

1979年12月,在中国妇运工作史第一次编纂工作会议上,邓颖超特别提到她,称其为民主主义革命时期妇女界的"英雄人物",希望后人永远记住她。

1991年10月,康克清为纪念她诞辰120周年题词:"唐群英,一代女魂。"

1995年9月,联合国第四次世界妇女大会召开前夕,中国政府向大会推荐八位中华百年女杰,唐群英位列第四。

1997年,为纪念唐群英逝世60周年,国民党元老陈立夫自台湾寄赠条幅"女权斗士"。

多年后的女界第一报《中国妇女报》在一篇文章中指出:唐群英等人为首的女界精英们所表现出来的觉醒了的女性,向封建男权挑战的威猛气概,足以使具有历史眼光的人赞叹为"五千年来女权之曙光""中国妇女运动的第一声"。唐群英泉下有知,当为妇女参政权、就业权、教育权的彻底解放而安心瞑目了。

人生的赢家

——小记同盟会女杰张汉英

高君芝

瑶仙一自入红尘,大任千钧在此身。
才比班姬书壮志,魂融革命蕴精神。
旗擎女界均权利,学办湘东渡世人。
耀目流星遗火种,东风吹得万年春。

——七律·颂张汉英(平水十一真韵)

这是一首赞颂同盟会女志士张汉英的诗。张汉英,字惠芳,号惠风,湖南醴陵人。清末民初女权运动活动家、教育家。

中国五千年的文化,封建思想像一座大山长期压在妇女头上,重压下的杰出女性,在历史上层出不穷,虽是凤毛麟角,但是她们流芳百世,令人俯首心折,钦佩不已,张汉英就是其中一位。

爱情的真谛

张汉英1872年出生在一个书香门第。

她的父亲张云齐,为附贡生,学通经史,好诗词,善书法。按当时的社会风气,女孩子是不让读书的,最多读些《百家姓》《三字经》《烈女传》之类,而张汉英,作为独生女,父亲爱如掌上明珠,在张汉英幼小时就开始了启蒙教育,汉英不负父望,勤学好问,记忆力惊人。读过就能背诵,还能了解其中大意,再过段时间,就能融会贯通了。她写诗作文,文采卓著。更为难得的是,她伶牙俐齿,言辞有理有据,每每辩论,输者也心服口服,闾里都夸她是"神童"。张老先生大喜,常以"此我家女秀才"夸于邻里同仁,对汉英课业要求也更严格。

张老先生有一个情投意合的同窗好友叫李青蕃,李青蕃有一个儿子叫李发群,号芋禅,少有大志,聪慧好学,三乡五里也都叫他"神童"。张老先生一向器重他,两家交好,往来频繁。李家是富里巨族,富丽堂皇的"九栋十八厅",主人叫李咸乐,李发群就是李咸乐的玄孙。"买田买得多,富里李咸乐",据说当地婚嫁放鞭炮的习俗就是从李家"收亲"故事中沿袭下来的。

一次,张云齐造访李家,李青蕃让儿子以父执礼叩见,张云齐见他聪明伶俐,信口出题,添兴助趣,小发群少年稳重,应对如流,准确无误,张老先生喜欢不已,临走的时候爽性约李家爷俩一块回家,叫出自己的女儿与李小公子一块读书。两个孩子青梅竹马,两小无猜,上课同研一池墨,共读一本书;下课诗词往来,嬉戏有趣。几个月后,二人学业都大有进步。

曲径花丛,平添了两个孩子扑蝶的身影,长亭水榭,少不了笛短箫长的和音。不知什么时候起,情愫在两个孩子心里潜滋暗长了,在那个讲究"父母之命媒妁之言"的封建时代,张汉英幸运地遇到了真爱,幸运地拥有自己的选择权利,这是多么美好的事!这朵娇嫩的爱情之花一出现,令家长们欣慰,因为他们早就有意撮合,如今看到了如期的结果。两个原本就有深情厚谊的家庭带着无限的祝福,双方父母高兴地主持了他们的婚礼。

张汉英谈不上国色天香,但绝对算得上眉清目秀;李发群虽非玉树临风,但绝对算得上貌端品正。这一对夫妻,从家世到个人,非常般配。婚后,张汉英与夫君恩爱甚笃,侍奉公婆恭顺耐心,亲戚朋友没有不夸的。

清廷被迫废科举,倡新学后,各省纷纷开办文、武学堂,湖南长沙办起女子中学堂,张云齐老先生力排非议,毅然送女入学,这在当时看来,委实是破天荒之举。从此,生活在张汉英面前掀开了崭新的篇章,命运又给她打开了另一扇窗。她欣喜地感受着新天地的多姿多彩,敏锐的目光开始洞察世界变幻的风云。与她同时赴长沙就学的还有丈夫李先群。两个年轻人在爱的阳光下,呼吸着自由的空气,尽享爱情的醇香。岳麓山的枫叶,映红过少女的脸庞;湘江的沙滩,留下过他们携手同游的足迹。

从少儿时期积淀的情义经过时间的酝酿,变成了忠贞的爱情,而共同的志趣更加固了这爱情的厚度与高度,所以当风雨的考验来临时,他们的爱情坚不可摧。

"张汉英替夫坐牢"的故事说起来感天动地,在当时广为流传。那是1906年冬,李发群为声援萍醴起义从日本回国,与同乡杨卓林一起商量炸总督端方,事败后两人一起被捕,杨卓林被处死。李发群被关在南京狱中,患了重病,饱受折磨,等待秋后处决。张汉英正在日本留学,听到消息后,焦急地从日本回国,希望救出丈夫。当时她公费赴日本留学,原是端方的批示,她算是端方的学生,藉着这个借口,她如愿见到了端方。张汉英想好了说辞,称丈夫李发群本来就有病,随时有可能死在狱中,张汉英先以"理"将端方说动,又愿意"以身代夫",端方被打动,他不仅没有怪罪张汉英,也没有以连坐罪将她抓起来。他反而以礼相待,还留张汉英吃饭。张汉英在桌前吃不下饭,一味地掉泪,惹得同桌的人都陪她掉泪,端方也心生感动,但老谋深算的他没有释放李先群,也不可能真的采用"替坐牢"的建议,他只是给李先群去掉刑具,更换房间,治病救人。不久李先群病好了,端方并无释放之意,张汉英只好频繁地往返中日之间,不时地探望丈夫,不离不弃,一直到溥仪继位,大赦天下。本以为李先群会出狱,哪知革命党不在大赦之列,张汉英不甘心,她四处求人,终于得到权要人物的关照,将丈夫营救出狱。在那个乱世之中,她机智应变,多方奔走,夫妻情义尤为珍贵!

张汉英的爱情,是建立在志同道合、门当户对的基础上的,是自由恋爱的"圣果",既有传统的美德,又有新潮的观念,是接近一百多年后的现在的婚恋观的,这不能不说是她的幸福。她的爱,知事理,明大义,爱得理智,爱得可歌可泣。她长期接受传统文化教育,儒家道德观的影响以及她对丈夫的深爱使得她不仅伺候公婆无可挑剔,对丈夫也包容有加。二人早年求学奔波,后又全力投身反清革命,李发群因知汉英已不可能生育,遂纳南京人闵复权为妾,汉英并不介意,相安无事。在那个封建时代,张汉英无疑仍然是李家上上下下眼中的好媳妇,在李先群眼里依然是不可取代的正妻。李先群牺牲后,是张汉英的兄弟张思明(张云齐领养之子)及随从吴纯同、黄祥林三人埋葬,后来,张思明携李发群之子宣甫赴南京寻墓,该地已建房屋,查无下落。

战斗的一生

张汉英生活的时代,正是清王朝腐朽、摇摇欲坠的黑暗时期。八国联军在北京的暴行,辛丑条约国权沦丧的耻辱,使国人对腐败的清政府愤怒和忍耐达到了极限,支离破碎的古老华夏开始走着一群群觉醒的人们。以康有为、梁启超为首的改良主义者试图通过光绪帝改革旧弊,遭到守旧派的抵制,慈禧太后发动"戊戌政变",囚禁了光绪帝,康梁逃亡。虽然维新失败了,但它推动了清政府的自我改革,推动了人们的思想解放。清政府意识到只有学西方方可挽垂危,就这样选派大批留学生分赴欧美、日本等国学习。1904年湖南巡抚端方令各县遴选女学生送日本留学。当时读书识字的女孩子很少，醴陵获选者只有张汉英与王昌国。1905年7月，在丈夫李发群（李发群申请自费留学尚待批复）的陪伴下，张汉英颠着小脚，袅袅娜娜地走出了国门，东渡日本留学，谁也不会想到，几年后，她用她的三寸金莲在女权运动场上冲锋陷阵，她用她娇小的身躯树起了一面追求妇女解放的旗帜！

张汉英夫妇临行之际，拍照留念，醴陵同乡傅熊湘为他们的照片题词：

> 大陆女权久沦殁，同志谁欤妇与夫。
> 自由神见双双影，不比寻常仕女图。
> 国民责任尽人间，又见罗兰玛志侬。
> 让我雌飞雄暂伏，钗裙究胜丈夫风。

汉英初入日本青山实践女校附设师范班，这是梁启超弟子范源濂与实践女校校长下田歌子协议后，专为中国留日女学生补习日语而设的，修业期为一年，教员都是日本人，上课由范源濂任翻译，国文教员是章士钊。在这里，张汉英结识了大批革命志士，与唐群英、黄兴、宋教仁、刘道一、孙中山等来往密切。

在漫长的封建社会，女子既无识也无业，依赖男子以求生，她们的主要活动天地就是家庭，受养于人，只能屈居人下，时时受人压制，处处赖人保护。张汉英走出家门，进入一个全新的国度，开启了全新的生存空间，这个空间里挟裹着清新的思想，不时地撞击着她灵动的思维，把她引向探求妇女解放和革命救国的道路。彼时，日本经过明治维新，逐步转变成资本主义国家，摆脱了沦为半殖民地国家的命运，并迅速崛起，成为亚洲唯一能保持民族独立的国家，这无疑让中国留日学生感受强烈。

也正在这个时候，发生了"拒俄事件"。

1900年，因义和团运动爆发，俄国借口保护铁路，遣兵占据中国东北；义和团事平后，俄方拒绝退兵，并强硬无理地向清政府提出新的七项要求，签订了"中俄密约"，不料这个密约被报界披露，1903年4月28日，东京各报均报道此事，引起留日学生界哗然，遂掀起"拒俄运动"，29日，500多名留日学生组织拒俄义勇队，回国投身拒俄战斗。女学生也有所行动，编义勇队，开会商议协助。虽然最后未能派遣成功，但是留日女学生爱国心切，自觉将国家危亡系于己身。

接着，在1905年11月2日，又发生了"取缔规则"事件。这天日本文部省发布的《关于清国人入学之公私立学校规程》，规程里有"取缔"字样和一些不良词语,留日学生在校内讨论、演讲、集会,商议对策。12月4日,留日女学生开始联合罢课,大部分还加入了女子留日学生会。正是由于女学生力量的加入,这场反对"取缔规则"运动最终发展成了正式全体留日学生运动,最后迫使文部省取消了这个规则。从而让留学生看到了团结的力量。

张汉英置身于一个思潮活跃的洪流中,不可能无动于衷。可以说,在日本的留学生活,开阔了张汉英的视野,极大地影响了她的世界观、人生观,对她自我意识的觉醒产生了推波助澜的作用。

1905年8月,孙中山、黄兴、章太炎等在日本东京将兴中会、华兴会、光复会合并组成中国革命同盟会,孙中山提出了"驱除鞑虏,恢复中华,建立民国,平均地权"的政治纲领,号召团结全国革命同志共同奋斗!留日学生群情振奋,一时参加同盟会者数以千百计,李发群、张汉英、秋瑾、唐群英、杨卓霖等等,均毅然加入同盟会,立誓为革命献身。在民主主义思想的引导下,张汉英和她的同志们很快就融入留学生反帝反封建的革命激流,迈开了革命步伐。

加入同盟会不久,李发群受黄兴命回国支援萍醴起义,陷入囹圄。张汉英救夫心切,一面刻苦学习,一面频繁往返于中日两国之间,节衣缩食接济李先群。精神上安慰,行动上千方百计营救他,终于1910年8月李发群得以出狱。这时革命风潮迭起,夫妻二人就留在上海帮助黄兴继续革命工作,在追求共同理想的道路上,夫妻二人的感情益臻笃坚。

1911年8月19日(公历10月10日)武昌起义爆发,辛亥革命为广大妇女提供了更为广阔的舞台。她们的社会参与意识暴涨,积极活跃,各种妇女团体如雨后春笋。她们主动请缨,有的要求参军,有的要求参政,强烈渴望在行动上实现男女平等。张汉英和她的亲密战友唐群英走在了前列,1911年11月22日,张汉英和唐群英、张昭汉成立了"女子后援会",旨在"集合女界同志,募集军资义捐金,以为民军后援"。据11月23日《时报》载:"昨日,有东京女留学生会长唐群英与河南女师范学堂监督张汉英二女士来沪,以武汉事起,大局糜烂,满目疮痍,不忍坐视,拟召集女界热心之士,组织女子后援会,开往各处调护民军受伤军士;一面派人至各省筹款,接济饷糈。"她们派人到各省募款接济军饷粮,并组织女子后援会北伐军救济队奔赴战场。她们的主张获上海女界的响应,拟"择定本月初五开会,选举办事人员。一俟各项筹妥,即将随沪淞军队出发云"(时报1911-11-23)。12月初,张汉英、唐群英、张汉昭、马相先等19位女子签名发表"女子后援会意见书"指出:"国不独立,则失所以为国,民不自由,则失所以为民。欲购此最大之幸福,必先掷最大之代价;此代价非他,赤血而已矣,黄金而已矣","今吾女界俊秀,亦既有仗剑从军与夫献身看护君人者,吾多数之诸姑姊妹,虽纤弱不能任此,顾独不能输此区区之财乎?"就是说,为国民之最大幸福,女界应不惜付出金钱乃至生命的代价。并于当日发表"女子后援会简章"。

11月28日,张汉英组织成立"女子尚武会",旨在"养成女子尚武精神、灌输军事学识"。1912年2月,张汉英与唐群英组织成立"女子后援会北伐军救济队",旨在"医救受伤军民"。

作为时代的弄潮儿,张汉英和她的姐妹们在辛亥革命中尽了"匹妇之责",孙中山作出了公正的评价:"女界多才,其入同盟会奔走国事百折而不回者,已与各省志士媲美,至若勇往从戎,同仇北伐,或投身赤十字会,不辞艰险,或慷慨助饷,鼓吹舆论,振起国民精神,更彰彰在人耳目。"

辛亥革命爆发前后,这些女性刚刚走出封建家庭,在象牙塔里学习了几年,经济上根本没有独立,也并没有摆脱男权的禁锢,更没有什么从政经验,就遇到了改朝换代的战争,她们表现出来的勇于承担责任、为革命甘愿献身的大无畏精神,可嘉可赞,她们追求与男性平等权利的魄力也开创了妇女运动的先河。

1912年元旦,孙中山在南京宣誓就任中华民国临时政府临时大总统,民国的建立,使广大妇女对新政府充满了信心,张汉英、唐群英四处联络女界同志,纷纷将以前的军事活动的团体改成参政团体,中华女子竞进会、女子同盟会、湖南女国民会、女子参政同盟会、神州女界共和协济社等纷纷成立,发宣言、办报纸、上书、请愿……发起了一场要求妇女参政、争取妇女自身解放的运动。

早在1911年11月,革命战争方酣,林宗素发起成立女子参政同志会,揭开了女子参政运动的序幕。以唐群英、张汉英等领导的女子参政同盟会最负盛名,其行为与举止几乎是英国妇女参政运动的翻版,在民初社会引起的震动是空前的。

1912年2月20日,唐群英在南京发起召开女子参政同盟会临时会,出席会员280余人,以"联络全国女界各界代表,要求中央政府给还女子参政权"为宗旨,张汉英发表演讲,强调男女同为人类,世界乃是男女两部分合力做成,有男女而后有世界,有世界而后有政事。参政权为男子分所应当,亦即为女子分所应得,无待于要求;今日之所以不得不出于要求者,则以四千年来此权被彼男子劫夺,我女子放弃耳。张汉英申诉女子参政的理由就是:一是男女同为人类,理应享有同等参政权。参政权为男子分所应当,亦即为女子分所应得。二是数千年的男性统治表明男子不能胜任治国责任,"其果能善未担负,我女界亦何不自处安间?"三是共和为男女同有,"共和者,女子所同有之共和,非男子所独有之共和也"。张汉英从女性主义立场表达了男女平权的正当性,合理性。尔后,张汉英、唐群英等20余人上书南京临时参议院,先阐述女子参政之重要性:"欲弭社会革命之惨剧,必先求社会之平等;欲求社会之平等,必先求男女之平权;欲求男女之平权,非先与女子以参政不可"(《天铎报》1912-3-26《女界参政同盟会纪事》)。继而提出方案:"请于宪法正文之内,订明无论男女,一律平等,均有选举权和被选举权;或不须明订,即将本国人民一语,申明系包括男女而言"(《时报》1912-2-27《中华民国女界代表上参议院书》)。

2月23日,临时参议院将该案提交请愿审查会。3月11日,孙中山公布具宪法性质的《临时约法》,其中回避了性别问题,使女界大失所望,张汉英等再次上书孙中山,要求修改《约法》,使女子参政权得到宪法的确认。3月18日至19日,临时参议员讨论女子参政权案审查报告,以多数表决通过了审查报告。结论是"多数认为吾国女子参政亦应有之权利,惟兹事体重大,非可仓促速定,应俟国会成立再行解决,以昭慎重"。否决了女子参政权请愿案。

4月8日,上海女子参政同志会、女子后援会、女子尚武会、金陵女子同盟会、湖南女国民会在南京召开联合大会,女子参政同盟会正式成立,以"实行男女平等,实行参政"为宗旨,通过政纲11条,唐群英、张汉英、王昌国分别被推选为会长、总务部长和教育部长。嗣后,发布宣言,称"吾侪恢复权利,当以今日为其始期","苟有障碍吾党之进行者,即吾党之公敌,吾党当共图之"。12日,女子参政同盟会公电各省都督、各政常及各报馆,指出《临时约法》以专制手段剥夺女权,"我女界绝不承认"。在谴责参议院专制的同时,以"吾党"自称以与前者划清界限。

得知国会选举法中只规定男子的选举权与被选举权,唐群英认为"此乃切肤之利害",必"出死力以争之",8月10日,面呈《女界代表再上参议院书》。10月20日,女子参政同盟会本部在北京成立,各地设支部,唐群英为总理,王昌国等为协理,鉴于反对声音太大,唐群英提出暂且不争被选举权,集中争选举权,因为"第一次国会,女子既无选举权,将来第二次第三次的国会,女子更以争被选举权吗?所以现今争选举权,是第一次国会最要紧的问题,便是将来争被选举权最重要的关键,诸君切不可放松",这次会议明确了女子参政请愿进行的近期目标是争取选举权。尔后,围绕这一目标,唐群英、张汉英等人连续五次上书大总统和参议院。

1912年2月28日《民立报》发表署名"空海"的社论,提出"女子果宜有参政权乎?"社论从男女程度、男女特性、社会秩序等角度提出三条反对理由:一是女子政治上的知识与能力之程度不够;二是"男子居外""女子居内"之特性,是自然规律,不可违背;三是女子是家庭生活的维持者,女子参政会扰乱社会秩序。最后的结论是:"世之论者但据第一理由,以为女子之知识程度不足,不宜有参政权；而不知若据第二、第三理由，女子纵人人读书识字，知识可与男子平等，亦不可有参政权。"此论一出，立即在女界引起强烈反响，《民生报》遂开辟"女子参政之讨论"专栏，持续约一个月，共登载了十余篇文章。反对者以张汉英等人为代表，支持者以张纫兰等为代表。

张纫兰曾留学美国，她支持空海。张汉英撰长文予以反击。其一，针对前者认为女子参政将演出"非中非西，非男非女，非僧非尼"之恶剧，质问道："不悉吾姊果何所见，而发此自卑卑人之呓语？"其二，针对将女子参政与"无夫主义"相联系，断然指出"无夫主义"与参政乃"绝然两物"，"风牛马不相及"；其三，针对女子参政导致"狐媚蝇营"的看法提出三点质疑：一是"以数千年全未参政之女子，乃欲据悬揣之理论，以必其为狐为蝇而桎之疏属之山，是何说也？"二是"患女子女之狐媚蝇营，遂欲将全国之女子尽禁锢于政权之外？"三是"吾姊固女界一分子也，欲断女子为狐媚蝇营与否，请先以己躬为前提。"其四，断然否定张所持"男治外女治内为平等自由"。半年后，反对的声音仍不绝如缕。

除了直接上书孙中山和参议院，利用报纸媒体展开论辩外，女界代表还以实际行动力争参政权，多次闯参议院，以激进手段进行抗争。4月2日临时政府北迁，袁世凯窃取临时大总统职位，女子参政权问题被搁置。女界北上继续抗争，随着革命党人政治上的日益妥协，孙中山尽管肯定女子参政的必要性，但也"爱莫能助"了。女界代表"声色俱厉"斥责反对者："当民军起义时代，女子充任秘密侦探，组织炸弹队，种种危险，女子等牺牲生命财产，与男同功，何以革命成功，竟弃女子不顾！"声言："即袁大总统不赞成女子有参政权，亦必不承认袁为大总统。"虽然请愿女子仍豪气万丈，但阻力越来越大，争取选举权的努力已成强弩之末。

在南京、北京参政运动接连受挫，一些有胆识的女性决定改变策略，以自办报刊来伸张权利。1913年4月，张汉英在上海创办《万国女子参政会旬刊》，任会长兼主编，发刊词指出，"造就女子之知能，在广设学校，而灌输女子之学识则在编述报章"，故"不特饷吾女子将来政学之南针，亦以药彼男子现在政策之砭石"，尤其可贵的是倡导"不党主义"，质言之，该刊试图从第三者立场对权力机关予以监督。同年2月16日，唐群英、张汉英、丁步兰等留日归国同学共同创办《女权日报》，作为女子同盟会湖南支部机关报，是为湖南的第一张妇女报纸。该报坚持宣传"男女平权，并参国政"的主张，使长沙舆论界耳目一新。为派代表参加在西班牙召开的万国女子参政同盟会，6月14日，湖南女界召开大会，张汉英发表演说动员女界"慷慨输捐，共成斯举"，最终成行，中国女子参政同盟会自此成为万国女子参政会的成员国之一。

随着袁世凯独裁统治的加剧,1913年11月,女子参政同盟会被内务部勒令解散,历时一年多的女子参政运动落下帷幕。

1913年3月20日,袁世凯派人刺死宋教仁于上海车站,激起举国愤怒,南方各省纷纷宣布独立,奋起讨袁,推黄兴为讨袁军总司令,于7月15日到南京誓师,江苏督军程德全玩弄两面手法,态度暧昧,在前方战局紧急时,庇江苏民政司长应德闳突然逃遁上海,黄兴急电李发群速由沪来宁,帮助处理军事后勤补给事宜,接任江苏民政司长。7月17日讨袁战事失利,南京危急,黄兴乘日轮去东京,李发群来不及脱身,被奸人出卖,为张勋所执,坚贞不屈,8月,张勋杀李发群于南京,年仅40岁。

张汉英在长沙得知李发群殉国噩耗,义愤填膺,悲恸欲绝!在讨袁失败后,清朝旧臣湖北督军黎元洪、湖南督军谭延闿都倾向袁世凯,一时乌云四起,风雨欲来,革命转入低潮。张汉英、唐群英领导的女子参政同盟会陷入困境,计议改变方针,从女子教育着手,唤起妇女觉醒,从封建枷锁中解脱出来。于是,唐群英回衡山,张汉英回醴陵从事女子教育。

民国初年,风气未开,封建意识仍极浓厚,"三从四德"为女子信守之清规戒律,"女子无才便是德"剥夺了女子受教育的权利。汉英多方奔走游说,进行宣导,自筹经费,借西山史家老屋为校址,因陋就简,首创醴陵女子学堂,自任校长兼教员,第一期仅有女生10余人,第二年渐增至40余人,迁校址于城内南华宫,由于管教严格,教育有方,学生成绩斐然,由一个班发展到四个班,遂再迁先农坛。汉英常向学生宣传女权,提倡男女平等,打倒"三从四德",反对包办婚姻、买卖婚姻、收童养媳及孀妇不再嫁等恶习,争取女子与男子有同等受教育权利和选举被选举权、财产继承权等等。当时被一帮腐儒顽绅视为异端邪说,离经背道,要求取缔女子学堂,以维圣教,并毁谤汉英是不安孀居,不守妇道,极尽诬蔑侮骂之能事。汉英毅然不顾,管教益勤,日夜操持不懈,终因积劳成疾。更兼忧国忧民,病情恶化,于1916年咯血而死,年仅44岁。

诗人的情怀

1909年11月13日,柳亚子、陈去病、高旭等在江苏苏州成立了中国近代史上的革命文学社团"南社"。南社的前身是神交社,这是为悼念秋瑾,由陈去病联络刘三、吴梅等发起组织的,高旭、柳亚子表示支持。柳亚子在《南社纪略》中说神交社"隐然南社的楔子",可见,神交社便成了南社的前身。"南社与同盟会互相呼应,成掎角之势,'欲凭文字播风雷'(柳亚子)为反清民族民主革命大造声势,迎接辛亥革命"。这个时期,张汉英在日本求学,丈夫李先群身陷囹圄,张汉英奔波于中日两国之间。与李先群同一个原因身陷囹圄的宁调元与张汉英夫妇是同乡,早在1908年7月,狱中的宁调元便致书高旭,说"有张汉英、唐群英能诗文,然又以唐君为最优,弟均当嘱其入社"。1911年8月19日(公历10月10日),张汉英由傅钝根、黄梦蘧、阳惕生介绍加入南社,编号194,时年39岁。

南社作为一个革命文学团体,与蓬勃发展的女权运动关系密切。首先,南社的发起人和骨干会员都表现出了热情的支持。比如:柳亚子早在1904年就创作了《松陵新女儿传奇》,主人公辫发西装,以"巾帼卢梭自比",号召"抖擞精神,实力运动,广开女智,收回女权,女权一昌,国势自盛,也不怕长蛇封豕的政府,雄狮猛鹫的强邻了"。柳亚子对中外女豪杰非常敬佩,写过不少悼念女性的诗,也支持女学办刊物,写反对重男轻女和弘扬女权的作品;高旭反对女子缠足,曾写过《解缠足歌》,对陈撷芬办的以批判男尊女卑和弘扬女权为目的女性刊物大加赞赏;马君武翻译了西方的女权理论,为中国女权奠定了理论基础。南社有女社员61人,虽然人数所占比例不大,但这在当时来说,也怕找不出第二个这样的。南社明文规定,男女有平等入社权。南社的女社员,大多是时代精英,接受过新式教育,有的还留过学。张汉英入社,如鱼得水,畅快淋漓。她写诗不多,流传下来得更少,但篇篇精品,耐人寻味。

作为资产阶级革命战士女诗人,她的诗具有现实主义的色彩,有思想性,内容充实。或描绘旧中国的多灾多难,或直抒胸臆,与时代同步,与个人经历同步,有浓重的忧国忧民色彩,但绝无悲观丧气,而是雄丽豪放,可以说是豪气干云,巾帼不输须眉。现存《哀江南》8首,以飨读者。

一

万里光寒白刃林,鲸鲵满地气萧森。
城头碧血如泉涌,江上红旗蔽日荫。
衔石徒劳精卫力,补天不遂女娲心。
而今刀尺催应急,怕听同人说蒇砧。

二

巍巍城郭尽欹斜,触目凄人两鬓华。
徒事干戈斗同室,岂知国柄似浮槎?

天阴若泣寒沙鬼,风急愁闻薄暮笳。
试问头颅抛几许?可能换得自由花?

三

阴霾叠叠障清晖,忍使英雄赋式微。
民气不随王气长,血花空逐雨花飞。
我疆我土嗟何益,平等平权愿已违。
遍野哀鸿竟谁恤,当途豺虎自丰肥。

四

角声凄绝紫金山,人事沧桑旦夕间。
信是金钱能夺气,敢云哀乐不相关。
慨歌壮士徒遗憾,始祸将军应汗颜。
猛虎依然困平野,沐猴今已遍朝班。

五

世事原如黑白棋,每从一着寄欢悲。
徒喧煮豆燃萁日,谁解开门揖盗时?
辟草固宜毋待蔓,移山有志不妨迟。
繁华胜地今焦土,遥望孟津有所思。

六

无端百感到心头,风雨凄凄满目秋。
纵有回文难写意,更非化石可消愁。
愿移残骨填沧海,安得乘桴伴白鸥。
肠断不堪何处是,卢妃巷口甚扬州。

七

大好山亏一篑功,匪伊信誓不由衷。
鹰鹯肆逐原天性,草木翻飞自有风。
山岳崩颓云气黑,干戈掩映血痕红。
头颅愧煞余还在,何处寻师黄石公?

八

　　劫灰满地且逶迤,南望长江处处陂。
　　四海沸腾鱼欲跃,万山摇落木无枝。
　　如虹厉气终将贯,匪石民心总不移。
　　寄语苍生暂容忍,恢恢天眼自关垂。

　　张汉英的诗艺术性较高。《哀江南》《日本纪胜》都借用典故表达个人志向,她用典自然,无斧斫痕迹,显示了她国学底蕴深厚。她想象瑰丽,诗风灵动自然,颇富生活情趣。看下面3首诗:

　　癸丑秋偕希陶诸子返湘,阅《参政报》,得陈锐翁诗,三复不忍释手,适同伴喧将近小姑山矣,因起视徘徊,口占三绝以志意:

一

　　正读陈诗兴味酣,同侪呼看小姑山。
　　波涛万顷风千折,鹄立中流独自闲。

二

　　撼触波涛年复年,发光眉黛总嫣然。
　　群山大陆多尘垢,秋水江心别有天。

三

　　四面玲珑水作屏,夜阑风月不胜情。
　　输他夫妇蓬壶里,潮来潮去醒未醒?

　　注:日本海有夫妇石。

　　现存《日本纪胜》七绝4首,又与前两组风格不同,明快清丽,意境幽远,宛如一幅幅画。今录如三:

陇　　川

　　樱花明媚陇川西,草地如茵一抹齐。

最好风光无限处,泉声不断五云溪。

厩 头

万里长江一望明,归舟无数自纵横。
何时一击中流楫,顿息遥天巨浪生。

夫 妇 岩

不信人间有望夫,双双对影在蓬壶。
说来痛哭贾生策,不识此君点头无。

张汉英身为女子,处在一个封建社会末期、社会动荡,是不幸的,然而,纵观她的一生,却又是幸运的。因为她深得父母宠爱,公婆喜欢,又有志同道合的爱人,支持自己喜欢做的事业,她做得轰轰烈烈,青史留名。她,一座精神的丰碑,在历史长河中垂名不朽,值得后世怀念。

一生只等一个人

——记南社伉俪张默君与邵元冲

耿彦钦

在南社,有一对相携相随的模范夫妻,他们是中山先生的忠诚追随者,是忠贞爱情的不渝追求者,是中华文明的坚定守护者,是"一生只等一个人"的张默君和邵元冲。

一、信仰的光芒

张默君祖籍湖南湘乡。湘乡是楚南重镇,名胜之地,东山耸峙,涟水潆洄,风物富饶,地灵人杰。湖南湘乡,是曾国藩湘军的策源地,受曾国藩的影响,当地人尚武习文,尤重教育,有"百里之地荟萃群才,一军之威维系全局""以一县之兵,征伐十八省"之荣耀。都说一方水土养一方人,"独立根性"是湖湘文化的根本特性。它无所依傍,浩然独往,勇于创新,不囿陈见。"爱同胞而仇虐,时时迸发于脑筋而不能自已",他们卓励敢死、强悍炽烈,在他们的价值天平上,不仅仅有个人在仕途经济上的成功,还有对社会民众的担当、对国家前途的担当。

1884年,张默君出生的时候,爷爷张鉴南正在浙江道员任上为国奔忙。中法战争的硝烟从福建烧到浙江沿海,8月26日,清廷颁发上谕,谴责法国"横索无名兵费,恣意要求",令陆路各军迅速进兵,沿海各地严防法军侵入。1885年初,法军接连从基隆向台北进攻,兵舰骚扰浙江镇海,截击由上海支援福建的五艘中国军舰。在浙江石浦,法军击沉我两艘舰船,张鉴南不幸被炮弹击中,以身殉国。清政府特别表彰张鉴南等人的爱国精神牺牲精神,追恤浙江阵亡殉难道员张鉴南等17员,分别旌恤。

张默君的父亲张通典,字伯纯,号天放楼主,为清末名士。湘军时代入曾国荃幕,任奏牍兼江南水师提调,后协助湖南巡抚陈宝箴在长沙倡办矿务总局。与谭嗣同、陈三立、梁启超等开办南学会、时务学堂，创办《湘报》《时务报》。戊戌变法失败后，复入张之洞幕府，参与编练新军，与章太炎发起组织救国会。协助两江总督刘坤一创办江南制造局、广方言馆，提倡女子教育，办养正女塾、湖南旅宁公学。两广总督张鸣岐曾电邀张通典至广西，专任垦务，在柳州等地设立垦务公司。1906年张通典加入同盟会，负责江南江北党务。1911年，他与革命党人赵声谋划广州新军起义，失败后逃往香港。武昌起义后，张通典参与苏州光复之役。1912年南京临时政府成立时，任内务司司长、大总统府秘书等。1914年由朱少屏介绍加入南社，入社号467。

张通典的履历，都与新政和革命紧密相连。一生著有《匡言》十卷、《天放楼诗集》《志学斋笔记》等。张通典的夫人何懿生出身官宦诗书之家，她写诗词、办女学，与张通典赌书泼茶，琴瑟和谐，有海内女师之称，著有《仪孝堂诗集》。

生活在这样家庭中的女孩，在社会变革时代，做一个时代弄潮儿，是很自然的事情。

张默君小的时候，女孩子是要缠足的，所幸的是父亲张通典思想开明，反对女子缠足，提倡女子受教育。曾与康有为共同发起"不缠足会"，因此，张默君从小就没有被中国固有的封建礼教陋习所束缚与摧残，迈着一双天足，奔跑玩耍。到了读书受教育的年龄，其母正主持南京养正女学，默君就读于该校，同时在汇文女校学习英文，接受双语教育。青少年时代，她阅读思想家王阳明、顾炎武、黄宗羲等人的著作以及革命党人的文章，激发了强烈的民族主义思想。1904年，她考入上海务本女校师范科。1906年，经黄兴介绍，慨然加盟中国同盟会，与"不惜千金买宝刀，貂裘换酒也堪豪"的鉴湖女侠秋瑾意气相投，结为同志。她的思想和行为，受秋瑾影响很深。1907年张默君以第一名毕业，两江总督端方委任张默君为江苏省立粹敏女学的教务长，兼授史地等课。

1911年张默君考入上海圣约瑟女子书院文科补修英文，准备出国留学。同年10月，武昌起义爆发，张默君热血沸腾，与父张通典参加谋划光复苏州的一系列行动，敦劝江苏巡抚程德全宣布独立。苏州光复后，张默君与陈去病、傅熊湘、汤国梨等一起创办《大汉报》并做主笔，用涵秋、大雄等笔名撰写文章，鼓吹革命。她文笔犀利，针砭时政，振聋发聩，不同凡响。这年的12月30日，由陈去病、傅熊湘介绍，加入南社，入社号200号。《南社丛刊》第十二集、十三集、十五集分别刊登张默君所作《宋渔父先生诔》《青玉案·秋日记游》《先考伯纯公行略》等。柳亚子评论说：在南社中间，举得出名字的，却有旌德吕碧城，湘乡张默君和崇德徐自华、蕴华姐妹，足以担当女诗人之名而无愧。

张默君不但用文学宣传革命,还以实际行动参与武装革命,她同谈社英、汤国梨等成立"女子北伐队",募捐约 5 万元款项,支援孙中山的革命事业,受到孙中山的嘉奖,被称为"年轻有为女青年",南京被江浙沪联军攻克,女子北伐队已无组织必要,她遵从孙中山"妇女参政宜先治学"的嘱托,将该款项作为办学办报经费,成立"神州女界协济社",她任会长,宋庆龄为名誉会长。协济社的任务是普及教育、提倡实业。她们成立"神州女学"设置小学、中学和专修科,教员有陈去病、叶楚伧、陈鸿璧、陈抱一(陈鸿璧的弟弟)等。张默君的母亲何懿生也策划资助,义务担任国文诗词课程教学。神州女学成为中国女子教育的先导。她与杨季威、汤国梨等创刊《神州女报》,孙中山闻讯,即捐款 1 万元。《神州女报》成为中国妇女界舆论宣传阵地,团结了一大批有志女性投身妇女解放运动。万国女子参政同盟会会长嘉德夫人来华访问,张默君率领神州女界协济会成员,邀请各个文化机关团体,在张园举行欢迎大会,致辞报告。作为座谈会主席,张默君主持座谈会。10 年历练,张默君已经成为中国政治教育界的风云人物。

二、爱情的追寻

张默君到了谈婚论嫁的年龄,她人漂亮有文采有能力,自然成为公众和舆论的关注点。其实,张默君的心中,早有中意的白马王子,他就是蒋作宾。蒋作宾是湖北应城人,也是中国同盟会会员。两人志同道合,很快成为挚友。蒋作宾相貌堂堂,有军人的气质与政治家的抱负,令张默君芳心大动,有意相许,却难于启齿。蒋作宾敬佩张默君的学识与文采,但由于张默君年龄比自己大,是女中才俊,个性强,而且他认为找一个女强人做妻子未必能幸福,始终未能把友情发展成爱情。

蒋作宾最终娶张默君的妹妹为妻。还是张默君无心插柳。1912 年的南京临时政府新内阁中,黄兴任陆军部长、蒋作宾为陆军次长,张通典为内务司长,相互之间关系都很熟。有一天,张默君兴高采烈地邀请蒋作宾去家做客,拜见父母,有意让父母撮合自己与蒋作宾的婚事。张默君在为其一一介绍家人时,五妹张淑嘉活泼大方,举止相貌令蒋作宾倾心不已,两人一见如故,谈得很热烈。当时,张淑嘉芳龄 22 岁,尚待字闺中。饭后,蒋作宾以闪电战术,大胆地向张母要求,将淑嘉许配自己为妻,这样一来,既躲开了张默君的暗恋,又让对方找不到其他抱怨的借口,还能继续做亲戚互相帮助。张老夫人本来对蒋作宾印象极佳,再加上喝了二两黄酒,晕晕乎乎,认为他们郎才女貌,天生一对,满口答应说:"你去找个媒人来正式提亲!"第二天,蒋作宾托了黄兴登门做媒,并送上聘礼。很快,择了个良辰吉日,热热闹闹地拜堂成亲。张默君眼见心上人向自己的小妹求婚,感到自尊心受到极大伤害,在喜宴上默默无语。曲终人散,顾影自怜,回到房内大哭一场,发誓:这一辈子再也不嫁人。

1912年8月,中国同盟会与其他党派合并组成为国民党。国民党在北京设立本部,在各交通口岸设立交通部,上海国民党交通部《民国新闻》报编辑科长为张默君,一位叫邵元冲的青年加入,任总编,成为张默君的下属同事。

邵元冲,字翼如,浙江绍兴人,生于1890年。1903年中秀才,1906年考入浙江高等学堂,并加入同盟会。1909年举拔贡,次年考取法官,任江苏镇江地方审判厅厅长,1911年赴日本,与孙中山朝夕相处,共谋事业。辛亥革命爆发后回国,到上海交通部《民国新闻》报任职。邵元冲和张默君相差六岁,平时关系如同姐弟。邵元冲年轻,有才华,对张默君沉稳博学、运筹全局的能力、雷厉风行的作风、信仰坚定的人生态度等非常敬佩,并由敬佩发展为敬爱,经常用诗词文章表达爱心。而当时心属蒋作宾、忙于工作的张默君,只注意了邵元冲的工作热情,忽略了他的纯真爱情,像关心弟弟一样给予关照和帮助。邵元冲暂时把爱情埋在心里,为理想满腔热忱地工作着。受张默君影响,1912年10月27日,他经吕志伊、沈砺介绍,加入南社,入社号356号。

当邵元冲听说张默君心仪的蒋作宾将军娶了张默君的妹妹,他觉得自己有机会向心中的女神求婚了。于是他大胆地向张默君表白自己的爱情。而心高性傲的张默君看来,她心中的如意郎君无论如何不应该是眼前这个"小丈夫"。尽管与蒋作宾无缘,也不愿将就此事。邵元冲是剃头挑子一头热,一边主动追求,一边请人撮合。但是无论如何,张默君心中总摆脱不了蒋作宾的影子,对眼前这位小弟弟还是心如止水,不屑一顾。最后,张默君便以蒋作宾为样板,对文弱书生邵元冲提出苛刻的条件,"非将军不嫁"。张默君的本意是想叫邵元冲知难而退,没想到却激发了邵元冲奋发进取的决心和坚持不懈的努力。他坚信:精诚所至,金石为开。

这时南京临时政府北迁,蒋作宾到了北京,在袁世凯的政府中仍然做陆军次长。1913年,袁世凯派人暗杀了国民党领袖宋教仁,最终导致了"二次革命"的爆发。邵元冲坚定地站在孙中山和黄兴一边,远走江西,赞助赣督李烈钧在湖口举兵讨袁。不久,军事失利,邵元冲东渡日本避难;并做了孙中山的秘书。在日本期间,孙中山将国民党改组为中华革命党,邵元冲率先加入。不久,孙中山又创办《民国杂志》,任命胡汉民为总编辑,朱执信、戴季陶、邹鲁、邵元冲等为编辑,继续鼓吹革命。

一日,孙中山忽然问起邵元冲的个人私事,邵元冲遂将对张默君的恋情与她"非将军不嫁"的条件告诉了孙中山。孙中山严肃认真地说:"如果张小姐是认真的,我来帮你完成这个条件!"

1915年年初,袁世凯为复辟帝制,与日本签订了丧权辱国的"二十一条"。孙中山派遣众多革命党人回国组织武装起义。应浙江革命军司令长官夏尔屿的呈请,孙中山委任邵元冲为革命军绍兴司令官,邵元冲真的由文人转换成军人,回国进行反袁活动。同年12月,他与陈其美、吴忠信等在上海法租界霞飞路渔阳里5号设立起义机关,以策动"肇和兵舰"起义。在起义的当天,邵元冲留守起义总部,操持后勤工作。12月5日下午,革命党夺取了"肇和舰",打响了起义的炮声,举国震惊。由于双方力量悬殊,最后失败。但肇和兵舰起义,对袁世凯帝制,是个沉重的打击。孙中山给予是役以高度评价。同年12月25日,蔡锷等在云南举起反袁护国大旗后。孙中山又命令邵元冲与居正、蒋介石等,在山东组织中华革命军东北军,邵元冲任胶东警备司令,统筹直隶(今河北)、山东、山西的讨袁军事行动,成为一名真正的将军。

当邵元冲穿着将军服去见张默君,准备求婚的时候,张默君却告诉邵元冲自己的爱人不仅武要做将军,文还要掌官印,还必须有留学生的身份。这当头冷水令邵元冲一时沮丧万分。但他不气馁,为了心中的爱人,他不惜用更大的努力来换取芳心。

1917年4月15日,张默君、邵元冲在共同参加上海徐园召开的第16次南社雅集后,两人8年再没见面。为了张默君提出的条件,邵元冲也是拼了。

7月,孙中山南下广州,发表《护法宣言》,组织护法军政府,被国会非常会议举为大元帅。邵元冲追随孙中山前往广东,任广州大元帅府机要秘书,代行秘书长。邵元冲完成了张默君的"武要做将军、文能掌官印"的两个条件。但是,还缺少留学生的身份。

1918年,张默君受北洋政府教育部派遣到美国考察留学。那是一个非常壮观的留学考察团队,越洋轮船上同行的有教育家严修、张伯苓、范源濂,留学生有张默君、吕碧成、杨荫榆、陈鸿璧等。到达美国后,嘉德女士以万国女子参政同盟会会长身份接待张默君,她们互通女子参政近况,并陪同视察教育。张默君到纽约哥伦比亚大学专攻教育,正巧纽约中国留学生会改选,大家推年长、资深阅历的张默君为会长。这时胡适之也在美国留学,对张默君当选极为钦赞,广为宣扬。作为留学生会会长,她身边聚集了很多优秀的青年学子,其中就有竺可桢。

张默君赞赏竺可桢的聪慧,将自己小妹张侠魂介绍给他。于是,竺可桢和张侠魂没见过一次面,就在张默君的撮合下定了终身。1920年竺可桢回国,就与张侠魂结为伉俪。

第一次世界大战后,本来是胜利方的中国,理所当然地在巴黎和会上提出了废除外国在华的特权,废除"二十一条"、收回青岛等正义要求,却遭到了操纵和会的英、法、美、日等国的无理拒绝。中国在巴黎和会上的外交失败,引发了震惊中外的"五四运动"。张默君在哥伦比亚大学组织"爱国会",以多种形式批评北洋军阀政府的腐败无能和卖国行径,要求"外争国权,内惩国贼",声援国内学生运动。张默君受爱国会派遣,亲赴巴黎,联合留法学生郑毓秀等,面见中国代表团代表陆徵祥、顾维钧、王正廷等,痛陈利害关系,并由张默君主稿,急电北京政府,拒绝巴黎和会签字。迫于国内外各种爱国力量的压力,北洋政府命令中国代表退席并拒绝签字,使山东问题在巴黎和会中成为悬案。张默君为之废寝忘食、奔走呼号的爱国行为,在中国留学生中产生了十分积极的影响。陆徵祥、顾维钧、王正廷诸先生公宴张默君等,张默君欣慰作诗一首:"消遥自笑楚狂客,闲遣吟情到紫醅。浮海忍观狼虎会,当宴谁是纵横才?"随后,张默君顺路考察法国、瑞士、比利时、德国等的教育与民情。

1919年冬,邵元冲得到孙中山的支持,追随张默君的脚步赴美国留学,就读于威斯康星大学经济科,所修课程除经济学外,还有社会学、政治学等。邵元冲酷爱读书,新书价格贵,他就到旧书铺买旧书,到回国时,已有十几箱子图书了。他每天都会挑灯夜读,学业精进,英文水平也得到很大提高,他经常给海外侨胞报纸投稿,宣传民族大义和民主精神。按照出国计划,他又到英、法、意、德、俄等国考察民情风俗、政治经济状况、劳工状况等。英国的新村运动给他留下了深刻的印象,写成了《英国的新村运动》一文,刊登在《新南社社刊》第一期,引起国人的广泛关注和讨论。留学期间,邵元冲闻母亲病逝,伤心不已,因为路途遥远,公务学业在身,不能奔丧,孙中山先生知道元冲家中贫寒,特派林焕廷带一笔酬金到绍兴,代替元冲治理丧事。元冲闻讯,异常感激。

邵元冲留学期间,亲朋好友不断给他介绍对象,也有热情奔放的异国女子主动走近他,但他不忘初心,多少次热情追求都被他婉拒。他对张默君的感情坚实,一封封书信写给张默君,可是张默君有意考验他,不予回应。但他不怨恨、不放弃,只将眷念之情写在日记里。

1923年冬天,邵元冲接到孙中山先生电报,要他到苏联全权代表国民党,同蒋介石考察党务、军事、民情等。1924年春,孙先生召集国民党第一次全国代表大会,邵元冲被选为中央候补执行委员,不久补选为中央执行委员和中央执行委员会常委、中央政治委员会委员。

1920年,张默君学成回国后,撰写了《欧美教育考察录》,刊登在《上海时报》,教育部及教育界人士都十分重视。在继续主持《神州女报》及神州女学的同时,她被聘任为江苏省第一女子师范学校校长。她审时度势,制定六年改进计划。聘朱君毅、竺可桢、吴梅、王毓英等学有专长的年轻教师任职。以"真善美"为该校校训,除注重学生品格的修养和体格锻炼外,鼓励学生参与校外学术研究、演讲及其他社团活动。罗素来华演讲,张默君带领学生去听讲。她们开设钢琴、美术、昆曲等选修课,开设图书馆、实验室等,同时在衣着、伙食、住宿、管理等方面制定合理有序又不失自由的管教方法,在多届全国教育展览中,有"宁(南京)一女师,无不第一"的美誉。第二年,张默君担任中国教育改进社女子教育组组长及交际主任,首倡"中国平民教育运动",在各地设立平民学校,扫除文盲,并在江苏一女师附设失学妇孺夜校,各省纷纷仿效。张默君主张男女享受平等的教育权利,认为国立大专必须开放女禁,她先后说服郭秉文、陶行知接收女师毕业生进入南京高师,打破了数千年女生不能进入大学、男女不同校的禁锢。

张默君工作兢兢业业,事业有成,她是骄傲矜持的知识女性。她有陈鸿璧、谈社英、汤国梨等女友互相支持鼓励,工作上乐此不疲。尽管她不主动给邵元冲写信,对邵元冲一直以来写给她的一千多封信束之高阁,且从不向姐妹们说起感情问题,但是,她对邵元冲的种种消息却留心在意。她虽不动声色,想起他的时候,她的心,依然变得甜蜜而酸楚。她重读早年的书信来往、诗词交流,在字里行间,感受他款款爱意、灼灼真情,她后悔当初的"三个条件"。但是,君子一言驷马难追。在一次聚会上,她远远地听到有人议论说邵元冲在美国和一华侨女子谈恋爱,张默君的脸色霎时变得惨白,痛恨交加中,回家将邵元冲早年写给她的千余封书信,付之一炬。一直未婚的好友陈鸿璧安慰她,并与她在西湖边宣誓:此生抱定独身主义。

三、赌书泼茶的幸福时光

1924年5月13日,邵元冲用8年的时间,完成了"武做将军、文掌官印、留学身份"三大任务,带着宝贵的10余箱书籍于早晨5时抵达广州。10时后到大元帅府拜见孙中山先生。先后被任命为大元帅法制委员会委员、政治委员会委员、粤军总司令部秘书长、黄埔军校教官、代理政治部主任,并讲授《各国革命史略》《法国大革命》《德国之革命》《帝国主义侵略史》。他整日公务繁忙。他为孙中山撰写在黄埔军校开学典礼上的训辞："三民主义,吾党所宗,以建民国,以进大同;咨尔多士,为民前锋,夙夜匪懈,主义是从;矢勤矢勇,必信必忠,一心一德,贯彻始终。"此训辞意义重大,后谱《三民主义歌》传唱,该歌后被定为《中华民国国歌》。

繁重的工作并没有减少他对张默君的深情,一旦空闲下来,便是思念心上人。但他又纠结于该不该给第一女师校长写封信?不知道张默君忘没忘记自己?是不是心有所许?依他现在的身份,唐突求婚被拒绝,会不会很没面子?这样纠结了一段时间。蒋作宾来到广州,邵元冲自然一阵人生感叹,他小心地打听张默君在上海的近况,阅读蒋作宾带来的《南社丛刻》,看到白华(张默君斋号"白华草堂")作品数首,不由慨然兴叹。他先给新南社社长柳亚子写了封信,问询上海南社同志的近况,对张默君的情况自然是欲言又止。

邵元冲的心事被同事黄季陆知道了,他给邵元冲出主意:把刚出版的《美国劳工状况》一书寄给远在上海的张默君,把自己的通信地址清清楚楚地写上,明着请提意见,其实投石问路。张接到信后如果没回信,就是没戏了,如果有回音,说明事尚可为,继续交往。邵元冲觉得有道理,一一照办,他在自己的著作上签名曰:默君女史雅正,弟元冲敬赠。然后又写了一封长信,汇报自己出国读书考察经过,并道思念之忱"八载明珠凄夜月,石烂海枯盟约在"。用双挂号信寄出。书信寄出后,便是漫长而又煎熬的等待过程,邵元冲担心张默君拒收书籍,担心书信半路丢失,担心张默君冷漠自己。

张默君突然收到邵元冲的信,看到他飞扬潇洒的字迹,浑身不可自抑地战栗,原以为已静如死水,不想又掀起一阵阵狂澜。她思如泉涌,一口气写下6首七绝,代回书。

7月14日中午,一封字迹熟悉的书信送到邵元冲手里,正是张默君的回信,邵元冲的手颤抖着、心怦怦地狂跳。打开信,首称呼翼如先生,信中对他的书大事颂扬,但态度客气,词意诚恳。另附6首近作、一首旧作,附小序:"自丙辰别翼如八载,彼此音尘断绝,昨忽得自美归后一书,謦以近制,极道离怀别苦,感而有作,时甲子秋孟也。"其中一首新作:"放眼苍茫万劫余,八年一得故人书。天荒地老伤心语,忍死须臾傥为予(翼纽约寄怀诗中有'忍死须臾为阿谁'语)。"一首民国八年的旧作《暮秋海上闻笛怀翼如(邵元冲的字)》:"何处梅花落,依稀歇浦东,哀音凉到海,秋意潇摇风。举目河山异,论交患难中。天涯傥相遇,挥泪话飘蓬。"

邵元冲读罢,感激涕零。马上写了6首和诗,其中如:"危涕重携话劫余,梦魂时篆掌中书。披衷朗月精贞见,万里来归俔起予。"

邵元冲在本日日记中详细叙述了收到张默君书信后的心情:"……盖答余前次贻书籍者,虽寥寥数言,知其意未能忘情于我,回忆旧谊,怅然不怡,以为今日之能解决白华问题者,舍我而外,殆无第二人,我不早为之谋,则长负斯人,何以自安?彼曩日之举,虽处我有似逾分,然为我所捱之辛酸,已足相偿,乃拟做长书慰喻之,以徵其意,且以自安也。"

邵元冲的回信发出10余日后,接到白华信函,意仍悱恻,忧思郁结,不能排遣。他觉得是彼此之间还有未能释然的心结。于是早晨5点起床,一气呵成写了19页长信,还觉得不能尽其意。他披肝沥胆、至真至诚,希望张默君能快些决断,完成一桩公案,结束8年来绵绵长恨。隔一日,又复长函。很快张默君回一长函,并附七绝5首。邵元冲"披览书信,感慨万端,披肝沥胆,自谓平生对人宣泄此问题者,是为第一次。"他觉得白华终当谅解他。正好这时候张默君的弟弟叔同来黄埔军校谋职,对叔同的到来,邵元冲欣慰至极。两人经常深夜长谈,这无疑催化了邵元冲张默君的爱情。有时候邵元冲会一天写两封信给默君,有时候一天内致一电、一函。晚上检查物件,会因为没有收到白华信件而甚为怅惘;终于得到白华一电,谓事待面商。邵元冲在日记中说:"其从容之度,纡徐为妍之笔,殊令人无可奈何甚矣,瑾令之善为曲笔也。"

邵元冲从广州泛海到上海,8月28日上午9时,两人终于在上海神州女学相见。邵元冲在日记中详细记录了8年后第一次相见的心情:"九时后至神州访白华,相见之下,几疑梦寐。白华状似微瘠,然英爽之气,仍不稍减。握手悲喜,百骸皆震。平生所蕴蓄欲言者,至是乃格格不知所欲吐,词句断续哽咽,每及悲怅处,几欲泪随声下,然恐益引起白华之酸辛,勉自镇定,然彼之眶亦微莹矣。余即以曩日密事,一一倾宣,华之意亦完全谅解,且对我之怜慰有加。嗟乎!吾姊之遇我,深挚若是,我乃不早有以慰解之,悔痛之忱,弥难自安。此后再不倾肝胆、剖赤忱,以慰我姊,我真有忝面目矣!谈二时许,意犹未尽。"第二天,接张默君到旅店商议宣传大事及大典程序。说着说着,张默君又说还需再审度,谈及数年来经过情状,感叹不已,又反复询问邵元冲:我二人是否非要决定举行大事不可?邵元冲回答决无第二条路可行,希望姊姊相怜。张默君见邵元冲态度坚决,乃始相允,并告诫邵元冲在大事之前,要慎重发言。

9月13日,是张默君、邵元冲婚姻文定日,邵元冲亲自给张默君戴上戒指,两人互换了照片,邵元冲的照片上赋诗一首:"人月双圆节,金凤耀玉英。平日肝胆谊,此日岁寒盟。"张默君送邵元冲的照片上写七绝一首:"琅玕万个矜奇节,天未凉风拥绿英。百折千磨肝胆照,撑持正气此贞盟。"然后一起去摄影,又到沧州旅馆审查房间。又应蒋作宾之约到东亚酒楼用晚餐。共进晚餐的有张默君的母亲何懿生、蒋作宾夫妇、八妹张侠魂(竺可桢夫人),还有张默君的好友陈鸿璧、谈社英、舒慧贞、戴季陶夫妇、邵元冲三姐等,晚宴之上,邵元冲和张默君宣布文定礼。

9月19日,是张默君和邵元冲嘉礼大庆日。新娘华装捧花,伴娘是谈社英、庄庆镜。邵元冲在日记中描述那日情景:"新娘华装捧花,携女傧谈社英、庄庆镜二君出登车。仪态万方,服饰绚雅,珍重相对,觉毕生幸乐于兹初肇端,而吾二人对社会、国家之共同责任,亦由此开始,感愉既深,念兹艰巨,尤凛凛也。"孙中山先生发来贺词,并委托于右任先生为证婚人,于右任在致辞中说:"……一位是浙中名士,为党国奔劳多年,为总理左右手;一位是湘省侠女,革命志士,教育名家。真是郎才女貌,天生佳配。而且民初时代,张女士是邵先生的上司,不知今天成家后,谁是上司谁是下属?"一时宾客哗笑。这天又赶上新南社在上海新世界西餐部雅集,叶楚伧、柳亚子、戴季陶等新南社社友皆来沧州饭店祝贺。

年过不惑的新娘在新郎眼里还是那个"仪态万方"的华姐。洞房花烛夜,邵元冲赠诗妻子:"昔日女牛愁永隔,今朝鸾凤喜双飞。洞房春色知何限,惭愧寒筠倚紫薇。"还向妻子表示"明朝鸾镜下,应许扫双眉",专门取别号"守默",以志终身不负之意。从此他们不是商讨国事,就是切磋学问,诗词唱和,那种心灵的默契、情感的交融、志趣的相投始终萦绕在两人世界。上海各大报纸纷纷以大标题刊载这场迟来的美好婚姻。

婚后,他们感情笃挚,堪称"金闺良友"。多少个晨昏,他们共读绝妙诗词于床榻枕边,携手漫步于公园小径;多少次离别,一种相思两地情愁,几乎每天书信往来,电报、信函、诗帕、红豆、枫叶传递着彼此的牵挂与眷恋。他们都写得一笔好字,也一同去书肆淘书,购买纸笔,诗词唱和,刻石明志、字画互酬,其乐融融。

很快张默君怀孕了,两个人沉浸在共同孕育生命的幸福之中,做母亲的喜悦,是每个女人的天性。尽管她是个女强人,还是摆脱不了做一个贤妻良母的愿望。然而,不管这对大龄夫妇如何慎重,张默君腹中已经足月的胎儿却不能按时分娩。到了产期,张默君却因年纪过大而难产,不但没保住孩子,还终生不能生育。二人悲痛不已。邵元冲大骂庸医杀人,回头又极力安慰郁郁不乐、暗暗流泪的妻子张默君。蒋作宾知道后,于心不忍,和妻子商量,将刚生的小女儿蒋硕能过继给元冲、默君夫妇,取名邵英多。后来邵元冲又在上海一家私立医院领养了一个男孩,取名邵天宜,以传承邵氏香火。

四、为国事尽心竭力

在事业上,他们夫唱妇随,邵元冲凭借他的学识、能力和对孙中山先生的忠诚,努力为国事奔走,得到孙中山先生的信任和重用。

1924年10月23日,冯玉祥发动北京政变,囚禁贿选总统曹锟,推翻直系军阀统治。11月,孙中山为促进全国早日统一,应冯玉祥等人的邀请,启程北上,邵元冲奉命随行,行程中任孙中山机要主任秘书。张默君随船同行到上海。当时孙先生肝病不适,多在船室休息,张默君、邵元冲经常陪伴于餐厅。孙先生慨然对他们讲到:吾党革命大业必男女同志齐肩,艰巨始克有济。盖欲实现世界大同,必先拯亚洲,欲拯亚洲必先救中国,欲救中国必先普及教育、发起妇女运动。且我国固有道德、文化于民主政治、伦理哲学思想、修齐治平诸端,为教笃实,蕴意崇高,数千年于维系民族,乐利人群者至宏且远……这是张默君当面聆听总理的最后遗训,不觉感奋涕零。

邵元冲随孙先生到北京后,又兼任中国国民党北京执行部机关报《民国日报》社社长。孙中山肝病复发,虽经精心治疗,但不见好转,愈来愈重,于1925年3月12日逝世。邵元冲是在孙先生逝世前一天签署遗嘱的九名证明人之一,列于宋子文、孙科、戴恩赛(孙中山的女婿)之后。在孙中山先生追悼会上,邵作"孙公略史及三民主义"讲演,获得舆论好评。以后在中央党部、国民政府等多种场合,邵元冲多次演讲"学者精神之孙先生""中国国民党之中兴运动""孙中山乙未广州起义经过""孙公革命之精神及其大节"等;拟文《总理学记》《辛亥革命之意义》,对孙中山先生的思想进行了广泛深入的宣传。他还利用报纸杂志、摄影等宣传形式宣传"三民主义",宣传爱国思想,唤起民众觉醒。

邵元冲认为要强国固党,必须从教育做起。张默君成为他的主张的坚定支持者。他们不仅志同道合,又要并肩同行。两人分头行动,联络有心效力的同志,成立中山学院,以弘扬国策党义,培养建国人才。学院建立后,公推邵元冲为院长。他同时奔走于宁、沪之间,监理孙中山陵墓的修建工程。后应蒋介石邀请南下广州,任中国国民党中央青年部部长,随军参加北伐战争。他其间撰写《孙中山总论》,由上海民智书局出版,是最早系统概括孙中山思想与三民主义理论的书籍之一。

1927年1月国民革命军北伐攻占浙江后,邵元冲被任命为浙江省政治分会委员兼杭州市政厅厅长(后改称市长)。张默君任杭州市教育局长,成为邵元冲的下属。杭州是一个风光明媚、文化鼎盛的城市,古来名士治杭,留下千古传唱的业绩。邵元冲以古人的治绩为激励,以留美巡欧的考察心得为参照,大力整顿诸务。他制定《杭州市暂行条例》,仿照广州市建置进行改造,颁布8项便民改革措施,如:调查户口、兴办自来水厂、增加菜场、设游民习艺所、发展贫民教育、修建道路、浚理西湖改进西湖风景等等,设置杭州市参事会等议事机构,对杭州市城建初期规划和政制建设作出了贡献。张默君办教育,更富有经验,得心应手。她派人员调查学校状况,拟定教学大纲,分别按期实施。又设立中心学校多所,成效卓著。

夫妻二人主政杭州,使杭州街道宽阔、市容整洁。张默君对秋瑾有着深厚的感情,对西湖边的秋瑾墓特意加以保护。整治后的西湖胜景,更是美不胜收。

1927年8月13日,蒋介石宣布下野,邵元冲担心时局不稳,军队会抢掠银行,便擅自将杭州市政府各局的事业费移存往上海。此事传开后,受到多方指责,不得不于8月27日辞去在浙江的党政各职务。

二次北伐胜利后,蒋介石宣称"军政时期"结束,恢复实行行政、立法、司法、考试、监察五院制。蒋介石任国民政府主席,谭延闿为行政院院长,胡汉民为立法院院长,邵元冲被胡汉民聘为立法院立法委员,兼任立法院经济委员会委员长,参与法规的制订和审议。邵元冲以他的学识、经验和地位,对训政初期的种种革新措施多有参与,对约法起草及民食调剂等要政,无不竭尽全力,贡献良多。他先后任立法院副院长及代理院长、国民党中央宣传委员会主任、党史编写委员会负责人等要职。张默君也担任考试院典试委员会委员、立法委员、中央监察委员等。夫妇共同任职于立法院期间,张默君于美枞堂外题书"天壤双清"擘窠大字。二人偕居焦山,张默君题诗"红树白云同梦处,双清心迹照江潮"为纪。

是年,神州女社及神州女学因为北伐军扫荡闸北北军毁于烽火,该校10余年来依仗张默君勉力撑持,学子毕业者千余人,致身政教有声。

秋瑾的女儿王灿芝从美国留学归来,接任竞雄女学时,学校经济非常困难,只得到处去募捐,欲请政府要人为发起人,可是苦于无人介绍,于是找到张默君,张默君请邵元冲为王灿芝写了数封介绍信,使王灿芝能顺利地解决经济问题。张默君把王灿芝当女儿一样对待,经常叫到家里改善生活。

1929年考试院成立,张默君学行俱优,办学经验卓著,文采炳耀,特聘张默君为考选委员会专门委员,负责厘定考选法规,擘画考政制度,从此后,考试院成为张默君第二个家。邵元冲被任命为考试院考选委员会委员长。又成了张默君的上司。

1931年，邵元冲被任命为高等考试襄试处主任。张默君担任高考的典试委员，参加阅卷工作。就在典试前几天，张默君获得周代镇圭尺及汉代黄律琯尺一件，诗人陈三立特地为她写了"玉尺楼"三字，题在张默君的书阁上。考试院以玉尺为证章，恰好又得到了玉尺，遂认为这不只是校士佳话，也是考试院一段不可遗漏的史料。张默君为此赋诗一首："天开文运此堂堂，玉尺还凭玉手量。青眼高歌迈前古，独怜崇嘏做男装。"后来就有了"玉尺量才"的说法。立法院院长胡汉民赋诗一首送给他们夫妇二人："文章华国古来少，夫妻同官前世无。置诸清泉白石上，平生凤仪总相扶。"吴兴画家王一亭以此诗为本，用彩笔画成邵元冲、张默君倩影，一时京中传为佳话。当张默君随典试委员们进入考试院，邵元冲作为襄试处主任，亲自将考场大门关闭，并贴上封条。那一刻，恩爱夫妻门里门外，多情才子邵元冲感慨万端，泪眼模糊。

第一届考试张榜公布入选名单，令人遗憾的是，这103名合格者中竟无一女性。揭榜之初，典试委员张默君为此伏案大哭。等到1933年第二届高等考试，榜上终于崭露出两名女性：一位是中央大学法学院毕业的陈自观，另一位是倪光琼。倪光琼原系南京女子法政讲习所毕业，本不符应试资格，经苛严的检定考试及格，才得以参加高考司法官考试，尤难能可贵。张默君扬眉吐气，兴高采烈地驱车将二人迎到了邵公馆，赠送给两位"女状元"铜尺一对，亲书中堂两幅。

1933年夏，夫妻二人同登泰山，饱览泰山壮丽景色，才子佳人、恩爱夫妻畅游青山，漫步十八盘，你搀我扶。天门在望，青云可接，患难与共，心灵契合，一块刻石赫然入目，"共登青云梯"，恃才傲物的张默君便在泰山云步桥南、张謇刻石以北的盘道东侧，留诗一首："笑指齐州九点青，漫教治乱问山灵。且将同梦生华笔，来写千秋泰岳铭。"落款为："登泰山偕翼如，民国廿二年夏，湘乡张默君并书。"

1934年，元冲夫妇的京师别墅"玄圃"落成。地近北湖，竹林绕屋，绿云罩天，其百源书室藏书数十万卷。夫妇行吟于行苑梅畦间、坐于月下清溪畔，忘记幽夜已深，共赏古今中外奇文诗篇。这一年，张默君的《红树白云山馆词》结集成书。

五、"绛雪如梦君何处"

"九一八"事变后不久，国民党召开第四次全国代表大会，邵元冲在南京的大会上当选为中央执行委员,在后来的四届一中全会上被推为中央政治会议委员、中央宣传委员会主任,直接主管中央通讯社、中央日报等宣传舆论机构。当时宣传舆论中一个最棘手的问题是如何对待日本帝国主义的侵略。"九一八"事变后,日本帝国主义不断扩大对我国的侵略,而蒋介石、汪精卫一味地对日本妥协退让。邵元冲对这种妥协退让政策甚为不满,因而他在对日态度的宣传上与蒋、汪时有违背,蒋、汪认为他对报刊宣传的管理不够得力。

1933年元旦夜,日本侵略军进犯山海关,随后进兵热河,侵占承德,攻击长城各口,企图突破长城而南下。邵元冲闻知这些情况后于3月5日离开南京北上,到北平后的第三天(即1月15日)他就冒着大寒风雪奔赴喜峰口前线劳军。宋哲元向邵报告说,11日深夜,我军将日军全部旅团包围,尽数斩决,计6 000余人,获步枪4 000余支,陆炮18门,坦克车7辆,这是在我方武器不如敌方,而不得已以白刃作战,实施奇袭,取得的胜利。邵元冲听了大为感动,又至火线营地观察、慰问,深为抗日将士的苦战精神所感动。

邵元冲立即向蒋介石提出增兵抗击日军。但此时蒋介石正在江西围剿红军,根本不打算调兵北上增援长城抗战。邵元冲又多次向蒋介石陈述抗击日本的政见,5月间还去南昌,与在那里督战"剿共"的蒋介石晤谈三次,蒋介石根本不予理睬。

邵元冲主持中央宣传工作,常与蒋、汪的意见不同。汪精卫不时指责报纸有抗日救亡的言辞。蒋介石则先后下令封闭《民生报》,禁止《益世报》,停邮《时事新报》《晨报》等。邵十分不满,几次以辞卸宣传委员会主任一职相抵抗。蒋介石还嫌邵元冲控制新闻检查所不力,下令将负责检查新闻的人员拘捕查办,还要将新闻检查所划归国防会议辖管,置于军政统制之下。邵忍无可忍,多次与蒋发生意见冲突。

1933年9月,日本提出"和协外交"政策,鼓吹"中日亲善",大讲"敦友睦邻之道"。邵元冲认为,日本侵华野心不死,不应信其谎言。在1935年1月30日的一次会议上他向蒋介石、汪精卫当面提出:对日外交应有"最低之限变与最后之决心"。最重要的是要充实国防力量,而不对日本抱有什么幻想,要准备应战。在一次中政会上,邵元冲对汪精卫提出的禁止各种抗日组织以及停止排日活动和检查日货的议案,公开表示反对,得到多数人的支持。不久,汪精卫又应日方无理要求,欲将我国中小学教科书中关于日本侵略中国之史实完全删去,邵元冲拒不执行。

邵元冲与蒋介石、汪精卫在对日政策上的分歧日益激化,他不愿意做"中日亲善"的应声虫,遂于1935年2月辞去中央宣传委员会主任一职,即离京他去。这时,日本在迫使蒋汪同意签订"何梅协定"后,又策动华北冀、鲁、晋、察、绥五省"自治",欲在华北制造第二个伪"满洲国"。邵元冲忧心忡忡,感叹日本"侵扰无已,今日不下决心,尚有生有余地耶?"当殷汝耕在日本的扶植下,宣布在冀东二十二县成立"冀东防共自治委员会"时,邵元冲惊呼:"寇日深,中枢再不决杀贼,民必尽去,亡无日矣!"

1935年春,邵元冲辞去宣传委员会主任委员职务,与张默君一起,游历陕、甘、宁、青、绥、晋等省。恭谒轩辕黄帝桥陵于陕西中部,并遍谒周秦汉唐诸陵。夫妻二人徘徊于名胜古迹之间,更加相信先人遗留实在太庄严、太丰盛了。从西北回到南京,张默君在金陵女子大学教诗,并当选第四届中央监察委员。邵元冲辞去立法院副院长职,专职党史会主委,写出《西北揽胜》一书,力主西北之建设,以保持民族之生命线。张默君出版《白华草堂诗》。

邵元冲在党史会努力工作,征集考证文献,网罗失散旧闻,有意由党史进而完成国史。他建议当局设立国史馆,整理清史稿,建立党史资料陈列馆,收集诸先烈图像、遗墨、兵仗,乃至日常器物等,凡能引起敬慕之心的,无不广为搜集。

6月14日上午,民主革命家、一代朴学大师章太炎在苏州溘然逝世,享年67岁。午后,在南京的邵元冲得知了这一噩耗,与张默君启程赶往苏州吊唁。张默君与章太炎的夫人汤国梨是上海务本女学的同学,张默君的父亲张伯纯是章太炎和汤国梨的媒人,张默君经常为二人传送书信,当年章太炎与汤国梨结婚时,张默君作为伴娘参加婚礼。汤国梨协助张默君创办江苏《大汉报》、神州妇女协济会、神州女报等,她们是闺蜜、是战友。章太炎去世后,邵元冲为丧葬用度争取财政救助资金、协调安葬墓地等,始终尽心尽力。

盛夏,夫妻二人到庐山避暑,听慈航法师说《楞严经》于大林寺,邵元冲也应邀讲"戒""定""慧",众人欢喜赞叹。他们一同拜访陈三立,借陈三立雅室招待宾客,品茶论诗。秋天与吴稚晖、蔡元培、李烈钧等同游浙东雁荡山,诗词酬唱流连忘返。陈三立评论《张默君玉尺楼诗题词》说:默君世讲抵庐山,出示兹册。所为诗,天才超逸,格浑而韵远,为闺媛之卓荦不群、效古能自树立者。顾乃于操玉尺校士衡文之余隙,名章屡就,而以濡朱大笔,淋漓写之,异数美谈,夸越前古,顾不徒试院唱酬之盛,可傲视欧梅诸公矣。

1936年12月初,蒋介石带领一些文官武将来到了西安,他此行的目的是督促张学良、杨虎城出兵进攻红军。此时,邵元冲支援抗倭绥察军,由南京赶往西安与蒋介石相商。不料,12月12日凌晨突然爆发西安事变,邵元冲与陈诚、卫立煌、蒋作宾等国民党中央大员在西京招待所被包围。邵元冲不明事变真相,在心慌意乱之中突然跳窗,企图越墙逃跑,被十七路军士兵开枪打伤,后送医院抢救无效死亡,终年46岁。

张默君在南京闻听噩耗,肺裂肝摧,泪枯肠断,欲为文以诔,为诗以哭,都因手颤心碎而止。春节之夜,张默君恫此国殇,就邵元冲殉难始末,写成了《秦变后之血泪》刊登在《建国月刊》。她写道:哀吾翼子死国今五十余日矣,默自惊秦变及闻子受伤已将两月。此六十昼夜,吾无不在肺裂肝摧、泪枯肠断之时,累月不寐,痛一见之无期,并梦魂也不可得。每欲茹痛至诚,为文以诔子,为诗以哭子,辄因手颤心碎而止。呜呼!翼子!吾侪报国同心,今余孤逭,后死诸责,义未能辞。惟愿知我天长地久,此恸无穷,此恨也无穷也。今月刊为纪念子之殉国,促予书此,强为之,不知是血是泪。深夜孤灯,掷笔大恸。

1937年仲夏,张默君来访邵元冲故里,按旧礼俗尚在守制中,她在石佛寺为邵元冲做了一场法事,并题写书联:挹石气灵光,六茎俱净;听晨钟暮鼓,五蕴皆空。款署:张(制)默君,时在民国二十六年(1937)丁丑仲夏。在她名字右上角,书一小字"制",谓素服在身,隐痛未除。

丈夫死后,张默君一直没有再嫁。两年后,她带着女儿邵英多、儿子邵天宜回到阔别多年的故乡湖南湘乡隐居,不再问政事。她在韶峰买了一栋住宅,取名"蓉庐",还修了一座阁楼,题名"听韶"。她在那里潜心做诗、绘画、写字,写下了大量感人肺腑的悼亡诗词,其中有:"我今消瘦胜梅清,起舞吴钩作怒鸣。傥问华郎何所似?三年泪雨不曾晴。"虽然阴阳永隔,她的心,从未停止过与他的对话。邵元冲喜欢紫薇花,张默君在"蓉庐"遍植紫薇。每年春深,紫薇花事烂漫,她都触景心伤,长歌当哭:"沐浴乾坤婑媌春,摇天犹记倚寒筠。绛雪如梦君何处,肠断江山半属人。"

1940年,张默君到重庆,依然供职于考试院,尽心竭力遴选国之栋梁。期间她亲自募集抗战物资、慰问抗战将士。

抗日战争胜利后,张默君将邵元冲葬到杭州西湖边,张默君亲撰墓门联句:"学系梨洲船山一脉,葬依鹏举苍水为邻。"盖黄梨洲为浙江人,王船山为湖南人,正与邵张二氏之籍贯相合。

1947年9月13日,张默君作为国民政府第一届国民代表大会代表,出席了在南京召开的国民代表大会。会后,她再度回到故乡,竞选所谓"立宪国大代表"。在湘乡逗留期间,曾应邀在湘乡各界召开的一次大会上演讲,宣扬她"做学问先学做人""建国先建人格""革命先革人心""办党先除腐恶官僚化""经济先济民困""教育先教忠孝信义廉明""建军先建智、仁、勇""财政、外交先大投机洋化""立法先守法行法""国防先筑科学与精神之万里长城"的"十先"主张。尽管这些主张在当时颇具煽动性,但她依然在湘乡选区落选了。她的竞争对手是曾国藩的曾孙女曾宝荪。曾宝荪一生未嫁,以从事女子教育为终身职业。曾家深耕湖南湘乡多年,地方势力强大,即使有国民政府分配给张默君的20万张选票也与当选票数相去甚远。

1949年5月,张默君来到台湾,建议筹建联合大学,她继续担任考试院典试委员直至终老。她79岁生日时,友人、后辈群集祝寿,盛况空前,寿序由于右任等撰写,题签者有陈诚等凡1 400多名。

张默君著有《白华草堂诗集》《默君诗草》二卷等;另撰著及纂辑出版的有《中国政治与民主哲学》《宪政评论》《中国古玉与历代文化之嬗晋》《中国文学源流与历代书法之演进》《邵翼如先生遗墨》《玉溁山房遗墨》《大凝堂集》《大凝堂诗集句联选》《正气呼天集》《杭州市教育行政六年规划》等。

张默君平生喜好收藏古玉,自1929年获古玉尺后,其兴趣倍增。在各地旅游时,每次都留意珍品,虽节衣缩食而不吝收购。数十年间,共藏有上古圭瑗、古白玉精刻双龙三星圭、夏璧商璧等50件玉石。1957年元月悉数赠予台北的历史文物美术馆。

张默君81岁时,抱病参加国民党召开的九届二中全会。1965年1月,因公积劳,终感不支,入台北空军总医院治疗,仍时时惦记公务,于1月30日病逝,享年82岁。张默君哀荣,盛况空前。各界名流均亲临致祭,挽联中以程天放的一联最能概括张默君的一生:

突破世俗藩篱,开国建功勋,允称女杰。
掌握量才尺度,秉公擢贤俊,无愧人师。

风华绝代,卓尔不群

——才高心善不为世容的吕碧城

陈 颖

吕碧城,字圣因,一字兰清,出家后法号宝莲。1883年出生于安徽旌德一个仕宦之家。父亲吕凤岐是清末进士,出任过国史馆协修及山西学政。母亲严士瑜出身书香门第,能诗文,育有四女,碧城居三。1914年6月1日吕碧城由朱少屏介绍加入南社,入社书编号418。她是近代女词人第一人、中国第一位女编辑、中国近代教育史上女子执掌校政第一人、中国近代第一位系统提出女子教育思想者、第一位系统进行佛经翻译的中国女性、第一位在世界保护动物大会上发表"废屠"演讲的中国女性。柳亚子称她是"足以担当女诗人而无愧";文学家潘伯鹰赞她的词"足与易安俯仰千秋,相视而笑";林鹍翔、钱仲联称赞她为"三百年来第一人""近代女词人第一"。然而就是这样一位名满天下、有着绝世才华的奇女子却在晚年皈依佛教,去世后骨灰和面为丸,结缘大海,也许,只有大海能容得下她不羁的灵魂……

一、初露锋芒——中国的娜拉

1903年,暮春时节,天津,一代才女吕碧城坐在佛照楼旅馆临街的窗前,凝神望着窗外那棵盛放丁香树。21年的青葱岁月,她已经历了太多,丁香花在别人看来或是一种浪漫或诗意,在她多的是一份痛惜。每个人的人生都有沉浮,而命运对于碧城何止是起落。对于吕碧城来说,12岁之前和12岁之后她经历的是完全不一样的生活,父亲吕凤岐的去世是这个转折的直接原因。吕凤岐是光绪三年丁丑科进士,曾任国史馆协修、玉牒纂修、山西学政,50岁时退隐,安心养老。他有一个完满的家庭,虽原配不在了,但留有两个儿子,续娶夫人严氏,严氏所出有4个女儿。然而,命运弄人,吕碧城的两个异母哥哥分别于1887年和1891年接连去世,吕凤岐受到极大的打击。因为有4个外秀内惠的女儿和一位贤雅夫人的陪伴,渐渐慰藉了吕凤岐日渐苍老的心,他决定听从命运安排,以读书、教女安度余生。吕凤岐重新整修了书房并取名"藏因精舍"。吕家是书香门第,藏书颇丰,在当地有"家有藏书三万卷"之称,因此整修书房工程颇大。完工之日,也许是过度劳累,也许是太过兴奋,吕凤岐不幸病倒,20天后无奈抛下贤妻爱女仙逝而去。

父亲的离去,从此改变了碧城的人生,封建家庭制度下寡母孤女势单力薄,不但所有家产被侵夺,甚至被囚禁、被驱逐,一夜间母女5人无家可归。而对碧城来说,另一件伤口上撒盐的事,更令她感到了世态的炎凉,那就是早先与她订婚的夫家在这最艰难的时刻提出退婚,人情冷暖至如此。这成为碧城一生不可触摸的一块伤痛,正像多年以后她在《欧美漫游录》中所回忆的那样,当时"众叛亲离,骨肉崎龁,伦常惨变"。母亲严士瑜,出身书香世家,通文能诗,是大家闺秀,面对夫家的冰冷残酷,她首先考虑的是女儿们的前途。秉性最为聪慧的碧城被母亲安排到天津塘沽的舅舅家,以继续接受相对良好的教育。舅舅严朗轩时任塘沽盐课司大使,对碧城管教十分严厉。在舅舅家寄居的七八年中,她遍读经史子集,对中国传统文化积蓄日厚,为后来她在词坛上的驰骋奠定了坚实的基础。应该说父亲的去世将碧城抛向无边的痛苦,但从另一个角度来说,也成为她后来一切成就的起点。正所谓命运的强烈落差可以让人迅速成熟。因为父亲的离去,她来到了文化较为发达的天津塘沽,在这里她接受到较为先进的教育,除了中国传统古典文化知识,碧城还接触到了洋务、新政等西方先进民主思想及科学文化,使得这个少女眼界大开,以至于产生想要有一番作为的冲动。

吕碧城20岁时,她开始考虑自己的人生,倔强的她不顾舅舅的阻拦,从塘沽来到天津。她坐在小客栈中,不知道等待她的命运将会是什么样的。由她自己做主的人生之幕即将拉开,而拉开帷幕的人即将到来,那便是一代英才天津《大公报》创办人英敛之。

5月的天津,风还带着一丝凉意,已是黄昏,夕阳的光晕将周围的一切都罩上一层柔和的金色,碧城清丽的面容更显柔美。离家出走的她没有想到像英敛之这样的大人物能来见她这个离家出走的无名小女子,更没想到是自己一封信札已引起这位见多识广的英先生的强烈兴趣。夕阳的光辉中,英敛之到来了,他步履沉稳,面容沉静,似乎一切都成竹在胸。第一眼,看他目光温和,碧城松了口气。两人漫步在附近一条幽静的小路上,四周一切都那么静,似乎除了两人,其他都不存在了。碧城心里紧张,怕说错话,不敢多言,英先生本来言少,碧城更像是一个跟着大人的孩子。

英敛之,名华,满族正红旗人,这年36岁。他同情戊戌变法,1902年在津创办《大公报》宣传维新。碧城的惴惴不安使他油然而生一种怜爱。早先,英敛之在方秘书太太处见到碧城信函,即被碧城的文采吸引,如今见到她,更为她与生俱有的那种秀雅脱俗的气质所打动。在英敛之温和的微笑里,不多时间,两人的谈话就顺畅了起来,碧城显出自己独有的果决与明达,英敛之也转而生出些许敬意。之后,英不仅邀她于当日移至馆中,与方夫人同住,"且与其灯下闲谈十二点方然去"。(见英敛之日记)在英敛之这段时间的日记里,吕碧城的名字几乎每日出现。吕碧城的吃穿住行也都由英敛之悉心安排,两人常一起吃饭、散步,英敛之还常于"灯下教碧城法字",这成为他们一生中关系最为融洽的阶段。不久,碧城被聘为《大公报》见习编辑。

1904年5月10日,天津《大公报》刊登了吕碧城的一首《满江红·晦暗神州》,这曲女权的高歌,立即引起了社会极大的反响。京津两地的各界名流,纷纷唱和响应,可谓是一石击起千层浪:

晦暗神州,欣曙光一线遥射。问何人,女权高唱,若安达克(指罗兰夫人和贞德)?雪浪千寻悲业海,风潮廿纪看东亚。听青闺挥涕发狂言,君休讶。

幽与闲,长如夜。羁与绊,无休歇。叩帝阍不见,愤怀难泻。遍地离魂招未得,一腔热血无从洒,叹蛙居井底愿频违,情空惹。

其实最初打动英敛之的是吕碧城的才气,能打动堂堂《大公报》主办的才气必是不凡人。碧城的才气在她5岁时便初露端倪,那个春日,父亲随口一句"春风吹杨柳",一旁的碧城立即接口"秋雨打梧桐",对于5岁的女孩儿不能不说是天赋异禀。而12岁时,她的一阕《法曲献仙音·题虚白女士看剑引杯图》:

绿蚁浮春,玉龙回雪,谁识隐娘微旨?夜雨谈兵,春风说剑,冲天美人虹起。把无限时恨,都消樽里。君知未?是天生粉荆脂聂,试凌波微步寒生易水。漫把木兰花,错认作等闲红紫。辽海功名,恨不到青闺儿女,剩一腔豪兴,写入丹青闲寄。

当时的诗词大家樊增祥不由拍案叫绝!如此大气沉着之作,却出自一少女之手,确令人惊异!而她十五六岁时的另一首《踏莎行》则更进一层,语句与意境浑然一体：

  水绕孤村，树明残照，荒凉古道秋风早。今宵何处驻征鞍？一鞭遥指青山小。

  漠漠长空。离离衰草。欲黄重绿情难了。韶华有限恨无穷。人生暗向愁中老。

  除诗文之外，碧城也擅丹青、娴音律，7岁时即能绘制巨幅山水。

  就在吕碧城《满江红》发表之后，另一位"碧城"慕名而来，英雄所见略同，这位同名"碧城"不是别人，正是大名鼎鼎的秋瑾女士。秋瑾曾经为自己取号"碧城"，当她看到《大公报》上碧城署名的诗词文章后，她找到了英敛之，于是英安排她们见了面。见面前，英夫人曾知会吕碧城，吕碧城得知后非常兴奋，她立即给英夫人回了信："所云秋碧城女史，同时而同字，事亦甚奇。惟伊生于名地，阅历必深，自是新学中佼佼者。若妹则幼无父兄指授，僻处乡隅，见闻狭隘，安敢望其肩背。然既属同志，亦愿仰瞻风范。"字里行间充满了敬佩之情。"碧城"这个词在中国传统文化里有着特定的意义，《太平御览》卷六七四引《上清经》说："元始（元始天尊）居紫云之阙，碧霞为城。"后来"碧城"就成为仙人所居之处的代称了。唐朝大诗人李商隐曾作《碧城三首》，其中第一首为：

  碧城十二曲阑干，犀辟尘埃玉辟寒。
  阆苑有书多附鹤，女床无树不栖鸾。
  星沉海底当窗见，雨过河源隔座看。
  若是晓珠明又定，一生长对水晶盘。

  诗中就是以碧城指代仙境。吕碧城和秋瑾在此之前素不相识，两人都以"碧城"为字，可见内心是有相通的部分的，比如对自由的向往，对现实的反抗，对美好未来的追求。见面后，两人果然一见如故，长谈一整夜。黎明来到的时候，对方的心迹已如透明的水晶，两位碧城相视莞尔，在内心有了默契。这默契是存同求异的。是的，二人在一些重要方面有着不同的见解，其中最根本的不同是政见，吕碧城更倾向于政体改革，而不是完全推翻清王朝；而秋则是坚定的革命派，志在推翻清王朝。其他，如对女性解放的见解，二人也表现出极大的区别，秋瑾崇尚男女从内至外的一致，她认为女人要和男人拥有平等的权利，女人就必须像男人一样去生活,所以她常常做男人装束,并带动国内一批进步女性,形成一股女性男装的潮流。而吕碧城看法不同,她认为"女人爱美而富情感,性秉坤灵,亦何羡乎阳德?若深自讳匿,自卑抑而耻辱女性也。"应该说她的认识是独立而客观的,清醒认识到女性的价值和地位。虽在各方面见解不同,但二人期望改变国家、女性命运的初衷一致,她们决定求同存异。第二天分手后,秋瑾按照自己的原定计划远赴日本寻求新的强国之路,而吕碧城则继续留在国内编报纸、办女学,她答应秋瑾"任文字之役"支持她的革命,秋瑾也慨然取消"碧城"的名号,以表示对吕碧城的欣赏。可惜的是,这次的见面竟然是二人的唯一一次见面。不过,至秋瑾1907年就义,二人一直保持着通信,吕碧城曾将秋瑾写来的两封信分别发表在1904年7月22日和1904年8月26日《大公报》。第一封信主要报告了秋赴日后的感触:"二十日到东京……即进实践女学校,一年后进师范学校……彼国妇人无不向学,我国女子对之实深惭愧。望中国女子多到东游学……女子教育需材甚急,我同胞,能多一留学生,即他日多一师资……"第二封信则告知了秋在日打开局面后的一些活动:"东京前有共爱会社,嗣又中途废止。今在东女学生,计有三十余人,来者日多。今余与陈撷芬女士重兴共爱会,实行共爱会之宗旨。并设女招待一员,照拂女学生之来东及入学校等事。祈普告同志,倘愿来东留学者,或电达横滨山下町一百五十一番地陈撷芬,或东京中涩谷实践女学校秋瑾。"1906年秋瑾创办《中国女报》,吕碧城履行自己诺言,成为该报撰稿人之一,1907年农历正月二十日出版的《中国女报》第二期里发表了吕的《女子宜急结团体》。此外,吕碧城还在秋瑾参与的《女子世界》第九期发表过《论某督札幼稚园公文》等文。1907年7月秋瑾就义,吕碧城在北京应该也受到些许牵连,在她后来的回忆中曾提道:"因了一篇文章之故,后因此几同遇难。"之后不久,吕碧城用英文写成《革命女侠秋瑾传》,发表在美国纽约、芝加哥等地的报纸上,引起了世界的关注。辛亥以后,吕碧城过西湖,经秋瑾墓,曾作七律《西泠过秋女侠祠次寒云韵》以纪念这位不凡的女友:

> 松篁交籁和鸣泉,合向仙源泛舸眠。
> 负廓有山皆见寺,绕堤无水不生莲。
> 残钟断鼓今何世?翠羽明珰又一天。
> 尘劫未销惭后死,俊游愁过墓门前。

在吕氏三姐妹的努力下,《大公报》渐渐形成了一个女性创作群体,碧城和英敛之一同请来了碧城的两位姐姐吕惠如、吕美荪,其他还有陈作新、素芳女士、紫英女史、善化女史许玉、裘梅侣女史、洁清女史、钟英、吴芝瑛、屈宦攘等。尤其吕碧城的两个姐姐吕惠如、吕美荪,极受英敛之推崇。"惠如诗词,缠绵悱恻,怨而不怒,深合古风人之旨。其命意之高,琢句之雅,足徵其蕴蓄之所存"。吕美荪则"生性豪爽,有古侠士风,言吐慷慨,气度光昌","诗词落笔清灵,极挥沥之致"。英敛之后来还在《大公报》馆为她们出版了诗文集《吕氏三姊妹集》,并作了序和跋,称赞"吕氏三姊妹承渊源家学,值过渡时代,擅旧词华,具新理想,为吾国女学之先导,树吾国女界之标的"。

二、初显身手——中国近代第一位女校长

然而,好景不长,正当吕碧城在天津名声渐起的时候,她的舅舅严朗轩被撤职离任并即将离津的消息传来,这时,如果吕碧城无法有一个稳定的安身之所,就必须和舅舅一起回乡。为此,吕碧城向英敛之求援。1904年5月20日吕碧城向英敛之发信,"托代觅学堂"。英敛之当然不舍,立即向平日与吕碧城唱和的一班友人发信,寻求解决之方。这些人中许多是当时的社会名流,如傅增湘、严修、严复、易顺鼎、朱祖谋、冒鹤亭、杨云史、叶恭绰、金鹤望、袁寒云、张伯驹、费树蔚、潘伯鹰等,其中严修当时任袁世凯当局直隶学校司督办一职,傅增湘则曾密切参与北洋政府的教育事业。而这时正有一个契机,袁世凯于1901年署理直隶总督,应该说袁世凯当时对教育还是相当重视的,上任后即对教育机构的设立及相关行政人员的委任作出了大幅调整,曾于1903年、1905年,先后两次同张之洞、赵尔巽向晚清政府奏请递减科举,主张"停科举以广学校",认为"政治必赖于人才,人才必出于学校,古今中外莫不皆然"。他也很重视女学,据傅增湘回忆:"其间从项城(即袁世凯)回籍……留江淮间者八月。而项城以女学事驰书数四,督促北返。"实际上,作为傅增湘的朋友,英敛之也早已有意发展天津地区的女学,在英敛之认识吕碧城之前他就有志于此,却苦于没有合适的人选和时机,如今碧城的出现正好为这事提供了最好的人选,在英敛之的日记里他有这样的话:"予久蓄兴学之志,惟苦于师范无人,不克开办,今得此(指吕碧城),不假之便。乃奔走组织为天津公立女学堂。"而这样同时也解决了吕碧城的燃眉之急,正可谓是一举两得。不仅如此,这事在吕碧城一方,更是正中下怀。其实,吕碧城在经历了幼年的家庭变故,后来又遇到英敛之和秋瑾后,早就萌生了创办女学的想法,在她后来的回忆里有这样的记叙:"鄙人浪迹津沽,征诸同志,将有创

办女学之举,恐绵力之难济也。"如她自己所说,她这时最担心的就是自己力量的单薄,但有了英敛之及其一班朋友的支持,这事似乎渐渐变得有希望了。

1904年5月21日,就在吕碧城向英敛之求救的第二天,英敛之便"偕内人同碧城车至傅润沅(即傅增湘)处,为碧城谋读书事"。5月24日傅增湘即到英敛之处"商女学堂事",并告之有"多人肯出首"创办女学的消息。兴办女学的计划俨然进入议事日程。而这时,吕碧城的舅舅对她留津也有所妥协,同意吕碧城继续留在《大公报》馆,"严朗轩先生来谈碧城事,托予夫妇代为尽心"(英敛之日记),一下解除了吕碧城的所有后顾之忧。于是,有了英敛之、傅增湘等人的共同谋划、在北洋新政府的支持下,吕碧城开始实现她办女学这一人生理想,也是她这个阶段最重要的事业。

计划一旦落于实际行动,总不如想象中美好,许多意想不到的障碍会不合时宜地出现。女学创建过程也一样,其中最大的困难便是资金的获取。为了能获得当局更多的资金支持,英敛之、吕碧城及傅增湘等创办者频繁奔走游说。在英敛之的日记、傅增湘的回忆里断断续续有着相关的记录:"碧城去傅润沅处,偕至海关道署,晤唐少川,商学堂事""偕碧城上谒杨文敬、唐少川诸公"等。后来,英敛之曾在《女学开办章程》公布时筹募捐款,但募到的款项终究有限;吕碧城则在傅增湘的帮助下,试图请时任天津海关道的唐少川相助,然而,似乎也无功而返。这种情况直到直隶总督袁世凯开始关注此事才终于有了突破,1904年7月17日袁世凯的亲信黄小宋来访问英敛之,终于带来好消息,袁世凯表示支持女学创办,并就此事"与唐关道(当时的天津关道唐少川)已议。"在后一日,英敛之在日记中记载:"晚间润沅(傅增湘)来,言袁督(袁世凯)允拨款千元为学堂开办费,唐道允每月由筹款局提百金作经费。"至此学校的资金总算有了着落。资金的问题一旦解决,筹备工作就可以继续,学校的创办又向前迈进了一大步。

除了争取当局的支持及募集开办资金、制定学堂章程外,教务执掌、教员聘任、选择校舍、招募教习、广集生源及学堂管理等问题,也是都是几经波折。

1904年6月6日,在其他事已基本落实之后,英敛之起草了学校的章程,"早起如常,写女学开创章程",24日"至方药雨处,将章程交伊"。此后数日,英敛之、吕碧城、傅增湘、方药雨等其他参与创办者对章程进行了反复讨论修改,直至7月15日方"午后同碧城商订宣布章程"。1904年10月3日(农历八月二十四日),天津《大公报》事件一栏全文刊登了《天津女学堂创办简章》,共26条,第一、第二两条是学堂对自身性质的界定:"为官绅合办"以及"以开导女子普通知识、培植后来师范溥及教育为宗旨"。其余二十四条则是教职人员的选定、学堂收支杂务的料理、学生录取、学科分设以及学期的时长划分等相关规定到学生膳食费用的收取、贫困生的免费声明以及对外来人员访问学堂的程序安排等,可谓详细、周全与缜密。简章的末尾交代了学堂的创办人及开学日期:"吕碧城女士倡办天津女学堂,经各大宪及官绅等捐助款项,襄此善举……定于九月十五日(农历)开学,兹先将简明章程登报,以供众览",简章署名为"创始经理人:日日新闻社方药雨、大公报馆英敛之同启"。

在英敛之、傅增湘、吕碧城以及其他诸人士的共同努力下,女校于1904年11月正式成立,校址设在天津督署后,英敛之任总办,吕碧城任总教习,吕碧城的两位姐姐吕惠如、吕美荪,以及英敛之特地请来的毕业于上海务本女学堂的黄守渊等人担任教习。1904年11月7日,北洋女子公学正式举行开学庆典,《大公报》于开学次日对此次典礼作了较为具体的描述:"昨日午后两点钟,由总教习吕碧城女士率同女学生三十人行谒孔子礼",文中接着交代了主要的观礼嘉宾,有驻津日本领事馆的人员,有美国某夫人,此外大都是地方名流绅要。吕碧城作为主要创办者中唯一的女性,执掌总教习一职,由此揭开了她参与北洋女子公学教育事业的新篇章。

在北洋女子公学存在的8年时间里,吕碧城倾注了大量心血,由总教习而成为学校的总监督。在她执掌期间,公学由创建伊始的"规制科目尚多未备",发展到"众誉右然,生徒进步骎骎,由是来者日众"的良好状态。1907年吕碧城的妹妹昆秀也来津相助。1908年,北洋女子师范学堂又招完全科,学制4年。同年夏,公学迁入新址,学校更加渐具规模。同年,由傅增湘提名,吕碧城出任该校监督(即校长)。

1909年7月,公学的第一批师范生毕业了,共有10人。由此,吕碧城成为中国近代的第一位女校长,作为中国躬行女子教育事业的女性先驱者之一,后人称她为"北洋女界的哥伦布"。公学至民国成立后一度停办,后又改为河北女子师范学校,吕碧城也于1912年离职。

虽学校成功创办,但英敛之与吕碧城的友谊却出现了危机。应该说女学整个筹办过程的核心人物是英敛之,所有整体的规划、事态的掌控、各方面关系的平衡都由他一人担负着,始终处在各种矛盾的中心。他曾坦言"共事者又未必与我心心相印、息息相通,为不快者久之",在异常复杂的局势中,英敛之甚至曾一度考虑退出,后在傅增湘的竭力挽留下,才坚持下来。但他并未参加学校的开学典礼,并于之后不久选择了完全退出,这时的他是极度失望的。在心力交瘁的英敛之这个选择中,有一个重要原因就是因为吕碧城。英敛之在他1904年10

月24日记中云:"午后行李上搬。晡,惠如来,言傅润沅因予起身,述林吕青等意,欲将章程稍改,应如何处置,碧城候于方药雨处。予遣人接碧城来,碧云:'如伊等不认予为开办人及总教习,只有决裂不办。'予乃告以刻即登船,不能晤诸人辩论,只好候予由沪归,再作区处……"而吕碧城及其长姐,亦曾发生动摇。英敛之1904年8月1日曾在日记中记下"早,蕙如、碧城言刻欲南归事。予闻之颇出情理外,遂以偏锋语答之。伊等大为之感伤愤激。予亦深悔,彼等原不禁此等折到也"。从这两件事,可以看出在和吕碧城"初相见"的美好后,其个性上的一些缺陷渐渐显现。"决裂"一词尤其显示了吕碧城性格中执拗、决绝的一面,让人不得不重新认识这个刚刚在众人帮助下立足天津城的小姑娘。尤其是英敛之,他发现自己无微不至地照顾着的这个小女子,似乎并不像他想象中的温顺和婉,她有着太多自己的想法和欲望。1905年1月8日,英敛之日记首次明确记载了他对吕碧城的不满:"与碧城、梅生(碧城二姐)略谈学堂情形及办法。碧毫无定见,未尝出一决断语。"这是对吕碧城的失望。而1905年1月25日日记:"送碧城回学堂,路中略话。甚不合。"虽如此但英敛之还是于该年在天津刊行《吕氏三姊妹集》,收吕碧城词15首。到了1906年7月,英敛之对吕碧城印象更加恶劣了。有次因吕美荪(吕碧城二姐,字梅生)被电车所撞,英敛之到医院看望美荪,遇吕碧城,其日记记到:"觉其虚骄浅薄之状,甚可恶,遂即辞归。"之后的9月10日又云:"至医院,碧城在,觉其虚骄刻薄之态极可鄙,大不快,漠漠良久,遂出。"而此时的吕碧城因才恃骄,在京津二地"绛帷独拥人争羡,到处咸推吕碧城"的盛况中,渐渐不放一人在眼里,甚至对恩人英敛之也"不甚佩服"。吕碧城与英敛之矛盾最后激化的导火索是1908年10月1日《大公报》发表署名耐久的《师表有亏》一文,文曰:"女学虽要紧,那充当女学教习的人尤其要紧。不但学问要渊博,而且她品性尤其要端正。""我近来看着有几位当教习的,怎么打扮的那么妖艳呢,招摇过市,不东不西,那一种妖艳的样子,叫人看着不耐看"。篇末还劝说女教习:"快快改良吧,别给新学堵嘴啦。"吕碧城一读之下,立即感到此文有影射讽刺自己的意味,遂与英敛之决裂。英敛之1908年10月7日日记:"碧城因《大公报》白话登有《劝女教习不当妖艳招摇》,其中一段疑为讥彼,旋于津报登有驳文,强词夺理,极为可笑。数日后,复来信,洋洋千言分辩,予乃答书,亦千余言,此后遂不来馆。"对于这篇文章的刊出,英敛之是否知晓,或者是他有所授意,此已不得而知。然而如果反过来想,当年对吕碧城颇有微辞的英敛之,如果拿到这样一篇文章,谁又能说他不会有刊出的冲动?如果说两个人的相遇靠的是缘分,那么这之后的相处,靠的不单是缘分那么简单了。吕碧城与英敛之的疏离,其原因已无法深究。思想上的独立于一个女人是好是坏？只能说这是一把双刃剑。碧城无法控制自己的思想，她的见识已远远超过周围的人。如果说初衷，那么两人是一致的，但如今当碰到具体需解决的事情，尤其是两人的看法不一致时，碧城的执拗与倔强便凸显出来。1940年她58岁时，曾写过一首《鹊踏枝》纪念弘一大师李叔同。

  冰雪聪明珠朗耀，慧是奇哀，哀慧原同调。绮障尽头菩萨道，才人终曳缁衣老。
  极目阴霾昏八表。寸寸泥犁，都画心头稿。忍说乘风归去好，繁红划地凭谁扫。

这是对弘一大师的叹息，又何尝不是对自己刻骨的反思。

容与不容，贯穿了民国才女吕碧城的一生。才高貌美本身就限定了一个"容"字，一方面是她是否能容下周围其他的人，另一方面则是其他人是否能容下她。可惜她是在生命的后半期才意识到这一点。人到中年一切都渐渐看淡，美与丑、善与恶本来就相依相存，无美何来丑，善恶也往往相对而言。非此即彼的鲜明、强烈在这时渐渐褪去，迎来的是与少时一样的那个依旧美好的世界。

风吹来，一切都那样自然，一切也应该那样自然……当初的心高气傲，突然就成为记忆中那朵美丽的白玉兰。这也是碧城在苦苦追寻后最终皈依佛教的原因，坐在江边，吕碧城明白了玉兰花是什么。

三、涉世渐深——短暂的从政、从商生涯

借助《大公报》和北洋女子公学，吕碧城成为当时的风云人物，其女子的身份更让她显出特别的之处。她结交了大批当时社会名流，如袁世凯、严复、袁寒云、李经义（李鸿章之子）、费树蔚、易顺鼎、徐蔚如等。1912年，北洋女子公学停办，3月，袁世凯当选中华民国临时大总统，经袁寒云推荐，加之袁世凯本来就十分赏识她的才学，于是任命她为总统府机要秘书。从此，她自由出入于总统府，周旋于权贵之间，成为当时中国女子任此高职的第一人。吕碧城雄心勃勃，欲展抱负，这时的吕碧城曾对袁世凯抱着极大的期望，她曾写过一首《民国建元喜赋一律和寒云青岛见寄原韵》：

> 莫问他乡与故乡,逢春佳兴总悠扬。
> 金瓯永奠开天府,沧海横飞破大荒。
> 雨足万花争蓓蕾,烟消一鹗自回翔。
> 新诗满载东溟去,指点云帆尚在望。

她期盼着袁世凯能对中国进行大刀阔斧的改革。但随着对社会的了解,以及涉世后几番磨炼,吕碧城慢慢地成熟起来了,处事已不像之前那么单纯和任性。从1912年到1915年的3年中,她并未过深地陷入政坛,而是来往于天津和上海之间。这时,她已不是原先那个无助的少女,她已完全自立。在袁世凯处挂职外,她利用广阔的人脉,在上海与外商做起了生意,并"获利颇丰",经济上也走向了自立,已完全有余力供奉母亲。这个阶段她常和母亲一起生活,成为父亲去世后母女团聚并生活得较为舒心的一段时间。1913年,吕碧城的母亲在她身边安然去世,碧城将母亲葬在静安寺第六泉的墓地。这时碧城已30岁,却还没有自己感情的归属,虽然身边倾慕者不少,但都不能让她动心。

1915年袁世凯签订"二十一条",碧城作了一阕《浪淘沙》:

> 百二莽秦关,丽堞回旋,夕阳红处尽堪怜。素手先鞭何处着?如此山川。
>
> 花月自娟娟,帘底灯边。春痕如梦梦如烟。往返人天何所住?如此华年。

"素手先鞭何处着?如此江山"是词人内心的无奈和悲凉。袁世凯从前的赏识帮助,使她心存感恩,但如今时过境迁,她只感到深深的失望。

袁世凯称帝前,碧城选择了离开。辞职后,她定居上海,继续她的商业活动。在十里洋场,她再次大放异彩,将自己的优势发挥到了极致。她以家乡的茶叶为主营对象,依托自己在天津创下的名声,加之又通晓英、法、意语言。可以说她在大上海这个逐利场中如鱼得水。随着她在商界的成功,在上海社交界她也独领风骚,不同于陆小曼、唐瑛等名媛,碧城以独立自主的姿态行走在上海的花花世界。因独立而与众不同,相对社交圈中其他女性,碧城更多一些不羁的作风,没有父母家庭的约束,有的是绝对的自由,然而在这自由的背后又有多少人能体会她内心的孤寂和无助呢。她迅速转型为一名成功的女商人。1918年,30出头的她以学者身份赴美国哥伦比亚大学进修,欢迎她的却是美国商团,她成为美国商界当年的女明星,引起轰动,美国上层名流争相与她交往。

1914年,碧城在朱少屏介绍下加入了南社,入社号418。至她1918年出国前,她参加过3次南社的雅集,分别是1914年10月10日南社在上海愚园举行第11次雅集、同年南社在上海徐园举行临时雅集、1917年4月15日南社在上海徐园举行第16次雅集。南社社刊《南社丛刻》里收有她的诗10首、词13阕。南社创办人之一柳亚子常不轻誉人,但对碧城之才却有赞誉:"足以担当女诗人而无愧。"她与南社诸位社友均有诗词唱和,交游往来,如《玉京谣·〈红树室时贤画集〉为陆丹林题》《念奴娇·为刘豁公题〈戏剧大观〉》《祝英台近·为余十眉君题〈神伤集〉》,等等,皆是与南社词友相唱答的作品。

碧城的长姐惠如、二姐美荪也俱工诗词,人称"淮南三吕,天下知名"。而其实她妹妹贤满也善词,谁也没料到四姐妹中小妹最早离开人世,1914年12月13日,年仅27岁的吕贤满在厦门大学去世,两年中分别丧母丧妹,这无疑给碧城心里带来巨大震动。

吕碧城虽友朋众多,但能真正和她心灵交流的很少,更不要说能给她带来心灵支撑。1916年,吕碧城结识了民国道学大师陈撄宁,开始寻求宗教寄托。陈撄宁,安徽怀宁人,清末秀才,曾入安徽高等法政学校就读。后走遍名山大川拜访高僧羽客,最终在上海方斜路的白云观修行,用3年披阅明刊《道藏》。曾任中国道教协会会长。平生道学论文、随笔诸多,如《黄庭经讲义》《灵原大道歌白话注解》《长春真人秘传》《大丹直指》等,其中《孙不二女丹功次第诗注》与《女丹十则论》即应吕碧城之邀而撰成。吕碧城在家愁国难的双重打击下,她对人生的思考开始变得迷茫,在现实中看不到希望,没有可依傍的精神支柱,她只能向玄学进行探求。然而,道学并没有真正平复她孤寂的心,尽管陈撄宁对她抱有极大的希望,并为此煞费苦心,但她最终还是未学仙,在多年后,皈依了佛教。

四、去国远游——欧美游学

母亲去世后,碧城的感情一直处于漂泊状态。同时,国内的形势纷乱,令人不能安心,亲近宗教也无法让她找到寄托。迷茫中,吕碧城于1918年产生了出国的想法,但由于突染时疫一病不起,不得不放弃留学的打算,而流连于北京、上海、香港,一边养病,一边与友朋诗酒唱和。直到1920年9月,吕碧城才再次预备赴美,临行时樊增祥、费树蔚、李经义赋诗送别。9月26日,碧城第一次跨越太平洋,她感慨万千,写下《秋渡太平洋观太阳升自朝霞映海水成五色乔皇矜丽不可名状诗以志之》：

> 霞彩缤纷遍海天，尽回秋气作春妍。
> 娲皇破晓严妆出，特展翚衣照大千。

吕碧城到美国后，进入哥伦比亚大学攻读美术，同时进修英语。因为她的大名早就为美国商界熟知与认可，她一到达美国就由美国商会代表献上了巨束鲜花。她在纽约的世界最大之潘斯乐维尼旅馆一住就是半年之久，当地的名媛贵妇如席帕尔德、国会议员塔末班夫人等争相与她交往。一天，在纽约被尊称为"第二个上帝"的女富豪席帕尔德夫人宴请吕碧城。赴宴前，有人善意提醒吕碧城要怎样怎样才能迎合对方。吕碧城笑道你知道么，我比席帕尔德夫人还要富呢。然而，一个人在国外终究是孤独的，吕碧城曾大病一场，病中情形在《纽约病中七日记》述及。

1922年4月，吕碧城由加拿大归国。归国后，从1922年上半年到1926年下半年，吕碧城寓居上海，寓所在上海最热闹的南京路。她钟情于西方的生活方式，过着挥金如土的生活。不仅住着洋房别墅，还雇有两名印度籍仆役。她常穿露背的晚礼服，频频出入歌舞场所跳交际舞，出入汽车代步，可谓"开上海摩登风气之先"。此间，她还曾有过在上海开办舞蹈学校的想法。吕碧城在上海的这4年中，依旧笔耕不辍，分别撰写《病中七日记》《横滨梦影录》《苏亭记游》《苏亭旅行答韦斋再叠前韵》《小游仙》等诗文，并翻译有《美利坚建国史纲》，出版有诗集《信芳集》3卷。除写作，她还常和费树蔚、徐子嘉、金松岑等人往来交游。在吴江，他们或泛舟江南的水上，或小憩杨柳岸边，吟诗、喝酒、长谈，如神仙般自在。

人生总有不如意，1926年7月，她的长姐惠如早逝于南京，这世上的亲人就只剩二姐美荪一人，而姐妹两人却处在冷战中。二人的失和至今仍然是个谜，也有说是因美荪干涉碧城婚姻太多，以至个性极强的碧城说出"予之诸事亦永不许彼干涉"；而另一种说法是因为二人性格不合，一个温和简朴，一个张扬奢华，对生活及朋友态度也完全相反，以至于后来英敛之对美荪赞美有加，对碧城却由热变冷了。姐妹俩一直到20世纪40年代，碧城皈依佛教后，在澄切居士的调解下，两人方得不计前嫌，书信往来。

也许是为排遣孤寂，碧城在申城的住宅内养了一只小狗杏儿，并对小狗倾注了极深的情感。为这只小狗她曾与洋人打官司，只因小狗被洋人的车辗伤。然而，她的行为却成为一些无聊人士的谈资，甚至被一些文人当作写点卖文。

民国小报文人平襟亚曾写了一篇题为《李红郊与犬》的小说,发表在上海《开心报》上,李红郊的名字与吕碧城相对,因而明眼人一眼就能看出这是在影射谁。吕碧城当然十分伤心,于是她将平襟亚告上法庭,而平襟亚自知理亏,吓得躲了起来。吕碧城不依不饶,以自己收藏的慈禧太后亲笔画悬赏缉拿平襟亚,逼得平襟亚只好请了名人求情调解。后吕碧城将这只被千般宠爱的小狗寄养在友人处,不幸狗儿因病死去,吕碧城伤心之余,为杏儿作了一首七绝,并附有引言:

  小犬杏儿,燕产也,金发被体,状颇可爱,余去沪时赠诸尺五楼主,昨得来书,谓因病物化,已瘗之荒郊,为怅惘累日,赋此答之:
    依依常傍画裙旁,灯影衣香忆小窗。
    愁绝江南旧词客,一犁花雨葬仙庞。

  1926年秋,吕碧城再度出国,9月21日恰逢传统佳节中秋,吕碧城却只身漂泊在太平洋上,她忽然想起,4年前她第一次出游欧美,也恰逢中秋,于是感赋七绝一首《两渡太平洋皆逢中秋》:

    不许微云滓太空,万流澎湃拥蟾宫。
    人天精契分明证,碧海青天又一逢。

  这次吕碧城在欧美各国漫游共有7年。几年中,她分别游览了美国、法国、瑞士、意大利、奥地利、德国、英国等国,遍游米兰、佛罗伦萨、罗马、日内瓦、那不勒斯、柏林、维也纳等著名城市,流连于好莱坞、美国大峡谷、罗曼、斗兽场、圣彼得大教堂、阿尔卑斯山、维苏威火山、庞贝古城、埃菲尔铁塔、卢浮宫、凡尔赛宫、拿破仑与约瑟芬故居、大英博物馆、水晶宫、圣斯泰芬教堂、日内瓦湖等著名历史自然景点。吕碧城游览的同时根据游历撰写系列散文,后结集为《欧美漫游录》,此书又名《鸿雪因缘》,曾在沪上报纸连载。在前言里,她说:"予此行只身重洋,翛然遐往,自亚而美而欧,计时周岁,绕地球一匝。见闻所及,爰为此记。自志鸿雪之因缘,兼为国人之向导,不仅茶余酒后消遣已也。"书中文章全用文言写成,游记极为精彩,不时还夹杂有诗词于文中,这些诗作以外国名词入我国古诗词,极具特色,也成为吕碧城诗词个人风格之一特点。其中较为有名的有《日内瓦湖短歌》《江城梅花引(搴霞扶梦下苍穹)》等等。

多年的在海外游历，吕碧城的内心处在远离尘嚣的安宁和强烈的漂泊感之间，她既感到精神的自由、隐居的悠闲，但也时常感到孤独无定，这在她诗句中常有慨叹："寒乌绕树，哀蝉啼叶，飘零身世同我汝""仙居占断湖角。未信俊游堪恋，风怀倦羁客"。

1929年5月，吕碧城作为唯一一位被邀请的中国人出席了在维也纳召开的"万国保护动物大会"。她盛装出席，"戴珠抹额，着拼金孔雀晚妆大衣"，用流利的英文发表演讲，阐述戒杀主张，她从此投身于护生运动。她的演讲在欧美引起巨大的轰动。次日，《达泰格报（Der Tag）》评价这次大会："会中最有兴味、耸人视听之事为中国吕女士之现身讲台，其所着之中国绣服斋皇矜丽，尤为群众目光集注之点。"会后，许多国家竞相邀请吕碧城演讲。

五、皈依三宝——倡导护生

1930年，献身护生事业的吕碧城在瑞士日内瓦正式皈依佛教，成为在家居士，法号宝莲，法名曼智，从此专心佛教的翻译工作和诗词创作。在此之前，1928年12月25日，她赴美国宴后，便开始茹素断荤。1928年12月，她曾作《致伦敦禁止虐待牲畜会函》，其中提出了"应劝导人类完全停止杀害物类"的主张。吕碧城的皈依其实最早可以溯源到1920年，当时碧城在北平曾与谛闲法师谈论禅理，给了她很大的触动。而10年之后，她最终选择佛教安顿自己。她在《吕碧城在维也纳之演说》中说过："吾国保护动物之道……而成于三种源流。（一）佛教；（二）孔教；（三）古代法制。佛教之旨，严禁一切屠杀。孔教则示节制，不得残忍滥杀，有'见其生不忍见其死，闻其声不忍食其肉'之说。"由此可以看出，她对佛教中之禁止杀生之推崇。此外，她曾为美国柯省通过"保护羽族之法律"欢呼，她作诗"愿手挽天河，圆舆净涤，终古雪斯耻。"1930年，47岁的吕碧城已步入中年，而无论国内、国外她均无法找到一个可以真正能安放灵魂的地方，是她的个性所致，更是她早年坎坷的经历留给她的终生伤痛，孤独是她一辈子未能摆脱的阴影："锁羁愁、十里清湘。着个诗人孤似雁，云黯淡，水微茫"；"醒无聊，睡无聊，闲倚江楼撅玉箫，红灯影自摇"，所有一切的心思她都只能在诗中略抒一二。她临终前曾劝龙榆生学佛，说出了肺腑之言，"世间事皆如梦如幻，本无真实，最要者为看破世界，早求脱离，即学佛是也。请试行之，必觉怡然别有天地"；"佛教之平等观，即是无国家种族、恩怨亲仇之分别，处于超然之地，不得以世情绳之"。字里行间皆可看出她是将参佛视为了破除孤寂的良方。

皈依佛教后，她搜集了各国佛学、素食、动物保护等方面的资料，编译成《欧美之光》一书，并编辑翻译了中英文对照的《法华经·普门品》。吕碧城最初是以探究学理的态度来学佛的，她说："亦犹儒家博学审问，慎思明辨，而后方能笃行。"她曾以信函的方式向常惺法师请教，罗列了十大问题，体现她在佛学上也同样善于独立思考。

1933 年冬，吕碧城归国，她撰写《观无量寿佛经释论》等佛学著作。"七七"事变后，抗战爆发，国内无安宁之地。1938 年，吕碧城第三次出国到瑞士，谁知次年第二次世界大战爆发，吕碧城不得不由瑞士返回香港。随着 1941 年太平洋战争爆发，日军占领香港，她一心念佛诵典，不再过问世事。1943 年 1 月 23 日上午 8 时，61 岁的吕碧城病逝于香港东莲觉苑。去世前将其全部财产 20 余万港元布施于香港佛寺。按其遗嘱，遗体火化后，骨灰和入面粉做成小丸，抛到海中，供鱼吞食。

六、交往皆名流

在吕碧城的一生中，除去英敛之和自己的姐妹，以及她与秋瑾的短暂交往，与她相交较深的似乎都是异性，如樊增祥、严复、袁寒云、费树蔚等，这些人都是那么优秀，然而却都和她有缘无分。

樊增祥，字嘉父，号云门，一号樊山，晚称天琴老人，光绪丁丑科进士，曾任陕西、江宁布政使，与易顺鼎同为晚唐诗派的代表人物。碧城二姐吕美荪曾在《葂丽园随笔》中回忆道："时余女兄弟三人皆糊口于千里之外，母妹寄居外家，复为恶戚所厄，惨无生路，俱各饮鸩自尽，幸为邑令灌救得活，而伯姊复泣求于江宁藩司樊樊山年伯，乃荷樊公星夜飞檄邻省，隔江遣护勇来迎。此恩此德，没齿泣感不忘也。"这在吕碧城姐妹确是应永远铭记的恩德。此后，吕碧城始终对樊增祥极为敬重。而吕碧城自幼时起亦为樊增祥所推重，吕碧城回忆："年时十五六，偶有所作，为樊樊山、易实甫诸前辈所见，极称誉之。"吕碧城在《大公报》一举成名后，樊增祥甚感欣慰，常以诗词相赠和，如"聪明天赋与娉婷，记取前生琯朗星""香茗风流鲍令晖，百年人事称心稀"等等。1918 年，吕碧城第一部诗词选集《信芳集》出版，也受到了樊增祥的大力推崇，他不仅赋词《金缕曲》以表赞叹，甚至逐首予以点评，溢美之词盈于笔端，如"南唐二主之遗""松于梅溪，细于龙洲""陈君衡所不能到""清深苍秀，不减樊榭山房"等等。1920 年 9 月，吕碧城赴美之前，樊增祥赋词《鹧鸪天》送别：

缥缈飞楼现碧城,又玄集比极玄清。盘中珠转光难定,卷里香多蠹不成。

丝宛转,玉珑玲,紫箫能学凤凰鸣。只怜蕙子英灵手,独抱璇玑海外行。

在他致吕碧城的一则手书中,更表达了这位前辈对这名孤独女子的深切理解:"巾帼英雄,如天马行空,即论十许年来,以一弱女子自立于社会,手散万金而不措意,笔扫千人而不自矜,乃老人所深钦佩者。"

吕碧城人生中另一位良师益友——严复,是经英敛之介绍认识的。严复是近代中国著名的思想家、文学家、翻译家,同时亦是妇女解放的最早倡导者之一。他早在《原强》一文中就对封建社会中危害妇女的种种陋习诸如缠足、守节、早婚、多妻制等进行了深刻批判,他也是早期提倡女学的坚定支持者之一,曾为创办女学大力奔走。1907年,严复在赴京入学部就任留学生主考官的途中,道经天津,造访吕碧城。观念的相同使二人相互欣赏,不久严复就为吕碧城所著《女子教育会章程》撰序。1908年,严复到天津任北洋新政顾问官,应吕碧城的要求为其讲授名学。在严复的日记中,很详细地记载了当时的情况,如"八月十六日始译《名学启蒙》""八月十八日到女子公学,以名学讲授碧城""十月二十日译名学完"。严复曾在该讲义上写下"明因读本"4字,吕碧城因此改字为"明因"。严复的学识,在很大程度上开阔了吕碧城的思想与眼界。而严复对吕碧城的评价也极高,在致甥女何纫兰的信中他赞碧城"高雅率真,明达可爱""柔婉服善""极喜学问,尤爱笔墨""年纪虽少,见解却高"。同时,对于吕碧城内心深处的苦闷、处境的不堪,严复也深为理解,"想她当日出而演说之时,总有一二回说到高兴处,遂为守旧人所深嫉也。可怜可怜!""即于女界,每出为好友,后为仇敌,此缘其得名大盛,占人面子之故。往往起先议论,听者大以为然,后来反目,则云碧城常作如此不经议论,以诟病之。其处世之苦如此"。对吕碧城的婚姻,严复亦极为关心,他曾劝吕碧城"不必用功,早觅佳对"。1909年3月13日,在日记中写道:"下午,碧城来视,谈极久。此儿不嫁,恐不寿也。"这年秋天,日本公使胡惟德断弦,"颇属意碧城,托直隶提学傅增湘议婚,遭碧城拒绝。后虽经母姐相劝,然亦无意,遂罢"。可惜吕碧城最终也未能令这位长者释怀。

1911年,吕碧城被袁世凯聘为公府咨议,结识了袁公子寒云。袁寒云,名克文,字寒云、豹岑,笔名寒云子、寒云主人、抱存,袁世凯次子,擅诗词,工书法,富收藏,有名士气。与易顺鼎、何震彝、闵尔昌、步章五、梁鸿志、黄秋岳、罗瘿公结吟社于所居南海流水音,时人称之为"寒庐七子"。吕碧城与他们多有往来,并赋诗词相赠和，如：

寒庐茗画图为袁寒云题

搴芙擘芷下芳洲，谁控文狸续俊游？
莽莽林峦寄幽躅，滔滔江汉见清流。
丹表倪米开新画，词赋邹枚集胜俦。
冷眼人间空黼绣，寒云深处自夷犹。

然而，进入袁氏幕府不久吕碧城就看透了官场的黑暗和丑恶，1915年筹安会成立之始，吕碧城毅然离去。但她与袁寒云之间的交往始终维持着，并成为文苑词坛的佳话。他们保持了很长时间的唱和往来，袁公子虽小碧城6岁，但这对才子才女还是被大家视为红尘中美丽的相遇。碧城对于袁寒云有着自己的认识，她曾评价袁寒云："属公子哥，只许在欢场中偎红依翠耳。"

在吕碧城的一生中，能欣赏并真正理解包容她并为她接受的人并不多，费树蔚便是碧城一生的挚友。应该说遇见费树蔚是碧城此生的一大幸运。吕碧城和费树蔚的相识，最初是在袁寒云的诗会上。费树蔚，字仲深，号韦斋，又号愿梨、左梨、左癖、迂琐，柳亚子表舅。费树蔚自幼有经世之志，读书过目不忘，人称神童，后被湖南巡抚吴大澂看中，将季女吴本静嫁给了他，因而他与袁世凯长子袁克定成为姻亲，但他却与袁家二公子袁寒云感情更为亲厚。1915年7月，费树蔚入北京政府肃政史。袁世凯僭号称帝后，费树蔚曾直言劝谏，却终究未被采纳，于是他和吕碧城一样拂袖而去。他回到家乡吴江，隐居苏州，与章太炎、金松岑、张仲仁等人诗文往来，从此远离纷争，闲适而悠然。吕碧城曾多次偕友来苏州与费树蔚闲游于江南的青山秀水间，邓蔚、虎丘、灵岩、天平、石湖诸地都留下了他们的浅吟低唱。费树蔚有《杭游杂诗用吴梅村集中诗韵》五古长诗4首对出游景况记之甚详，吕碧城亦有《喜迁莺·游浙境诸山》《浣溪沙》《临江仙·钱塘观潮》《百字令·登莫干山，夜黑风狂，清寒砭骨，率成此调》等词作。1918年，吕碧城赴美前夕，忽染重病且久医不愈，她致书费树蔚，其中附诗《崇孝寺探牡丹已谢》：

才自花城卸冕回，零金剩粉委苍苔。
未因梵土湮奇艳，坐惜芳丛老霸才。
却为来迟情更挚，不关春去意原哀。
长安惯见浮云变，又为残红赋劫灰。

自叹命运多蹇,信中吕碧城甚至留下遗愿:"果不久物化者,拟葬邓尉,购广地于湖山胜处,碑镌客春《探梅十首》于上,植红绿梅多本,使常得文人酹酒吟吊吾魂,慰矣!"可见她对费树蔚之信任及感情上的依靠。接函后,费树蔚以诗慰之。费树蔚是吕碧城终生的知音,二人诗书往来十分频繁。1920 年 6 月,赴美前吕碧城偕女友赴苏州访费树蔚,此去不知命运之神如何安排,碧城把此当作与这位挚友的又一次生死之别,费树蔚亦赋诗送别:"送子为天河浣纱之行,赠子以阳关咽笛之声。"1925 年,吕碧城归国,与京口沈月华女士赴苏州探访费树蔚,费树蔚在庞氏鹤园宴请吕碧城,邀吴中名士徐子嘉、金松岑一同放舟吴江,碧城难得雅兴唱"西曲"助兴,临去表达欲再赴美并不再回来之意。果然,第二年,吕碧城再度离国赴美,费树蔚再赠诗以送:"谢题襟旧侣,玉珰缄札,赋情犹在。"在国外的 7 年中,吕碧城依旧与费树蔚书信不断。1929 年,费树蔚受碧城所托,为其校阅出版了《吕碧城集》,书中有一段费树蔚与吕碧城交往的回顾:

予识吕君碧城垂二十年,爱之重之,非徒以其文采票姚也。其人自守洁,见地超于人,忠恕绝去拘阕,而不为诞嫚。世或以偏宕豪奢少之,殊未思君身世难屯,中情激发,非其本色也。亦或妄人轻肆,蛾眉嫉妒,采兰感悦,造作话言,守礼谨严,何须户晓。遨游南北,登涉山河,买山结邻,见辄相约,乐郊奚适,四顾茫然。

这段话足以说明一切,"燕雀安知鸿鹄志",也许只有和碧城有着相同精神高度的人才能真正理解她,可叹的是二人在精神上相知,在现实中却不能相守。正如费树蔚的诗句"依约前游似梦,飘零旧侣如云"。1936 年,吕碧城重游南京等地,并准备顺道访问费树蔚,然而"途人以讣告,遂怅然回车",她哀伤至极,赋词哀悼这位相交了一生的知音:

十载重来,黯前游如梦,恍然辽鹤。凄入夕阳,依稀那时池阁。人间换劫秋风,催簧谱金荃零落。忆分题步韵,惊才犹昨。
横海锦书绝,袅山阳怨笛,旧情能说。甚驿使,传雁讯,蓦逢南陌。长思挂剑延陵,倘素心、逝川容托。凝默。啸寒岩,万楸苍飒。

吕碧城深切表达了对人世沧桑的感慨以及对故人无限地怀念。

吕碧城去世前20天，曾梦中得诗，这首诗也成了她的绝命诗：

护首探花亦可哀，平身功绩忍重埋。
匆匆说法谈经后，我到人间只此回。

从中可以看出，在生命的最后，她已了无牵挂，放下了那颗曾经不羁的心。在清末民初的历史舞台上，她为后人留下了一道永恒的光芒。

陆繁霜的爱情传奇
——揭秘姑奶奶陆繁霜尘封百年的恋情

陆贞雄

陆繁霜是柳亚子1906年时的热恋情人;又是马君武1907年时的红粉知己;也是刘季平1906—1910年时的心仪偶像。

陆士谔

陆繁霜

陆繁霜何许人也？

我的姑奶奶陆繁霜(1883.11—1957.12)名守民,字恢权,号灵素,又号繁霜,上海青浦朱家角镇(又名珠溪镇)人。查阅《云间珠溪陆氏谱牒》可知陆繁霜的第58世祖可追溯到西晋时的陆逊。崇文重教的江南文化名邦——常熟,该市历代状元辈出,而第一位状元唐代的陆器正是她的先祖。明代礼部尚书、万历皇帝老师、被张居正誉为"朝廷行相"的陆树声是陆繁霜的第11世祖。清末民初最多产的小说家、民国年间蜚声沪上的"上海十大名医"(著有各类小说150余部和各类医著40余部)、百年世博梦的预言者、笔者的祖父陆士谔(名守先)是她的长兄;她的二兄陆守经,号达权,留美博士,历任欧美同学会主席、江苏及上海的审判厅厅长、淞沪护军使秘书长等职。

陆繁霜是南社杰出的爱国女诗人、端庄秀丽的豪侠才女。受家庭熏陶,繁霜喜吟咏、善俚曲,雅擅词章。

1903年,20岁的陆繁霜即作《题法国革命史》七绝一首:

玛琍罗兰苦系思,
左方才上最英奇。
蛟龙未得天池水,
我亦人间革命儿。

该诗抒发了陆繁霜仰慕法国大革命第一女杰罗兰夫人的壮志豪情,玛琍罗兰为推翻君主封建统治,献出了光荣而短暂的一生。"蛟龙未得天池水,我亦人间革命儿"表露了繁霜渴盼革命浪潮到来的心情,此时,她也要像花木兰那样,当一位"革命儿"。

1905年,中国人民抵制美国华工禁约运动风起云涌。在上海的"反对美国华工禁约大会"上,22岁的陆繁霜不惧生命安危,毅然登台演讲,为捍卫在美华工的人权慷慨陈词!

1906年陆繁霜赴安徽芜湖皖江女学,与陈独秀、苏曼殊同执教鞭、共倡光复。

1907年6月陆繁霜等创办革命进步团体"女子复权会",旨在推翻清廷统治、争取女权,并创办该会机关报《天义报》。为此,她还去了日本东京的《天义报》总部,商谈重大译作出版事宜。陆繁霜在该报发表了不少文章,如:《论女子受制之原因》署名守民,刊第一卷;《平权论》署名恢权,刊第二卷;《女子军歌》署名恢权,刊第三卷等。

诚然,陆繁霜的清丽秀美、才华横溢和革命志向,都是吸引优秀男士的主因。

亚 子 与 繁 霜

陆繁霜出身于名门望族,但到繁霜祖父稼夫公的时候,陆氏家产几乎尽毁于兵燹,家道开始中落。繁霜的父母为了摆脱困境就为幼年的繁霜找了同里一富裕人家的公子,并为他俩定了亲。这原本是件好事,但不料该"富二代"不仅好吃懒做,还染上了"毒瘾",把家产荡尽。无赖扬言:若要退婚,非得以巨额资金赔偿,否则就上门抢亲。由于陆家已败落,无力赔偿,陆繁霜只能避走城东女学就读,连家也不敢回。

柳亚子在桂林时撰写了自传《五十七年》,文中写道:"我在'健行'时,遇到了一位L女士,我便成为爱情的俘虏了";"我那个不设防的城市,快要被她攻破了"。1906年柳亚子19岁,陆繁霜23岁。由于是男女私情,不便张扬,柳亚子在自传里采用隐蔽、障眼的写法,如"L女士出生于云间的世家",由于没有写青浦珠溪(青浦原属松江即"云间"),也没明示姓甚名谁,因而给后来的研究者带来不少阻力。

柳亚子在刚创立的健行公学任教,陆繁霜在城东女学就读。按理他俩是碰不到一起的,但凑巧的是柳亚子的大表姐也在城东女学就读,她与繁霜情同手足。大表姐是亚子姨丈的长女,姓徐。她经常带繁霜到位于西门小菜场宁康里的健行,看望这位国文老师柳亚子,好在两校不远,一来二往,柳、陆就擦出了爱情火花。学校放暑假了,柳亚子回家乡黎里,繁霜有家难回,便随大表姐一起回黎里,并住大表姐那儿。柳亚子喜欢音乐,陆繁霜正巧弹得一手好风琴。自传中说:"我要她做我的老师,便天天到大表姐那儿去。"

由于柳亚子早已与吴江盛泽的郑家三小姐郑佩宜(郑瑛)订婚,而且婚期就定在九月初二。因此柳、陆情窦初开时,柳亚子就明确表态"NO"。但柳亚子在《五十七年》中写道:"人本来是感情的动物,到了这个时候,又哪能真个漠然无动于衷呢?"陆繁霜当时的攻势也十分凌厉,柳在文中写道:"暑假将要完结,表姐给我一信,说她的意思,非和我结婚不行,否则她会'为郎憔悴'而死去的。"陆繁霜还表示"明知使君有妇,即为外室,亦所不辞"。为此柳亚子心里十分纠结,"几夜失眠",既考虑到要"提倡女权",不能让繁霜当二房;又考虑到唯有繁霜能志愿追随自己献身革命。加上健行公学创建人之一、肝胆相照的好友陈陶遗的力挺,陈陶遗对柳亚子说:作为同盟会会员,投身革命,当然得有牺牲的准备,L女士原本赞成革命,万一日后遭遇不测,断头台上携手同归,也算人生一乐!柳亚子于是决心已下,便写了一封长长的退婚信,特地加了双挂号寄给从未谋面的郑佩宜(但郑佩宜却见到过他一次),草稿则留给了繁霜。

信发出后,"风潮便扩大起来了"——自传中如是说,郑式如(名慈谷,佩宜之父)收到信后并未给女儿看,后来父母都知道了,"家庭中便鼎沸起来""父亲要和我断绝父子关系,信封上写'亚卢先生收',把柳字给取消了",我仍"坚持到底、决不屈服,这时候,经济方面的接济,当然是断绝了。但也难不倒我,没有钱,就向朋友借"。母亲费漱芳知道此事是徐姨丈一家搞出来的,就要"和徐姨丈拼命",并逼着大表姐带大姑妈柳兰瑛去松隐,把躲在陈陶遗老家的我,"弄回上海"(当时借口两江总督端方要抓我,大家也都相信)。由此看来,要说柳亚子与繁霜爱得死去活来也并不为过。

柳亚子的大姑妈、大表姐和陆繁霜一行赶到松隐,大表姐就"带哭带喊地说,你还是快回上海去,救救我们一家人吧",大姑妈还把陈陶遗整得要死。柳亚子的《五十七年》回忆:大姑妈柳兰瑛对我说,此事关系着3个人的性命,你的未婚妻佩宜是位一切好胜、内心很强烈的一个人。这封长信是瞒着她的,要是知道了,便什么事情都做得出来,她一知道,小性命就立刻会断送呢!她是祖母的宝贝,她死了,祖母不会活的。而你未来的泰山,又是一个孝子,母亲因意外变故而死了,他还能独生在世上么?

柳亚子的大姑妈柳兰瑛,又称凌夫人,嫁凌恕甫;二姑妈叫柳玉瑛,嫁蔡寅。2016年11月我与蔡寅孙女蔡约莛,在姑苏召开的首届中国南社与辛亥革命后裔大会期间相遇,谈及柳、陆相恋之事,都不胜唏嘘。

陆繁霜为避免事态恶化,决意离沪实施第二次逃婚,正巧好友陈独秀从安徽芜湖发来热情的邀请,繁霜与大表姐便一起启程,柳亚子则到船码头依依送别。陆繁霜来到芜湖皖江女学后与陈独秀、苏曼殊等在该校同执教鞭、共倡光复。陆繁霜与陈独秀也算是老相识了,在沪时,繁霜常住在《新青年》杂志编辑部嵩山路吉益里21号陈独秀家,她与陈妻高君曼是无话不谈的好姐妹,经常促膝长谈、通宵达旦。

陆繁霜到皖江女学后,工于心计的大姑妈柳兰瑛也接踵而至,在那里,她俩焚香而拜,大姑妈当了繁霜的"寄母",而繁霜则成了大姑妈的"义女"。确立了"母女"关系后,柳亚子与繁霜的关系也随即成了"兄妹",既是"兄妹"便不能成亲。此事让柳亚子终生难忘。

柳亚子撰写自传时,虽已时隔近40年,但当年他与繁霜说的每句话,家属中那么多人的每个细节都能详细地回忆起来,要是柳、陆之恋不是刻骨铭心的话,是决然整理不出如此翔实的文字资料的。

1950年10月柳亚子夫妇抵沪,遍请宾朋,独缺繁霜。柳亚子便作《忍将》一诗赠诗坛才女林北丽,其中有两句为:"五载新恩林北丽,卅年旧恋陆繁霜。"从1906年至1950年,实际44年,故"卅"并非实数。

《忍将》一诗是柳亚子的情爱诗,诗中涉及的人有林北丽、陆繁霜及李郎林应同,"卅年旧恋陆繁霜"一句更是柳亚子第一次将旧恋的时间、恋人的姓名公开明示出来,抑或是专程来沪却未见繁霜踪影,让他伤怀,也许是这种激奋,使他的笔端直泻出埋藏心底40余年的儿女私密。1950年陆繁霜还健在,而且住处也没变,肯定是能够收到邀请函的,但是她却没有赴约。或许她想把当年的爱深深地埋在心底,或许她是真心地爱着柳亚子,不想搅扰亚子安宁、幸福的家,更不想刺痛随行在柳亚子身旁的郑佩宜。

君武与繁霜

马君武(1881—1940)是广西桂林人,1905年中国同盟会成立,24岁的马君武成为首批盟员,参加起草同盟会章程,被选为执行部书记长,并担任广西主盟。马君武是南社著名诗人,1906年来到上海创办中国公学,1907年初任教上海城东女校,巧遇刚从安徽芜湖回沪的陆繁霜。

陆繁霜的安徽之行,一方面在芜湖皖江女学教书,另一方面为避柳、陆婚恋风波;此时看看外边风声渐消,她就回到了上海城东女学。

城东女学位于上海南市小东门花衣街竹行弄,因地处上海老城隍庙的东面故名。1902年由杨白民创办。黄炎培、朱少屏、李叔同、马君武、柳亚子、刘季平、陆守经、胡朴安等著名大师,均曾为城东女校的教员,师资极强,现在看来这些大师也都是国宝级的。该校各学科成绩卓然,占上海诸多女学的第一位置。每年举办一次游艺大会,培育、发掘女子才艺。学生所作各种美术品、刺绣、书法等每为行家所叹赏。

马君武来到城东女学后,立即被英姿卓越、气度不凡的陆繁霜所吸引,当打听到陆繁霜两次逃婚的凄惨遭遇后,便萌发了英雄惜美的激情。

由于马君武是单身来沪,陆繁霜则是浪迹天涯,因此他俩相见的时间和机会就相对较多。在频繁接触中,马君武又发现了繁霜的不少优点,如繁霜深娴诗体、雅擅词章,是有名的女诗人;擅长烹饪、精于酿酒,那是一种风味独特的黑糯米酒,她常用别具特色的自酿酒,宴请宾朋。繁霜能书会画,柳光辽教授回忆曾见过繁霜写给他阿爹柳亚子的许多情书,小小的信封是豆青或粉色的,情书则写在浅颜色的信纸上,字迹十分秀美。在音乐方面,她能弹会唱。最难能可贵的是陆繁霜有一身特有的为国捐躯的侠气豪情!前中学语文课本中有女英雄冯婉贞抗击英军的文章,陈年希、郭长海两教授均从不同的角度考证出《冯婉贞胜英人于谢庄》一文的作者即繁霜的长兄陆士谔。文中被塑造的冯婉贞其原型就是陆繁霜。

马君武与陆繁霜的初次约见是在一个大雪纷飞的冬夜,旅馆的餐厅里他俩抒怀对饮,畅谈说不尽道不完的悲壮事,马君武深深地感叹,有好多情感上的话想说,但终究难以表述,恨只恨相识太晚了,可见他俩是一见钟情。1906年柳亚子见繁霜也是一见钟情,大表姐托亚子到照相馆取繁霜的小照,并请他顺便送到城东女学的她手里。那天,柳亚子便成了爱情的俘虏。

马君武向繁霜倾诉了忧国忧民的悲叹,也表露了自己奋发图强、决心挑起复兴中华重任的远大抱负。

1907年春马君武临别前赠给陆繁霜一首诗:

惜离别——赠陆女士　丁未春

惜离别,再见恐无期。旅馆冬深云漠漠,昊天沉醉雪离离,是与君,初见时。客里只余愁万斛,冬深劝进酒盈卮。公私涂炭,有情难说,又恨识君迟。

惜离别,再见恐无期。自营土室藏张俭,尽典金钗遗要离,是与君,重见时。鹤唳风声惊恐夜,含愁为我理琴丝。灼灼花容,棱棱侠骨,祖国一骄儿。

惜离别,再见恐无期。白巾乌帽相招处,汽笛呜呜声最(再)悲,是与君,相别时。悠悠前路一宵话,了了心期数首诗。不定惊魂,无凭虚梦,仓卒送君归。

惜离别,身世总茫茫。早岁结婚惟嫁国,十年修学更为强。

赠君语,君勿忘。故人次第为新鬼,祖国依稀认夕阳。落落晨星,吾徒稀少,万事一身当。

惜离别,我又适天涯。燕子呢喃身是客,落花飘泊故无家。

莫回首,夕阳斜。春花秋月迷归梦,剩水残山有暮鸦。往事模糊,前途辽远,努力爱春华。

上述诗文可以看出,马君武与陆繁霜这对恋人是那么的情深谊长,此诗谱入"乐歌",故而音节很有韵味,陆繁霜用风琴依着诗韵弹奏。诗中"鹤唳风声惊恐夜,今愁为我理琴丝"二句即指此意。马君武以5章"惜离别"排比抒怀,缠绵悱恻、柔肠寸断、催人泪下。他不仅仅是喜爱繁霜的"灼灼花容",而更令他仰慕的是她的"棱棱侠骨"。诗后注文称繁霜"赋性英爽,好与诸革命志士游,间亦与大事,党人之遭名捕者,尝得其庇护以免"。繁霜究竟庇护了哪位或者是哪些革命党人,她是绝不会张扬出去的,因此,至今还是个谜。《惜离别》中"祖国一骄儿"是马君武对陆繁霜的美誉。

马君武有妻室,柳亚子已订婚,按当时婚俗是允许再娶的。但柳亚子是碍于家人反对,而马君武则是迫于两江总督端方的追捕,只能于1907年春匆匆离国,远赴德国。

1908年3月陆繁霜等主办的《天义报》发表了留日华侨民鸣翻译的《共产党宣言》,这比陈望道1920年翻译的《共产党宣言》还早12年。这"留日华侨民鸣"是谁?如今已初露端倪。

电视文献纪录片《共产党宣言》中有这样一段解说词:从摄制组掌握的材料来看,第一位用外文直接介绍《共产党宣言》书名的是马君武。他在1903年《译书汇编》第2卷第1号发表《社会主义与进化论比较》一文,该文附录介绍了马克思和恩格斯的5篇文章,其中包括《共产党宣言》。

还有张曙光撰文:很早就翻译过《共产党宣言》的马君武,曾撰文比较社会主义与进化论,认为社会主义突出人们结合为社会与自然环境斗争,因而,社会主义与进化论可以统一起来,对进化论的逻辑已有一定的超越。

那么"民鸣"是否就是马君武?马君武的简历显示:1901年马君武自费赴日留学,后在日本加入同盟会;马君武曾创办、主编过月刊《翻译世界》;接着,马君武与胡汉民一起主办《民报》,鼓吹革命;1906年从日本回上海创办中国公学;1907年春,赴德国柏林工业大学学冶金;辛亥革命前夕回国,正值上海起义,出任《民立报》主笔,呼号革命……至此,读者也许已看出奥妙。我的推理是:翻译《共产党宣言》在当时要杀头的,因此肯定会取笔名;再从"主办《民报》,鼓吹革命""出任《民立报》主笔,呼号革命"这些文字贯穿起来,笔名"民鸣"两字不就显现出来了吗!如此可以推断:1907年春,马君武惜别陆繁霜时便将《共产党宣言》的全译本稿托付敢于为国献身的陆繁霜。她深感使命重大,一定不辜负君武的重托。于是,1907年6月陆繁霜等就创办起革命进步团体"女子复权会",并创办该会机关报《天义报》。接着,她还去了日本东京的《天义报》总部。由此看来,最早的《共产党宣言》的出版,凝聚着他俩披肝沥胆的心血,也是马、陆爱情的红色结晶!

《共产党宣言》天义版问世后,陆繁霜便将《共产党宣言》送给好友陈独秀和苏曼殊,由于苏曼殊是孙中山的同乡和秘书,因此苏曼殊便将宣言转赠给了孙中山。当然《共产党宣言》天义版的问世还与另一位有关,他就是刘三,也就是本文第三位男主角。他在家境窘困之时资助陆繁霜等创办"女子复权会",并陪同繁霜到日本的《天义报》总部,洽谈《共产党宣言》出刊事宜。

季平与繁霜

刘季平(1878.1—1938.8),别署江南刘三。1905年,刘三在上海《苏报》案中,仗义营葬《革命军》作者邹容,在民主革命史上留下光辉的一页。是年冬,在陈陶遗的授意下,刘三等密谋行刺端方,不料事泄,为保护革命党人,刘三殿后掩护,不幸被捕。半年后出狱,已身患重病,还是陆繁霜的长兄陆士谔治好了他的病。

1906年柳亚子、陆繁霜热恋于城东女学时,刘三也是城东女学的老师;虽然他早已钟情繁霜,但考虑到繁霜正在热恋,另外自己已有家小,因此只能将对她的爱,深深地埋藏心底。

是年暑期即将结束时,柳亚子、陆繁霜的恋情把柳、郑两家闹得家翻宅乱,陆繁霜只得避走安徽。数日后江南刘三,也尾随赶往芜湖皖江女学执教,在那里刘三与陆繁霜谈诗论词,为她分忧解愁,此举为他俩永结同好作了铺垫。

1907年6月陆繁霜等创办革命进步团体"女子复权会",并创刊该会机关报《天义报》。由于创办资金拮据,"女子复权会"一度面临困境。当刘三得悉此情后,家道已中落的他仍倾囊资助《天义报》。在捐助名单中排名较前的便有唐群英、何香凝、刘三、高旭等人。

如果说刘三赶往芜湖皖江女学为陆繁霜分担烦忧是感情投资的话,那么捐助《天义报》则是进一步的爱情投资。

繁霜与刘三结为伉俪,共有4根红线相牵:其一,是南社诗僧苏曼殊(1884—1918)做的媒。1906年,繁霜赴安徽芜湖皖江女学与苏曼殊等同执教鞭,刘三也接踵而去。曼殊与刘三本来就是好友,刘三经常资助曼殊。因此苏曼殊成了他俩的热心牵线人。其二,是长兄陆士谔。1905年冬刘三行刺端方被捕,半年后出狱。陆士谔在为刘三治病的同时也为其胞妹牵了红线。其三,是繁霜的二兄陆守经。陆守经是刘三的好友,早在1904年,刘三在家乡华泾创办丽泽学院时,任教的就有陆守经,后来他俩又同在城东女学执教,亲似手足。守经将其胞妹介绍给挚友,也在情理之中。其四,陈独秀也是繁霜与刘三重要牵线人。陈独秀既是繁霜的同校老师,又与刘三同是日本成城学校的同窗,回国后陈、刘又同在浙江陆军学堂任教,因此陈独秀就为他俩牵了红线。陆繁霜本来就仰慕刘三葬邹容、刺端方的义举,再加上4根红线一牵,恋情迅速升温。

刘三与原配陈月琴生有4女,名为缃、绣、曼君、缙。陈月琴病故后,繁霜便花落刘家,季平也最终修成正果。

1910年刘三与繁霜喜结连理,他俩双栖华泾黄叶楼,为世人留下不少佳话。繁霜能诗善歌,长于南北曲。亲友聚餐时,妇唱昆曲,含商吐角;夫吹箫伴奏、余音绕梁,人皆喻为南社的李清照、赵明诚,《新民晚报》曾有介绍。繁霜唱《牡丹亭》一曲尤为传神,昆曲界大家朱传茗、张传芳常来刘家唱曲。

刘三与繁霜经常结伴出游,如南京、镇江、苏州、杭州、吴江、扬州等地。刘三在北京任教时,繁霜也在北京;刘三在南京任教时,繁霜也随同在宁。1930年4月刘三夫妇还应江苏省主席钮永建之邀,前往南京汤山同浴温泉。

柳亚子与婚后的陆繁霜,碍于情面上的尴尬,曾一度疏离。较长一段时间后,柳亚子才催请刘三夫妇入南社,不过原本在南社前身"神交社"排名第七的刘季平已排到了640号、陆繁霜641号。刘三、繁霜都是南社早期的活跃分子,亚子与繁霜的恋情闹得沸沸扬扬,亚子作为社长,为避嫌,一直耐心地等候适当时机才发出邀请,于是刘三夫妇方始入社。

繁霜的爱情余波

马君武与陆繁霜分别后,也见过面。那是在1924年的清明,马君武与民国政要专程到华泾祭扫邹容墓。

刘三义葬邹容后,由于他不事张扬,因此时人很少有知道邹容墓地在何处。辛亥革命后,孙中山为了表彰邹容的功绩,追赠邹容为陆军大将军,刘三不以邹容获盛名而自夸。另外,陈其美也请他出山从政,刘三不居功谋职,他淡泊名利并婉言辞谢,表示自己志在教育。直到1922年冬,与邹容同狱的章太炎在事隔17年后才得知邹容墓址,即与蔡元培同往华泾祭奠。

1924年的清明,国学大师章太炎、国民党元老于右任、司法总长章士钊、国史馆馆长张继、广西大学首任校长马君武及《中国日报》社长兼总编辑冯自由、《复报》创办人且曾任孙中山秘书的田桐、《民意报》主编赵铁桥、朱德的老师李根源等20余民国政要前往华泾,祭扫邹容墓,并聚饮赋诗,还一起商议了刻石、立墓表和重修墓茔等事宜。那天马君武与陆繁霜总算见了面,已是分别17年之后了。

与马君武相比,柳亚子与婚后的陆繁霜接触机会更多,特别是随着时间的推移,相互之间的芥蒂也日趋淡漠。

1928年8月19日,由柳亚子作东,请鲁迅、小峰、潄六(南社社员朱文艺)、繁霜、刘三、沈尹默等在上海派克路(今黄河路)与白克路(凤阳路)口的功德林聚餐。他们品尝素斋、共叙友情,柳亚子夫人郑佩宜及两个女儿(柳无非、柳无垢)也同时在场。

1929年,刘三与陆繁霜应南京国民政府监察院院长于右任之邀,两人均担任监察委员,柳亚子任国民政府监察院秘书长。这样,在监察工作中他们仨又相聚到了一起。

1938年,刘三逝世后,陆繁霜为了让刘三诗稿传诸后人,她以惊人的毅力、超乎常人的决心,一方面"抚孤守节",一方面全身心地投入到搜集整理刘三生前文稿的工作中。

陆繁霜不顾自己的生命安全,冒死穿越硝烟烽火,回到被日机炸毁的、满目疮痍的华泾黄叶楼,搜寻刘三遗稿。回沪后,繁霜与四女儿刘缙强忍悲痛,将残稿一一誊清,模糊难辨的字,或凭当时的记忆,或请高人指点,高人中自然也包括柳亚子。繁霜不避寒暑、不分昼夜地将遗稿编辑成《黄叶楼诗稿尺牍》数卷,1940年将文稿交由柳亚子校正刊印。不料太平洋战争爆发,在九龙战役中文稿悉数毁于战火,以下是柳亚子致繁霜的诗:"遗书灰烬两经春,敢说寻消问息辰。抱疢最怜身未死,抚衷难遣梦还频……"柳亚子为此事愧疚不已,经常噩梦不断,甚至埋怨自己怎么还不死!可见柳、陆的感情之深!

由于没有留底稿,繁霜在痛惜之余又以惊人毅力,收集残稿,又经过6年努力,终于在1946年刊印出油印本。刘三以诗名世,篇什至富,而此集仅收录诗词文270余篇。与刘三深交逾30年的马叙伦为刘三作传。

繁霜的诗词婉约深沉、极具功力。以下是她所作的《黄叶楼遗稿》序:

水 龙 吟

朔风黄叶飘萧,挑灯重勘遗稿漏。窗前惨绿,松阴疏竹,秋光依旧。桃李当年,荫遍江右,无言搔首。忆年年尽有人来墓畔,争相问,诗刊否?今昔空禅参透,记西湖,酣饮长昼。笙歌聒耳,微波鱼逐,流光飞走。世态炎凉,不堪想象,泉台知否?老细嫌寿,每深宵兀坐,抚龙怜凤,泪垂襟袖。

《水龙吟》堪称声泪俱下的传世之作。诗中"抚龙怜凤"指女儿刘龙和儿子刘凤。

1949年上海解放前夕,柳亚子在北平与黄炎培叙旧时,又回忆起刘三和繁霜,柳亚子还激情作诗:"交谊生平难尽说,人才眼底敢轻量。刘三不作繁霜老,影事当年忆皖江。"

43年过去了,柳亚子仍未忘却安徽芜湖的皖江女学!

1950年10月柳亚子夫妇抵沪,柳亚子特地托人安排陆繁霜到上海文史馆工作,然而却被繁霜婉拒。也许陆繁霜知道柳亚子已是官职很高的知名人士了,她不愿攀附权贵,因而避而不见。

马君武1907年春告别繁霜后,赴德国柏林工业大学学冶金。辛亥革命前夕回国,参与起草《中华民国临时政府组织大纲》《中华民国临时约法》。二次革命失败后再赴德国入柏林农科大学。成为精通英、日、德、法等数国文字的工学博士(中国留学生中取得工学博士学位的第一人)。历任实业部次长、军政府交通部部长、北京临时执政府司法总长、教育总长及非常大总统府秘书长等职。他是国立广西大学首任校长,并担任过多所大学的校长,被称为"北蔡(元培)南马",被誉为"集革命家、社会活动家、教育家、诗人、工程师和翻译家于一身的现代中国奇才"。

刘三在1907年4月6日,与陈去病、高天梅、朱少屏及沈道非前往姑苏,酝酿在虎丘张公祠组建革命文学团体事宜。1907年8月15日,刘三与陈去病、柳亚子、高天梅、吴梅等人在上海组建南社的前身"神交社";1909年南社成立,在《南社点将录》中位列第七,被称为"天雄星豹子头林冲"。辛亥革命成功后,刘三不以早年从事革命而自矜,辞谢了陈其美的从政之请。1916年底,蔡元培任北大校长,刘三应邀任北大教授。刘三书法极佳,在京凡6年,与书法家沈尹默一起合作订润卖字。刘三文武双全,骑射有神功,马叙伦赞其"发枪又极准,射击飞禽辄中"。1924年后,刘三历任东南大学教授、上海持志大学教授、长江要塞司令秘书长、复旦大学教授及国民大学教授,1928年,被主持江苏省政的钮永建聘为省革命博物馆编纂主任(馆长是陈去病,馆址在南京瞻园),主持江苏省通志馆工作。南社成立百年之际,刘三被列为"南社百杰"之一。

繁霜的异性知交

姑奶奶陆繁霜还有不少异性知交:

其一,陈独秀。繁霜为逃婚,白天在城东女校,晚上或住校,或住陈独秀家,陆繁霜与陈妻高君曼是好姐妹。

其二,苏曼殊。苏曼殊是华泾黄叶楼的常客,《苏曼殊书信》共172篇,其中写给刘三就有54篇之多,约占三分之一。繁霜常为客人准备自酿美酒并佐以当地佳肴长桥羊羔等招待苏曼殊。苏曼殊又特别喜欢吃繁霜做的高糖八宝饭,并经常吃住在黄叶楼。

其三,黄宾虹。国画大师黄宾虹曾在华泾黄叶楼住过3年。

其四,叶楚伧。叶楚伧与陆繁霜相识近40年,1946年楚伧在上海病逝后,繁霜填词哀悼:

鹧 鸪 天

宣抚南归讵偶然,故乡史迹满山川。老来偏自怜同病,且谱新声上断弦。空有恨,愧无钱,春来愁忆镜中天。遥知此后西湖月,只照烟波静夜船。

陆繁霜晚年独居华泾,1957年12月,74岁的她因患中风在上海华泾与世长辞。

附记:拙稿的完成,得到了郭长海、郭建鹏、张明观、金建陵、张末梅、周永珍、姚昆田、葛昆元、余品绶、柳光辽、陈远宁、徐文蕉、蔡约莛、丁军等老师的倾力相助,在此深表谢意。

曾兰：清末民初的成都新女性

谢天开

曾兰（1875—1917），字仲殊，号香祖、香翁，成都人。四川第一张妇女报纸《女界报》主笔，中国南社社员，入社书编号868号。

曾兰为清末民初的成都女诗人、书法家、政论家与小说家，也是成都最早接受新文化洗礼的新女性。

《孽缘》惹风波

《孽缘》是一篇描述旧式包办婚姻给女子造成无穷悲剧的家庭小说，3000余字，亦为曾兰唯一的白话文短篇小说。小说创作于1914年10月间，经夫君吴虞修改定稿后，投给成都的《娱闲录》。这是成都出版家樊孔周出钱创办的文艺杂志。

不料小说刊出一个月后，竟引起一场家庭风波，这让吴虞始料未及，他急忙让曾兰到生事的妻妹曾叔妘家中探视。原来曾兰的妹夫雷氏将小说中的人物与自己对号入座而大生事端，吴虞写信给樊孔周说明此事，总算了结了一出风波。

1915年在上海出版的《小说月报》第六卷第十号，刊出了《孽缘》。

1915年10月1日，那天是周五，吴虞接到了上海商务印务馆《小说月报》编辑恽铁樵（树珏）一封信，这让吴虞相当兴奋：

香祖女士左右：尊著《孽缘》篇，叙事明晰，用笔犀利，甚佩甚佩！筬砥社会洵小说之职志,间有力透纸背而讽刺较着边际者,已僭加删节,尚祈谅之!计七千字,奉润十四元,詧收为祷,凤便希时赐教益,此请著安!

弟恽树珏敬启　九月十一

这距离小说遭遇风波正好一年。

《孽缘》小说里才色俱佳的女子鲁惠,被贪财的母亲包办,嫁给田姓土财主。丈夫猥琐又好色,后来竟然带妓女回家。田家有两个好吃懒做的女亲戚,在鲁惠的公婆前搬弄是非,散布流言。田母本来就认为儿子的堕落是媳妇的过错,经人一挑唆,公婆更推罪责于儿媳了。在这个"腐败黑暗的家庭"里,鲁惠过着凄苦无助的悲凉生活。曾兰通过鲁惠的不幸命运,揭示了专制制度下妇女的悲惨境遇;也通过作品中其他女性的言行,批评了妇女自身的缺陷。

《小说月报》刊登出《孽缘》,又加之编辑主任恽铁樵的称赞,吴虞甚至比曾兰还高兴,并将自己的愉悦之情写进了对联:

功业感筹边,更思文苑儒林,有叔本、公仪同留胜迹;
穷愁何足志,只合登仙成佛,继桃椎、法进共写灵襟。

曾兰何以能在地处西南一隅的成都创作出中国早期的白话小说,其实主要有两个方面的因素:一是四川老百姓有摆龙门阵的习俗,龙门阵即为白话文的口语形式;二是四川川剧的影响,川剧的剧本及剧种形式,也多为白话文。可以说在"五四新文化运动"中,胡适发表那篇《文学改良刍议》前,成都的白话文文学就相当有底蕴了。

曾兰的《孽缘》这篇思想和艺术都颇有成就的佳作,使曾兰跻身四川文坛。

主笔《女界报》

曾兰幼入家塾,与男孩子一起诵读《四书》《五经》,她常常对经典产生疑问,她读书勤于思考,也很有见地。她读《昭明文选》,不喜欢《三都》《两京》《子虚》《上林》等赋,却尤好诸子之文,喜读唐宋八大家之文。《史记》《汉书》《晋书》《南史》《资治通鉴》等更是阅读了数遍。

成都国学名家廖季平,称赞曾兰的学问,因曾兰在家排行老四而呼之"曾四先生"。

曾兰跟着吴虞接触新文化的读物,接受新文化思想。

"吾辈自当一扫从来屏息低首、宛转依附、深闭幽锢、卑鄙污贱之戮辱桎梏,发愤而起,以光复神圣之女权。"这是曾兰在《女界报》发刊词中话语。

1912年6月,成都报人孙少荆诸君主办了四川第一张妇女报纸《女界报》,每逢三、六、九日发行一张。曾兰被邀为主笔,倡导女界文明,竭力批判旧礼教的黑暗,积极争取女性的权益。

蜀军都督府总政处鉴于《女界报》的影响而破天荒同意女记者列席会议,省临时参议会也专设了接待女记者的会议室,并专门赠送入场券给曾兰。成都女性从此获得了登上社会大舞台的机会。

1915年3月在成都《家庭》第二期上曾兰发表《女子教育论》一文,介绍欧美、日本女子教育发展史,抨击了当时中国女子教育的落后现状。

曾兰最有影响力的作品是她的一系列批判专制制度、宣扬女权的思想政治评论。她倡导女权的系列文章在20世纪初期的四川乃至中国思想文化界都产生了积极影响。如《女界缘起》《今语有益于教育论》《弥勒·约翰女权说》《铁血宰相俾士麦夫人传》《书女权平议》等重要论文,有的被《妇女杂志》转载,有的则由陈独秀主编的《新青年》发表。

曾兰的许多政论,都有吴虞的精心校改。被誉为"西蜀大儒"的吴虞,对曾兰的文章,不仅细心修改、抄写,有时甚至还为其代笔。比如那篇《女界报》一千三百余字的发刊词,孙少荆是当日中午预约的,曾兰于当日晚上脱稿,吴虞删正至三更,次日代为誊写,又叫人送到报社。尽管如此,吴虞还每每"颇觉笔歌墨舞"。

南 社 才 女

南社为中国近代史上第一个大规模的革命文化团体。吴虞曾兰夫妇都是这个重要文学团体的最活跃的四川成员。

《吴虞日记》记载,曾兰是于1917年4月14日,填写入南社社书的。据相关统计,当时四川约有20人参加南社,而吴虞与曾兰夫妻二人同为南社诗人,实为当年成都文坛的佳话。柳亚子几乎委托了吴虞曾兰夫妇为四川南社的联络人,而每次有关南社的信函,总是寄给曾兰收启。曾兰与吴虞在四川发展了一批南社社员。柳亚子在读了《孽缘》后,也由衷地感叹道:"佩甚!佩甚!"

曾兰与吴虞的关系亦妻亦友,相互敬重。吴虞曾托好友孙少荆在日本请人为她作绢质画像,又曾在改造爱智庐老屋时,专门为她开辟一间妆室兼读书处。

曾兰情趣高雅。她喜欢种花植树,曾为爱智庐买栀子花二株,种在家里的桑树下面,夫妻俩喜爱在桂花树下茗饮清谈。

1917年3月7日,阴历二月十四日是曾兰的生日。吴虞到花市专门买了一株铁脚海棠,"为香翁四十二岁生日之纪念物也。"

作为那个时代的新女性,曾兰另一雅趣便是看文明戏。成都的开明剧社、建平剧社上演《青年锐》《妻党同恶报》《自由离婚》等剧目,专门设女宾席,曾兰常常携女儿前往观新剧。

曾兰亦为著名的女书法家。她学篆书时,先师从合州戴光,从峄山、城隍庙碑二碑入手。后来由湘潭王壬秋辅导主攻李斯和李阳冰的古篆,整整20年,其造诣深为行家赞赏,时有四川井研书家王麟引用东坡句,为她治印曰"千年笔法留阳冰"。

《女界报》创刊时,主编孙少荆专程登门,请曾兰赐写"女界"二字。《家庭》杂志的刊头也是曾兰题写的。南社发起人柳亚子也曾从上海寄来宣纸斗方一幅,请曾兰题"分湖旧隐图"5字。

南社社员、四川书法家谢无量得其墨宝后,作诗酬谢,这让吴虞也为妻子高兴,兴味盎然地写下《读谢无量谢香祖篆书诗题示香祖》诗,其二为:

　　　　篆室千年几服膺,藤笺遗迹见飞腾。
　　　　偶传玉箸斯冰法,莫被人呼管道升。

吴虞感慨夫人的书法"突过前辈,不易得也"。

1991年新春,四川新繁还新发现曾兰的一通篆书碑石,其上文字选自《周易·谦卦》爻辞的一段,起句为"谦尊而光,卑而不可逾,君子之终也",共65个篆字。竖排5行,每行13字,每字直径约为3寸。落款为"芎祖吴曾兰",款下盖篆字印一方。

据传这通碑石为吴虞于1938年至1943年在新繁避日军空袭成都时,请人据曾兰遗墨镌刻的。并留言:"他年比兰亭,入我繁中墓"。

曾兰唯一传世篆书碑石,现陈列于新繁东湖公园碑林。

痛惜红颜薄命

曾兰出生于成都文庙前街,是孝廉曾桓夫的第四女。曾、吴两家仅一墙之隔,吴虞说他与曾兰"小时即相识,庄雅众莫比"。

1890年,15岁的曾兰嫁给吴虞为妻。他俩的结合是吴虞祖母的遗言定下的,二人青梅竹马,终身感情笃深。

吴虞有《爱智庐同曾香祖玩月诗序》:"盖携弄玉便可成仙,偕孟光即甘长隐矣!"可见他们夫妻举案齐眉,相敬如宾。

1872年,吴虞因与其父亲决裂而被赶出家门,曾兰也随夫迁居新繁县(今属新都县)龚家碾,开始过着一种隐逸田园的耕读生活。到1892年他们才回到成都,在城西买宅定居。

夫妻二人在和谐的生活中,也有一些不快,如吴虞曾在1914年5月14日的日记中写道:"香祖近来作事颠倒,言语支离,常使人寡欢而尤好坚持与余相忤之言,反复累辩,不使余动怒生厌不止,似此漫不经心,屡诰不悛,余亦无法,惟远之而已。"

1917年4月,军阀戴戡和刘存厚在成都市区打巷战。为避兵祸,曾兰搬进西门外的万佛寺。不料,"暑湿中羸躯,一病遂到骨"。吴虞整天守候在妻子身边,煎药、端水,百般细心护理,却仍然未能挽救妻子的生命。

曾兰于当年11月19日,病逝于少城栅子街50号爱智庐家中,年仅42岁。

吴虞在日记里心痛欲绝地写道:"十九日,星一,阴历十月初五日,天明,余视香祖,忽呼热不已,神志不清。待八点半,当服丸药,楷女将丸药一粒放入香祖口中,呼七八声请服药,香祖不应,余呼之亦不应,唯出气极促。少顷,微呻数声,呼吸骤止,余惊呼不应,香祖遂舍我命薄之人与世长辞矣。呜呼!痛哉痛哉!余此后尚有何生趣哉!"

作为一位接受新思想的新女性,曾兰支撑了吴虞情感与思想的半爿天空。作为家庭主妇的曾兰,被丈夫吴虞称赞道:"长于家政,谓予治家不可举债;俭以养廉,亦惟俭始可以讲学。"

吴虞终生对曾兰的感情深厚。将妻子葬他们曾经隐居的新繁龚家碾时,吴虞睹物思情,无限悲凉,一口气写下《悼亡妻香祖诗二十首》。

晚年的吴虞常常怀念曾兰,还在隐居的爱智庐中植兰数十盆,"颇有佳种,馥郁之气,四时不绝"。

1936年,吴虞作《曾香祖夫人小传》纪念曾兰。32年后,78岁的吴虞辞世,仍被安葬在新繁龚家碾,他终于又回到妻子身旁。

曾兰的小说与政论遗文,经由吴虞编辑成《定生慧室遗稿》二卷刊刻出版。

梅边谈月色，石上舞金刀
——中国现代梅王、女印人谈月色的传奇人生

张爱丽

一、生来多舛错，祸事屡发生

　　1891年12月的第19个深夜，在广东顺德，正当千百枝梅花凌寒开放的时候，一声清亮的婴儿啼哭从北滘镇传来。

　　谈伯开，女婴的父亲，听到啼哭后便推开案头的书籍，穿过黑漆漆的院子来到爱妻林氏的房间。接生婆已经把妻女收拾停当，仆人端进来一碗糯米鸡蛋粥。谈伯开接过粥碗，放在床头桌上，俯身问林氏："还好吧？"林氏无力地抬抬眼，苍白的脸上露出一丝虚弱的笑容："我没事，这次，比从前都轻松些。你歇了吧，不早了。""这孩子，哭声这么响亮，将来肯定有力气。"

　　谈伯开平时在广州经营建筑生意，得知林氏要分娩，提前几天回到顺德，因为林氏年事已高，谈伯开生怕有什么闪失，现在，母女平安，他终于可以放心。这是林氏为他生下的第十六胎，他心疼林氏，总是竭力在外多挣钱，让妻儿们生活得好一些。女孩取名为谈刭，字古溶。谈伯开取下这个名字，就恋恋不舍地辞别了林氏去往广州。

　　满月那天，亲朋好友来祝贺，小古溶却扯着嗓子哭个没完，无论怎么哄都无济于事。亲朋散尽，小古溶才在断断续续的嘶哑声里沉沉睡去。

　　小古溶多病，一岁半前几乎一直在病中，把本来身体就不好的林氏折磨得更加憔悴。学会走路后，有一次，小古溶趴在院里的荷花缸前，要姐姐帮她把缸中央的一朵红荷花摘下来。缸太大，姐姐够不着，小古溶就扯着嗓子大哭。姐姐无奈，探着身子去摘，结果一头栽进缸里，幸亏被林氏及时发现，才保住了一命。姐姐从此头脑不再灵活，总是对小古溶说："姐姐给你摘花，姐姐给你摘花……"

　　小古溶3岁时，林氏患了严重的肺病，天天咳嗽，谈伯开在广州的生意也

非常萧条,几乎难以为继。这天,林氏带着小古溶来到屋后,看新开花的梅树。林氏掐下几朵梅花放到小古溶手心里,小古溶看得入迷,满脸笑,跳着喊:"真好看,真好看!"林氏搬来小竹凳,和小古溶坐在梅林里,教她认字,小古溶学得很认真。

林氏又开始咳嗽,直咳得天昏地暗。等她平息过来再扭头看小古溶,却发现孩子不见了,整个梅林都不见她的踪影。林氏慌忙跑回家去叫人,大家一起往外跑,叫着小古溶的名字四处寻找。

林氏连急带怕,咳嗽一声接一声,后来就开始咳血,满眼流泪,头疼欲裂。后来家人在一个池塘边找到了小古溶。林氏身体更加糟糕,以至难理家务,后来便卧床不起。谈伯开得知后从广州回来,见病妻呆女,思及自己生意几近破败,老泪纵横。他对林氏说:"想想这个孩子出生后的桩桩件件,你说,是不是真的像从前那和尚说的?"林氏咳了一阵,红了眼圈。

堂屋传来一声巨响,谈伯开走出去,看到祖传的掸瓶摔碎在地上,小古溶正站在八仙桌旁的朱漆椅子上睁着亮晶晶的眼睛望着他。谈伯开脸色紫青,上前把小古溶抱下来,拉进屋中,跟林氏说:"怎么样!怎么样!掸瓶也给摔了!"林氏瞪着微笑的小古溶,昏死过去。

小古溶满月时,有一个过路和尚来化斋,见了孩子便问她的生辰,林氏据实以告,和尚说,生于亥时的孩子命硬,克父母,克夫,克所有亲近的人。这孩子不是俗人,要想免灾最好寄养到庵里去。和尚如此不吉利的话让小古溶的父母很反感,他们要好好对待每一个孩子。

可是现在,谈伯开信了。

谈伯开和林氏商议,那和尚的话,看来真是预言。现在小小的孩子就惹出这么多事端,如果将来嫁了人,也会克夫,这样,她一生都不会幸福。与其这样,不如趁早为孩子打算,把她送到尼姑庵里早晚诵念经文,消减邪孽。虽远离尘世繁华,至少也可以换得个平安。

谈伯开四处打听,久经权衡,最后决定把这个容易惹祸的女儿送往广州檀度庵。一家人抱着聪明伶俐的女儿一场痛哭,林氏又把一只手环包在小古溶的衣物里,这样,四岁的谈古溶就懵懵懂懂地离开了家。

二、尼庵清静地,画梅诵佛经

康熙四年(1665),三藩之一的平南王尚可喜为执意出家的第十三女尚茹素（被康熙赐封"自悟大师"）择了块风水宝地，建了座檀度庵，广州人称为"王姑庵"。檀度庵清净无尘，僻静幽雅，是当时广州四大尼庵之一。建庵之初的尼姑无我（1630—1711）以工诗擅丹青闻名遐迩，她性情温和、善于教人，庵里的尼姑都愿随她学诗习画。自此，檀度庵几乎人人皆懂诗画，檀度庵成为一个才女汇集的地方。道光年间的画尼文信（1825—1873，俗姓刘），才艺超群，工诗词、书、画，成为檀度庵擅长丹青及诗书的又一佼佼者。谈伯开相信女儿在这样的氛围中必会得到良好的熏陶，因此不惜千辛万苦把谈古溶送进了檀度庵。

谈古溶在檀度庵中，看不到母亲和哥哥姐姐，哭着央求尼姑们帮忙送她回家。"没有我，妈妈会伤心的。"师太说："如果他们想你，会来找你的，我们的门是敞开的，你就安心等吧。"

小古溶终日在檀度庵里听尼姑们敲木鱼、数念珠，渐渐喜欢上这里的安静优雅，自己也慢慢变得安详起来。檀度庵里的梅花开时，古溶常常站在树下，这里的梅花，红的像火，白的像雪，哪一种颜色她都喜欢。而家中屋后的梅花离她越来越远，渐渐没有什么印象了。

梅花谢了，迎春开了，绿树又开始掩映安静的檀度庵，转眼，小古溶已经八岁，眼神清亮沉静的她早已赢得了全庵尼姑的喜爱。这天，师太把她找去，跟她说："你已经不小了，不能天天在庵里跑着玩了，明天开始，你跟耀均师父诵经习字。"

聪明的小古溶平时跟着师姑们诵经，早已学到了不少。现在，师太给她指明了师父，她有一种新奇的感觉，觉得自己已经长大了。而且，她非常喜欢耀均师父，那是一位非常有才华的人，她画佛像栩栩如生，画的梅花像庵里的真梅花一样好看。

耀均是画尼文信的弟子，年事已高，当她第一眼看到谈古溶这个善良可爱又聪颖的小姑娘时，就极其喜爱，现在她成了她的授业师父，自叹此生有望，焕发了她差点颓废的精神，开始精心指导古溶的学业。耀均相信，这位小弟子一定不是等闲之辈。

师父对古溶极为严格，每天诵经、抄经、画佛像。对一个八岁的小女孩来说，天天如此，未免枯燥。古溶也想偷懒出去玩，但不完成当天的课业，师父绝不允许她有片刻闲散。昏暗的屋子里只摆放着简单的桌椅，笔墨纸砚也绝无奢华，阳光从窗子里洒进来，淡淡地照到她桌上。师父告诉她一定要内心清静，潜心诗画，静心礼佛。

冬天来了，古溶心里惦记着庵内的梅花，有一天，她跟师父说："师父，我想学画梅花。"

从此,古溶开始学画梅花。起初画不好,师父就让她去院里梅花旁观察,这让古溶非常欢喜。可是,玩赏和教学并不一样,有时一站就是一两个时辰,累得古溶直在心里叫苦。有时候,天气很冷,直到冻得嘴唇发紫,浑身哆嗦,师父才让她回屋。赶上下雨天,师父也叫上她出去,雨落时梅花微微颤动的样子、梅花不堪重负把雨珠倾倒出去的姿态,都被古溶深深印在心里。

梅花好看,画起来却难。从梅花的枝干到花朵,一点一滴,古溶要千万遍地描摹、施色,神情专注,全然忘我。青灯下,气定神闲的她抄经、画梅,度过了数不清的漫漫长夜。

在课业之外,师父也给古溶讲她的师父文信。古溶对文信有太多向往,私下立志一定承袭文信,于是她攻经读史,点染丹青,进步飞快。师父对她颖异的悟性深感欣慰,知道自己果然慧眼独具。

有一天,小古溶在诵诗之后,仰头对师父说:"师父,我想改个名字。"师父很好奇,问她改成什么。"师父,我先给您背一首诗啊。

油壁香车不再逢,峡云无迹任西东。
梨花院落溶溶月,柳絮池塘淡淡风。
几日寂寥伤酒后,一番萧瑟禁烟中。
鱼书欲寄何由达,水远山长处处同。

您看,北宋时晏同叔的这首《寓意》写得多好。尤其是'梨花院落溶溶月',我特别喜欢。我今后,就叫'溶溶'了,师父您看可以吗?"

师父颔首微笑,小小的女孩子如此有主见,竟然给自己改名,而且改得如此美丽贴切富有才情,师父更对她刮目相看了。

庵里有一座月色楼,造型优美,对联曰:"月明如昼,色即是空。"溶溶不懂其中的深奥,只是莫名地喜欢这八个字。尤其在月朗星稀时,四下空寂,唯一轮明月相照,空气中飘着梅花的淡香,溶溶只觉得自己与万物相融,空明澄澈,没有思想也没有悲欢,甚至连肉身都不存在。这种奇妙的感觉让溶溶更加喜欢檀度庵的生活,喜欢尼姑们清静娴雅的日常起居。

谈伯开和林氏再来看望溶溶,她已经根本不再打听哥姐们的生活,纷繁的世界已经离她远去,她再也不想回到那里。甚至,父母离开时,溶溶平静地表示,父母年事已高,不必再来看她了。谈伯开夫妇看到女儿业已融入这里的生活,而且所有的尼姑都对她好,他们当初的选择是对的,于是放心地离开了檀度庵。

花开花落花又开,年年岁岁,晨钟暮鼓,日复一日,溶溶满 15 岁了。她已由一个稚嫩堪怜的小丫头出落成一个如花少女,素淡的衣装掩不住她青春的光彩。她把自己视为檀度庵的一树梅花,生根吐蕊,自此再不离开。她,决定剃度出家。众尼虽然早就预感她会正式成为她们中的一员,但听到溶溶这个决定还是非常欢喜。庵里为她举行了隆重的受戒仪式。青丝落地,她再不是尘世间招祸惹非、远离亲人的谈古溶,而成为一位终生笃意佛祖的比丘尼——悟定。从此,悟定与尘世再无瓜葛,一心事佛学艺。因她在当时年轻尼姑中排行第十,人们也称她为十娘。

檀度庵的尼姑们还要进行闭斋修炼、外出做法事。外面有钱人家有人去世,为了超度亡灵,他们便来庵里请尼姑替代自己闭斋。通常是闭斋两日,前一天中午最后进餐,第二天便整日绝食,不言不语,直到第三天拂晓才能开戒。

出庵为外面人家做法事,是十娘日程里不可缺少的工作。她身材瘦小,但能力惊人,每次都能把事情做到圆满,为庵里得了不少的施舍和供养金。只要能维持日常生计,尼姑们对金钱并没有过多要求。十娘凡事尽心尽力,一切都顺从自然。

谈伯开夫妇得知女儿剃度后百感交集,他们知道庵里生活的简朴孤清,女儿的青葱岁月要默默消耗在黄卷孤灯中,孤寂将伴其一生,但是,还能怎样呢,做父母的有勇气把"克夫"的女儿接出来嫁人去面对未知的今后吗?他们来到檀度庵,心如止水的十娘对他们说:"你们不要为此内疚,这里有我喜欢做的事,有我喜欢过的生活,今生来世我都要这样度过。你们回去后不要再牵挂我,我会在这里为你们抄经念佛。"谈伯开夫妇最后洒泪而别。

清末民初,广州一些知名的尼姑庵如檀度、无著、药师、三明等,香火鼎盛,庵里的尼姑也普遍追求技艺,她们能写会画、吟唱风雅,这些尼姑庵便成了达官贵人及文人雅士常去的地方。

檀度庵的十娘是最受青睐的,许多文人雅士邀请她一起谈诗论词,泼墨吟唱。十娘平和从容,在和外界人士的交往中也学到了不少新技法。她所抄录的经文,字迹娟秀清丽,一笔一画,一丝不苟。不但字写得好,在画画上已经颇有造诣。十娘的才情迷倒了无数人,有人向十娘求取经文,她都以写得还不纯熟婉拒。有些人主动献殷勤,她并不理会,客人一走,她继续持灯刻苦研习。

在与名士的交往中,十娘经常听到一位名叫蔡守的雅事,此人鉴定金石、能诗能印,又风流倜傥、潇洒不拘。十娘又听说一个故事:蔡守曾计划去江南拜访南社诸友,但苦于没有资斧,难以成行。他的妻子张倾城竭力支持他的计划,典当了自己陪嫁的手镯,筹资相助。又听说这夫妻二人都是有才华之人,来往唱和,赋诗画画,颇有琴瑟和鸣之类。十娘想,难道世间还真有这样情投意合的佳偶?

一日,师父把十娘叫进自己房间,开箱倒柜,取出不少字画、曲谱、笔筒、砚台、文玩。师父说:"这些,都是你文信师太留下来的。我年纪大了,这些,都交由你保管吧。"十娘深知此事重大,欲推辞。师父说:"我主意已定,你就不要推辞了。"十娘拜受。师父又说:"写字画画这等事,只有日渐长进就好,万事不要执着,自己努力就好。"

文信师太小时候受过良好教育,不幸十三岁时父亲去世,母女被逐,受尽了颠沛流离之苦,看遍人间冷暖。后来,母亲也因病去逝,年少的文信更加孤苦无依,后被好心人送到檀度庵,出家做了尼姑。佛事之余,文信攻书史、诗词、书法、绘画,又有赏鉴文玩之雅趣,才情四溢,在庵内倍受尊敬。有外界名士艳慕她的才华,屡屡示好,但文信一心礼佛,绝无尘意。十娘常常透过文信的作品低眉沉思,追思她的种种,对这位逝去的文信师太愈加敬重。她一一把师太的物品归置妥当,闲暇时拿出来,洗手正襟,潜心描摹。

十娘常常端详着文信画中的某处,研究揣摩她的用笔、布色。有些画作,构图看似随意,颜色也有失大雅,但细细玩味,方知意境悠远、韵味脱俗,颇具禅意。十娘临摹起来,无不心怀敬意,有时竟有神奇之感,仿佛能与文信对语,致使她的画技大增。

文信师太遗物中有一尊紫檀笔筒,口敞底小,微有束腰。通体雕刻芭蕉佛女,侧畔题诗。画面中芭蕉繁茂,一尼姑裸身栖于芭蕉阴下的巨石之上,线条流畅潇洒。上刻狂草之偈,偈云:"六根净尽绝尘埃,嚼蜡能寻甘味回。莫笑绿天陈色相,谁人不是赤身来。"十娘知道这是庵内人人皆知的画尼无我老师太之物,听师父说此笔筒曾一度消失,后历经磨难才重回檀度庵。现在,宝物呈列眼前,十娘爱不释手。出于由衷喜爱,又恐宝物不复,因此,十娘不惜时间与心力,精心制作出了这尊笔筒的拓片。

十娘在师父交给她的画作中,还发现了无我师太的画作,也被她精心摹画出来。这些珍稀的艺术珍品令她在绘画上又跨出了一大步。

此时的十娘正当妙龄,佛门的清简遮不住她的风姿绰约、气度超凡。来庵中吟诗作赋的文人才子们虽艳羡她的才貌,却敬重她,不敢有丝毫轻佻。因为十娘早已抱定了终生深居佛门的决心。

三、与君初见日,泼墨伴弹筝

　　1917年,春节过后,广东的天气稍稍变暖,早开的梅花开始凋谢,晚开的红梅却正值灿烂,一树一树从檀度庵里划出一道道霞彩。近中午,正在当值的十娘听到小尼来报,说来了几个人想在庵里转转,其中有护法军政府交通部长赵藩、广东督办李根源、护法军政府秘书长兼财政顾问蔡守。十娘说:"既然来了就是客人,佛门清静地,那一长串职务官衔对我们有意义吗?"

　　檀度庵虽不奢华,有些建筑却十分古朴别致,加之这里的尼姑都是有才华之人,角角落落都透着淡洁高雅的情调。蔡守等人赞不绝口,游毕,十娘礼貌地邀请他们到寮房内聊天。

　　十娘虽布衣素面,却颜貌清秀如月,双目幽深似潭。众人与她谈论,十娘出口成章,应对自如,学识之广之深,完全不像一位隐藏深庵的尼姑。众人惊叹不已,尤其蔡守,一边频频望向十娘,一边神采飞扬,语言风趣,口出联珠,经常把十娘说得含笑垂首。

　　此后,蔡守经常和三五好友来檀度庵,与十娘讨论书法、绘画,吟诗诵词,畅论古今。蔡守见十娘的书法刚劲清丽,心生爱慕,向她讨教,十娘说:"贫尼悟定哪里有什么诀窍,无非是手勤罢了。"蔡守说不然,非有"心"不成。

　　十娘得知蔡守等人乃南社社员。南社名取"操南音,不忘其旧"之意,是1909年在苏州成立的革命文化团体,以研究文学、提倡气节、弘扬爱国热情、光大中华民族传统文化为宗旨。而蔡守是广东省加入南社的第一人,都说南社"人人握灵蛇之珠,家家抱荆山之玉",从蔡守等人的气度上看,果非虚言。

　　二月初三,南社广东分社(粤社)在广州花塔街六榕寺举行第一次雅集。六榕寺住持特别安排了一间房屋作为分社的办公处,来会者有39人,分韵做诗,气氛热烈。这次,十娘受蔡守之邀,也来到六榕寺,为这次集会作画。十娘画了梅花,蔡守画石,陆更存画兰,合为一幅,然后把这张画张贴在墙上,顿时满室生香,众人无不拍手称赞。

　　此后,蔡守只要有空闲,便约人和十娘共同切磋技艺。蔡守惊叹这位佛门女尼能书善画的才华,与十娘畅谈文艺,极为融洽,大有相见恨晚之意。蔡守在心底把十娘引为知己。

四、此女入南社,才华惊四座

南社皆才子,南社也是汇集有才之人的锦绣之地。蔡守邀请多才多艺的十娘加入南社,一开始十娘并不同意,后来见这些南社之人都儒雅有才、仁爱宽宏,又抵不过蔡守盛情,于1920年9月16日经蔡守介绍,填写了南社入社书,正式加入南社。自此,十娘有更多机会与社会名流接触,其间她创作了大量诗画,许多文艺界名人与她互赠诗词,作画题跋。

在十娘所画《双清图》上,赵藩作《题广州檀度庵比丘尼古溶玉连环拓本》:"金刚猛断玉连环,超出非非非想天。霜戛钟声寒夜定,云宠月色旧时妍。每烦书问频罗室,未信诗烦蒲口禅。蔡莫张凭都尽侣,莲花香海渡无边。"高燮作《题广州檀度庵比丘尼古溶玉连环拓本,和滇南石禅老人韵。尼当出家时,其母以家藏此环系其臂,今三十年矣》:"系去久牵慈母线,捧来恰似众仙蟠。报恩苦海愁无极,忆远清晖感有端。欲证禅心三寸碧,那须官诰五花团。卅年臂印深深照,照见圆光胜佩珊。"

温其球与蔡守为十娘作《寿石灵芝图》,赵藩为题石禅老人说偈:"石参何禅?石作何语?芝不能餐,天不能补。檀度荒庵,旧时月色。相视莫逆,开口不得。"

十娘曾作《山茶梅花图》,又曾于东园檀度庵作《梅花》。1921年9月25日,临其师无我、文信裸体像二幅并自画裸像一幅,合称《溶溶月色》。这是中国现存最早的人物裸体国画(春宫不在此例)。

五、衷肠吐露夜,月色照心城

在谈月色的画技不断攀升中,日子也流水般向前。蔡守频频来见十娘,有时并不谈诗作画,只是聊些可有可无的家常,也偶尔讲到他和妻子张倾城的事。一日,他们在庵内行走,蔡守道:"我有一雅号赠你,不知可否?"十娘愣住了,除了父亲谈伯开,还没有哪个人要为她取名,更别说是一位风流倜傥的男子。十娘把取名这件事看成一件珍贵大礼,有点受宠若惊。但佛门天性,让她保持镇定。

蔡守望着她:"你俗字'溶溶'。溶溶虽娇婉可爱,年幼尚可。"蔡守盯着十娘。十娘不作声,等着他往下说。蔡守笑了,他望着她的布衫说:"我没有说你年纪大啊,你比我年轻12岁呢!我尚且不老,何况妙尼十娘你呢!哈哈。"蔡守仰头大笑,十娘听得出来,他的笑里,没有对她的揶揄,只有对他自己的一点点自嘲。但是,为什么要自嘲呢,一个男人,在四十几岁,事业有成,更显成熟儒雅。

十娘不语,蔡守有些着急:"你呀,别人都求我赐名取号呢,你倒好,让我剃头挑子一头热。"十娘"扑哧"笑出声来,倒不是这样的比喻让她忍俊不禁,而因为这样的一句俗语村话从他名士蔡守嘴里说出来,实在让她有些吃惊。

蔡守把十娘当成知音,他也知道这个年轻的小尼姑同样也把自己视为知己,两个人在交谈中,很多思想是相融的,他们可以不费任何力气就能表达清楚自己,同时也能在第一时间洞悉对方想要表达的意思。其实,有很多次"心有灵犀"的巧合,都让十娘慌张无措,不知道内心最深处暗暗涌动的暖意是不是罪恶。

她的躲避,让蔡守更加喜欢,但是他也不敢轻易冒犯。现在,他想给她一个名字,她却这般冷漠,也是因为她身处佛门。

"一个名字而已。"蔡守本来是想吊十娘的胃口,现在见十娘还在洗那只毛笔不理他,就快快地站起来仰天长叹道:"没趣呀,没趣。"

十娘洗完毛笔净了手,说:"贫尼悟定,承蒙施主惠顾,不胜荣幸,哪里还敢讨扰哲夫为我取名。"蔡守见她眉目低垂,态度诚恳,便道:"你不问我,我心里憋闷。取好的名字,这般难以赠人,我蔡守实在是自讨苦吃啊。"

他俩漫步在檀度庵,蔡守说:"要不是庵规清严,我非要在此过一夜不可。晚上和你一起踏月赏梅,岂不更好。"十娘说:"你们这些人只是不知足,若不是看你们有些才学,庵里是万万容不得你们这样频来常往的。""那我也就无缘得见溶溶你了。"蔡守脱口而出十娘的俗家名字。

春寒料峭,十娘把蔡守送出屋外,蔡守一边慢慢走一边吟道:"'梨花院落溶溶月,柳絮池塘淡淡风',这样的景色,唯有北方才多见。北方的梨花开到盛时,那真是无与伦比的绝美。片片梨花皆似雪,铺天盖地,香气无边……十娘,我送你的名字叫——月色。"他突然把答案公布了,然后站定,去看十娘。十娘也停下脚步,然后又往外送他:"什么月色月色的,色即是空。"

十娘这晚没睡好,因为蔡守说,他好想带她去北方看看大片的梨花,看漫天翻飞的柳絮。这些江南也有,但远不及北方的盛大壮丽。十娘知道蔡守喜欢她,她的心里也涌动着说不清道不明的春意。但是,她是一个尼姑,是不可能有七情六欲的。她披衣起来,打坐静思,她要逼迫自己不要胡思乱想,就当是错会了蔡守的胡言乱语,蔡守的夫人有才有貌,蔡守怎么会去空喜欢一个小尼姑呢。就算他真喜欢,自己也不会喜欢他的,就算他年纪不大,就算他没有妻室,就算他不是政界的人……她也不喜欢,她是尼姑,她要在庵里静修一辈子。

十娘的书法在各种字体中,她最喜欢瘦金体。瘦金体为宋徽宗赵佶所创,运笔飘忽快捷,笔迹清瘦有力。十娘喜欢这种刚柔并济的字体,觉得它有梅花遇寒不凋的风骨,因此闲暇之余常常习练笔锋凌厉的瘦金体。

一日,高天梅、程大璋、蔡守等人正在檀度庵小聚,忽见一小尼姑神色慌慌张张进来,见有客人,又俯身低头退出去。十娘问她何事,原来刚才广州当局来人,把一纸公文交付给檀度庵。小尼姑说檀度庵和其他所有的尼姑庵一样,被政府"投变"收回,只留两间小舍供庵尼居住,她不知何去何从,心里没底就来找十娘商量。

这个消息来得太突然了。蔡守搓手跺脚,他感觉马上要面临一场生离死别,十娘如果去了外省的尼姑庵,那么,他们岂不是更难相见?五年来,这么有才气的女子,为什么竟突然要离开?这真是造化弄人!

师父派人来请十娘,蔡守等人只好暂且离去。

这晚,十娘抄经完毕,熄灯静坐。庵里的主持外出云游还没有归来,几个负责的师父商量着先做准备,檀度庵是不可能再居住了。那么,十娘她就要和其他众尼一起奔赴他乡陌生的尼姑庵。她在檀度庵已经待了二十八年,庵中的一草一木、一砖一瓦她闭着眼睛都记得,要离开吗?

十娘的眼前,出现了蔡守的音容笑貌,这位气宇轩昂的男子,从相见的第一天起,就给她留下了深刻印象。五年来,他们一起切磋技艺,谈诗作画,其中的默契只有他们两个知道。十娘虽然表面上静如止水,可心底,她真的很难控制对他的崇拜。很多梦里,他和她琴瑟和鸣,情投意合,笑醒之后,孤窗冷月,佛堂灯闪,她也只有默念经文,驱除这"不洁"之想。那天他为她起下的名字,她虽没有说接受,但早已把"月色"两字深深镌刻在心里。

可是,他们要分离两地了,他再也不可能带着他的才子朋友们来看望她,再也不能一起完成一幅画作。他留给她的,只有"月色"二字了。

十娘的脸上挂着泪珠,她任性地让自己的心疼痛,多少年来,她不曾有过这样的疼痛。父母抱她来檀度庵把她丢在这里,她虽然大哭但并不知疼为何物;她犯了错受到庵里的惩罚也从不委屈;她狠心请父母不要再来看她时,也没有太多悲凉;师父千百遍地让她画梅枝,她也没觉得苦;出门做法事再累她也不提一字……可是现在,她想到蔡守,为什么痛苦、委屈、不舍都一齐袭来了呢?

在如花似玉的青春里,她遇到了蔡守,也听到他吐露的心声,这对于一个青灯古佛前的女子来说,已经是人生里额外的"赏赐"了。

这一夜,月明如昼,她却再也参不透"色即是空"了,蔡守的眉宇间藏不住的爱怜她也看得到……

让十娘没想到的是,第二天,正当尼姑们匆匆忙忙收拾庵堂,高天梅和程大璋又来到檀度庵,他俩面色凝重,十娘被他们请进屋内。二人把门关好,低声郑重地对十娘说:"十娘之才,我等无不佩服。哲夫对你,已经心下怜爱不知几何。"十娘听到蔡守的名字,心头一酸。凌晨,她才下定了不再想念这个人,怎么还不到两个时辰,他们又来提到他?

高天梅说:"还俗吧。"

一个晴天霹雳乍响在整个房间,十娘惊得瞪大了双眼,她把持不住,用一只手支在木桌上。

程大璋说:"还俗,然后,你不觉得委屈的话,嫁给蔡守吧!"

六、毅然还俗去,琴瑟总和鸣

广州出奇地下了一场雪,一大早,她就在乱雪中把檀度庵走了一遍。她从小就在这庵里走动,后来,蔡守来了,她就陪着他走,现在,蔡守就要把她领出这里了,离开日复一日的念禅打坐,前面是什么,她不知道,但是,她要往那个未知里去了。

尼姑们扑打着身上的雪花,来往于各个禅堂,收拾行李,把她们需要带走的记忆统统装进箱子里、包袱里。她们虽然匆匆,却行动有序,举止悟然。

十娘不再是她们的十娘,她要做蔡守的谈月色了。她站在木格子窗前,指挥着来人把她的物品搬出去,装上车。她的物品,除了师父给的,就只有她的画和几件衣物。很快收拾停当。

师父已经很老,她跪在地上,头抵在师父的脚下。师父拍了拍她的后背,叹了口气,说:"去吧。"

她直起身,再拜,然后站起来,鞠了一躬:"月色走了。"她迈出佛堂的门,眼泪冰在脸上。她不再去拜别她的姐妹了,她受不了。

她,谈古溶,谈溶溶,不再是悟定,不再是十娘,她从俗世中来,又到俗世中去。尽管她说,她命硬,会"克夫"。但蔡守粲然一笑说:"那都是封建糟粕,我是不信的。就算是,我们就一起来打破它!"

她给父母捎去一封信,简要地说明了自己现在的情况。

这时正是1922年,在南社几位好友的帮忙筹备下,谈月色搬出檀度庵不久,农历二月十二日,由高天梅、程大璋做媒嫁进蔡家,成为蔡守簉室。

李澄宇(1882—1955)有诗赠曰:"守身如玉已多年,那信人间玉有田。痴绝玉鸳鸯不语,双双飞到佛灯前。玉鸳鸯已住瑶台,犹记莲花佛殿开。海燕玳梁宁得似,洞房春自汉宫来。"

蔡谈两位高才婚后,许多社会名流都前往祝贺,盛况空前。谈月色嫁过来之后,三人吟风弄雅,写诗作画,相得益彰。经常同和一个韵、同画一幅画,相融相辅,和谐自然。如《寒灯课子》图,就是张倾城、谈月色所画,蔡守题字。往来宾客都对他们"一门三绝"的才华和他们和睦共处的情分惊羡不已。

七、刻刀石上舞,巾帼技惊城

婚后,谈月色在蔡守指导下,绘画水平更加长进。她所绘的《月色梅花册》,先后有蔡元培、胡汉民、林直勉、于右任、叶恭绰、戴季陶、周肇祥、陈铭枢、王光烈等南社好友题咏。

蔡守在金石、书画、文献方面非常有造诣。谈月色在夫君面前,才知自己所学甚浅,尤其在墨拓和摹画古器的技法方面,她恳请蔡守手把手教授。谈月色又坚持蔡守教她篆刻,篆刻需要力气,哪是一般弱女子能操持的。但谈月色却执迷于此,在檀度庵她也略知一二,现在,遇到高手,她哪里有不学的道理?

谈月色在篆刻方面投入了相当高的热情,一发不可收,痴迷其中,不能自拔,常常手持刻刀一坐就是几个小时。渐渐地,蔡守意识到谈月色在治印方面的才华不可估量,于是给谈月色请程大璋、李铁夫、陈达夫等人为师,后谈月色又得到王福庵、黄宾虹等大师的关怀,技艺更是突飞猛进。谈月色治印涉猎甚广,以古玺、汉金文、甲骨、诏版、秦隶、汉碑额、陶文、钱币、封泥、瓦当、砖铭等融入印中,越来越得心应手。

在先前的印章中,从来没有人使用瘦金体,但谈月色对瘦金体那么喜爱、那么擅长,她想,何不把这种清丽劲瘦的字也刻入印中呢?谈月色说做就做,精心研治,将飘逸秀雅的瘦金体用刻刀融入篆刻中,使清丽字体与古朴印章相融,成为令人耳目一新的佳作。一介红颜,勇开瘦金书入印之先河,为人称道。谈月色的治印艺术得到了世人肯定,一时间,各地求印的人不计其数。这位奇女子,在短短的时间内,从一介隐尼步入中国印坛。

正如大多数文人一样,在儒雅外,持家成了蔡守的弱项,因此,他们的生活并不富裕,有时还会出现入不敷出的情况。谈月色平静淡然,她在庵中不慕繁华的心意至今未变,为了减少蔡守的压力,她不辞辛苦地画画刻印以补贴家用。她的画作上,经常钤印"月色溶溶写瘦金""蔡谈月色""牟轩双管""蔡守钵月色""牟轩夫妇同观"等。

一日，谈月色正下厨煎鱼，有人来求写对联，谈月色便放下锅铲，洗手做书。写完之后，煎鱼已经焦黑。蔡守哭笑不得，道："长安乞米瘦金书，促迫何堪急急如。放下煎鱼来拾笔，书成已叹食无鱼"。

谈月色画梅石，写道：

> 易米梅花不讳贫，玉台壶史自千春。
> 闽茶绝品承遥寄，我亦城南穷巷人。

初春窗畔，微风入户，绿袭轻帘，谈月色画画，蔡守钤印。时间在他们身边缓缓淌过，虽无锦衣玉食，却岁月静好，两情相和。李清照和赵明诚赌书泼茶的情调不过如此。

在与南社诸友的交往中，夫妇俩常将珍藏的文信画作拿出来，与志趣相投的友人欣赏。文信画作的艺术魅力再次被世人赏识，在一些文信的画作中，多位好友争相题咏。

1924年暮春，谈月色作《斗茶图》，蔡守题诗，二人钤印，后高燮作《题月色所绘斗茶图》："怪石如云，修篁似雨。中有茅亭，茶香一缕。茗碗错杂，红妆伴侣。此何人哉，呼之不语。倘非卢仝，定是陆羽。"

蔡守、张倾城、谈月色常与文友雅集，经常参加者有邓尔雅、崔师贯、邹浚明、莫汉、冯玉、胡锡麒、沉厚和、罗赛云、邓梦湘、陈兆年、区月恒、李式金、何冰甫、杨苦山、劳世选、叶敬常、陈文俊、卢卓民、傅韵雄、邓小苏、吕绍华、吕敏苏、崔秉炎等，每有雅集，大都填词为纪。

冬日，黄宾虹为谈月色作《古涧长松图》，又题："长松生风吹不歇，古涧出泉鸣自幽。玉屑饭余移白日，紫芝歌动振高秋。"

1928年8月，黄宾虹与陈柱尊等人应广西省教育厅邀请，赴桂林讲学、游览，又应老友蔡守、谈月色夫妇之邀，经广州稍事停留。谈月色向黄宾虹展示了文信的画作，黄宾虹对文信的艺术造诣大加赞赏。谈月色虚心求教，黄宾虹便授以笔墨变化之诀，篆刻奏刀畅达之技。为了更细致地示范如何用笔用墨，黄宾虹还特意绘山水立轴一幅相赠，谈月色用隶书作跋。谈月色秉承名师，深研实践，技艺大进，又深感师恩，刻"宾虹衣钵"一印，不离左右。

后来，冒鹤亭请谈月色刻"影梅盦""艳月楼"（董小宛居所）两方印，所刻精彩异常，冒鹤亭爱不释手。苏曼殊赋诗赞道："画人印人一身兼，挥毫挥铁俱清严。"

在其后的日子里,谈月色治印名声更加响亮,李宗仁、李济深、程潜等政要人物、蔡元培、柳亚子等文化名人,私人印章多出自谈月色之手。

广州城东龟岗的古墓里曾挖出一堆刻有文字的大木枋,保留下来的有十四根,上面分别刻着隶书"甫五"至"甫廿"的序号(缺"甫十九")。后来,蔡守和谈月色有幸得到"甫九"一根。1931年,谈月色收集整理好十四根木枋上的刻字拓片,送给北方的学者,罗振玉、王国维等多位学者非常重视,研究它们成了考古界的热门课题。马小进认为这是中国已发现的最古的木刻文字,王国维指出这就是秦汉时期的高级葬式"黄肠题凑"所使用的椁木,属于首次发现的佐证文献的实物。蔡守就把"甫九"二字斫了出来,镶上边框,珍存起来。

1931年,谢英伯筹建广州市立博物院,聘请谈月色为研究员,并请蔡守与谈月色共同主持东郊猫儿岗汉墓发掘工作。谈月色和蔡守不辞辛苦,在工作之余,奔波乡间,苦心搜集广州乡土文物。在白云山小梅坳,喜获明朝末年的歌者张二乔的墓志以及百花冢、妆台等石刻。蔡守、谈月色白天搜集,夜里整理,耗费大量心血,写出了《发掘东山猫儿冈汉冢报告》,刊在《考古杂志》第1期。《发掘东山猫儿冈汉冢报告》开创了岭南田野考古科学记录的先河,被考古学界公认为广州田野考古学的肇始。稍后,谢英伯与蔡守、胡肇椿等人组建了"黄花考古学院",谈月色又被聘为研究员。谈月色、蔡守不惜心力,对岭南城砖进行了专题研究,一起编著了《广东城砖录》。

1931年6月,为了介绍中西绘画、金石及文物,谈月色、蔡守决定创办综合性艺术期刊《艺彀》。为扩大知名度,夫妇俩邀请蔡元培、张溥泉分别手书发刊词和刊名。《艺彀》以谈月色所绘梅花作封面,封底有"蔡夫人谈月色画梅约",亦即谈月色的画作润格,蔡元培、于右任、孙科等10人代订。内页有蔡、谈与蔡元培、李铁夫等人合影,还有谈月色文《李铁夫师事略》,余述李铁夫身世、业绩及其随李铁夫学画因由。刊中有多幅文物照片,其中一幅为康熙年间青花瓷观音像,庄严大气、衣纹流畅洒脱,颇可观。可惜的是由于资金短缺,《艺彀》只办了一期。

1935年,蔡守收藏了宋徽宗的《万寿宫诏石》旧拓本,宋徽宗是"瘦金体"祖师,谈月色准备把这个拓本影印发行公之于世,在当年第五期《国学论衡》上刊发启事:"谨征国学会会友题咏或跋赐寄,当以画梅为报"。"国学会"指清末成立的"国学保存会",蔡守是该会的创会人之一。

谈月色最著名的绘画作品是其在1935年画的《蟠龙墨梅通景》,该画为其平生得意之作,先后在该画上题跋的知名人士有蔡元培、于右任、章太炎、冯玉祥、李根源、柳亚子、程潜等五十余人,成为民国时期著名书法家墨迹集锦。

八、挥别故土去，伉俪赴南京

1936年，蔡守赴南京博物院担任鉴定研究员及国史馆编修，谈月色随同前往。谈月色极为珍爱先前在广州搜集到的秦汉古物，亦随身带往南京。他们的寓所很快成为南社会员及文人墨客聚会之地。在广东时，广州罗岗、六榕寺都留下谈月色赏梅的身影，加之在檀度庵所得，各类梅花的形神早已深谙于谈月色内心，因此她信手拈来，下笔成花，她画的梅花枝干粗健，枝叶细腻，花蕾含韵，色泽艳丽，用墨纯厚，所画梅花惊艳了众人，人送雅号"梅王"。蔡守画石，谈月色补梅，"蔡石谈梅"成为佳话。柳亚子曾题诗云："贻我黄杨印，题君墨梅图。琼瑶无以报，惭愧对林逋。"将谈月色比作宋代画梅名家林逋，赞誉已极。秋天，夫妇二人在南京举办"蔡守夫妇书画篆刻展览"，盛况空前。谈月色的篆刻与书画为宾客惊叹，一时间求书、求画、求印的社会名流络绎不绝。

1937年初，黄宾虹也应聘到南京博物院鉴定字画，谈月色又有机会近得良师，虚心求教。黄宾虹对谈月色的刻印十分欣赏，晚年用印多为谈月色所刻。

蔡守在印界的声名早已远播，后年纪增长，眼睛欠佳，逢有人来索印，有时候会让谈月色捉刀。也有人对女子之才有所质疑，更怀疑谈月色所作皆出自蔡守之手，蔡守作诗道："衰翁六十眼昏昏，治印先愁臂不仁。老去千秋有钿阁，床头翻误捉刀人。"

九、国殇天易色，白贮躲贼兵

李清照赵明诚鸾凤和鸣的好时光，是谈月色深深喜欢的；但世事无常，灾难从不理会风花雪月，它横冲直撞，所向披靡，让人猝不及防。冬天，谈月色还在计划与蔡守一起外出赏梅，日军便攻陷了南京城，随后，惨绝人寰的南京大屠杀开始了，整个南京城阴云惨淡，血腥弥漫。

蔡守带着谈月色一道仓皇避难，同行的还有画家李桔叟。危难之际，保命要紧，他们忍受着从未有过的饥寒交迫，一路颠沛，风餐露宿。所经之处，遍地都是逃难的人群，山河一片破碎。他们作为文人，更加了一层伤感之情。

蔡守年事已高，这样的逃难对他实在是考验，谈月色陪护在他身边，尽心服侍，百般照顾。

几经辗转，受尽辛劳，他们来到了安徽当涂白贮山，在一处佛堂稍稍安顿下来。

在这里,谈月色穿上蔡守为她找来的男人衣服,女扮男装,和蔡守、李桔叟日日在佛堂念经。然而,战火频仍的中国,白贮山也非世外桃源,日本兵也常来这里滋事。有一天,日军闯入佛堂搜寻妇女,谈月色一看大事不妙,在地上抹了一把灰胡乱地涂到脸上,日本军进来扫视他们,呜里哇啦问话。蔡守颤巍巍拿了一张纸,写上"三人男"(日语,三个男人)给日本兵看。日本兵看后,骂骂咧咧地离开,又去别处搜寻。

蔡守看谈月色如此模样,心痛难忍,泪水淌在沧桑的脸上。谈月色笑说:"我们这不是好好的吗?一切都会好的。我们还要赏梅花,看月色,你还要带我去北方住进梨花小院里画梅治印呢。好日子在后头,你不要这么悲观。"李桔叟仰天长叹,时运不济,折煞一对璧人啊!

第二年秋天,又传来广东沦陷的消息,广东,留下了他们太多故事,蔡守与谈月色远眺家乡、泪落纵横。

十、回宁万事哀,玉郎西天行

1939夏,蔡守与谈月色从当涂白贮山又辗转回到南京,他们不愿再过漂泊无依的生活,回到南京,至少心里是安稳的。谁料,他们淮海路上的家已经被日伪占去,索要无门。四处破砖烂瓦,荒草杂乱,满目凄然。谈月色诗作《乱后入南京》:

> 乱后行窠已荡然,艰难设备苦经年。
> 劫余尚剩铭心品,三个陶瓶两古砖。
> 凄凉破国并亡家,犹有闲情买乳华。
> 愿学石梅三绝技,造壶治印写梅花。

蔡守也写诗记录这场国难:

> 杀声满地犬狂吠,烽火横天月不光。
> 有翼难飞同命鸟,上张罗网下迷阳。
> 尸林火罅逃亡出,喘气椎胸涕泪挡。
> 四望满城烟与火,身家存否念星侨。

家不复在,蔡守与谈月色赁居搬到鼓楼二条巷雏凤轩居住。蔡守把寓舍取名为"茶丘",甘守清贫。他与月色以卖画、治印度日,一如他们从前在广州陋巷。谈月色刻印"丁丑十一月七日当涂罹难戊寅八月二十八日广州家破""虎口余生",记下了刺伤她心灵的生平劫难。又刻"无欲则刚""历劫不磨"借以明志。国殇家难,没齿难忘,而谈月色,如傲寒之梅,虽历冰霜仍不失芬芳本色。

虽然清贫,但夫妻俩仍然热情接待来访文友,并尽可能接济清寒友人。冒鹤亭、石学鸿等常常来访。冒鹤亭曾跟人谈起:"月色与寒琼共贫苦,家无佣妇,万事躬亲,并以仆事篆刻为活计。但每见人贫苦,必竭力资助,洵当世难得者。月色每见人苦,必竭力倾助。"值此离乱忧患之时,谈月色夫妇仍不忘苦中作乐,1940年正月十六是杜茶村生辰,夫妇二人遍约文人名士作"茶寿会"。当天,众人皆写诗作画助兴,满堂珠玉,遍座雅香,其乐融融。黄宾虹题曰:"茶村挟济世才,丁时数奇,忧患流离,羁栖转徙,其所以诗,读者谓天宝之杜甫,义熙之陶潜。以蔡君之才之遇,方之茶村,古今一辙,当无不同。"这些南社社员在最艰难的日子里依然不失对艺术的追求、对生命的热情礼赞,这是他们最坚韧的文人特性。谈月色身为其中一员,也感受到了艺术于人的重要,她兢兢业业,认真画梅治印,从不敷衍。南社社员沈禹钟曾为谈月色题诗云:"韵事红闺似仲姬,侨踪老向白门羁。瘦金字认谈家印,比玉分书未足奇。"

蔡守作《白贮山避难图》记录他们在安徽避难之事,又把当时在佛堂写的"三人男"纸条装裱其中,众多名家纷纷题咏。谈月色刻"还我读书身"等印,痛斥战争给百姓带来的灾难。

生活困顿,时局动荡,63岁的蔡守身体逐渐衰颓。谈月色一边照顾陪伴他,一边画梅治印,聊以度日。蔡守常常呆望着一处,久久不作声,那个风流倜傥的英俊男子,被岁月摧残得如同一棵枯木。他对谈月色说:"本来是想照顾你一生,可现在,竟要你这般辛苦,没有你,我连口饭都吃不上了!"谈月色说:"和你度过的每一天,从前是浪漫快乐,现在虽然清苦,但我心里是安稳的。我从来不后悔。"

蔡守知道谈月色还惦记着梅花,有一天,蔡守说:"咱们去明孝陵梅园看蜡梅吧。"谈月色说:"我喜欢的是梅花,不是蜡梅呀。"蔡守笑道:"梅花开了咱们再去看,现在蜡梅开得正好,去一趟也好。"

然而,他们并没有等到这一年的梅花开放。12月14日,蔡守因心脏病溘然长逝。

谈月色的世界坍塌了。她伏在蔡守身上几度昏厥,她不敢相信蔡守会这样突然地离她而去。

痛定之后,谈月色才发现,自己竟没有能力替蔡守办一场丧事!她的眼泪哭干,肝肠寸断。

南社诗友们听说蔡守病逝,纷纷慷慨解囊,前来帮助谈月色料理丧事。南社社员的情义,给万念俱灰的谈月色带来一点温暖,让她在丧夫之后,有了活下去的勇气。

安葬了蔡守,谈月色渐渐安静下来,日子还要继续,他们的愿望还要努力实现。从此,她埋头画梅治印,一一答谢曾资助她的南社友人。谈月色,这位坚强的女子,以自己的艺术之心,回应着这个世界给予她的苦难与幸福。

十一、遗稿旧人面,涕泪付卿卿

生活还要继续,因为谈月色感觉到自己对于蔡守还有未完成的事。为了生计,她在铸印局谋得一份差事,工资微薄,勉强糊口。清贫的日子使谈月色身子更加单薄,但命运还是不肯眷顾这位可怜女子。一日,有窃贼趁她上班摸进家中,把她与蔡守在战乱里舍命保存下来的收藏如担当的山水、苏曼殊画作、吴趼人所刻印章等,统统窃走。谈月色回家后,悲愤交加,痛心不已。

孤身一人的谈月色,白天工作,夜晚独对孤灯。她决定把蔡守的作品搜集整理出来,这是对他最好的纪念。她向众多文友打听,搜集。有的文友欣然提供,有的却懒于理睬,谈月色就不惜多次写信或亲身造访,以求得原作。蔡守的作品,有的落入市井之人之手,谈月色历尽千辛万苦,辗转打听到下落后,也只字必索。

蔡守字哲夫、寒琼,晚年自号寒翁,因此谈月色把蔡守遗稿整理为《寒琼遗稿》,醵资刊行。所发小启云:"先外子漂泊四方,坎坷一世,杜子美放歌巴蜀,伤乱为多;屈大夫泽畔哀吟,忧时实甚。付诸剞劂,聊以阐幽,祸及枣梨,未尝计虑。但子云受生前覆瓿之讥;而简斋有死后搜瘢之喜,固有非未亡人所敢雌黄也。"谈月色又请黄宾虹作序,《寒琼遗稿》终于于1943年刊印,了却了她一桩心愿。友人感其深情,作诗相赠:"调粉染脂笔不干,春痕秋色入冰纨。伤心捡取归来稿,帘卷西风李易安。"

在谈月色任职于印铸局期间,与徐文镜、唐醉石、吴朴堂等名家共事,并经常与金梁、周肇祥、邓尔雅、陈达夫、简琴斋、杨千里、寿石工、李尹桑、沙孟海、冯康侯等知交切磋技艺,相互砥砺,博采众长,最终独树一帜,自成一家,成为现代史上治印名家。

十二、艺播新天地，千载有芳名

柳亚子非常欣赏谈月色的篆刻，1949年之后，他向毛泽东主席推荐谈月色。后来，民政部通知谈月色为毛泽东治印。1950年3月，谈月色为毛主席刻三枚印章，"毛泽东印"两枚及"润之"印一枚。她虽是女性，在治印方面却没有柔弱之感，相反，却力贯方寸、一气呵成、痛快淋漓，用刀精准而简练。

谈月色后被聘为江苏省文史馆馆员，曾三次在江苏美术陈列馆举办"谈月色书画篆刻展览"，被选为政协委员和第三、第四届全国妇女代表。她先后向广东和南京博物院捐赠自己收藏多年的文物和自己作品。

谈月色一生命运多舛，对艺术的追求却从不停歇，曾经刻"一刀雕断是非根"为座右铭，从不与人争名夺利。晚年隐居峨嵋岭十四号，淡泊繁华与虚名，闭门谢客，孜孜授徒，直至去世前仍笔耕不辍。著有《月色诗集》《中国梅花发展史》《月色印谱》等。

一介庵尼，却习得一身清才。为爱还俗，更得高人指点，谈月色擅画梅，擅瘦金书，更是篆刻名家。她果敢、善良、勤劳、智慧、淡泊，在金戈铁马、乱世动荡的岁月，这位才情四溢的简静女子，犹如一抹温柔月色，随着时光渐行渐远，她的才情与气质愈加光辉烁烁。

乱世负载卿与侬

——从谈月色的一场梦说起

张雅萍

雅萍谨案：谈月色先生，盖奇女子也。少年祝发为尼，复为一人入红尘，一奇也；诗书画外兼治金石考古，人目为近代第一女印人，二奇也。若夫身世造诣云云，则其高弟徐畅先生、邑人禹戈所述备矣。余今据《寒琼遗稿》及《南社湘集》，欲敷其京兆牛衣故事。

谈月色和夫君蔡守是近代艺坛上一对著名的伉俪，两人精通诗书画印，有很高的金石学造诣，素为人艳羡。月色的生平际遇与艺术成就，前人已经有文章详细介绍过，本文主要聊聊月色和其夫君在乱世中相濡以沫的故事。

某天晚上，谈月色做了一个不可解的梦。在梦里，月色、寒翁和两名陌生男子在桌边吃饭。餐中，其中一人拿出三张小纸条，说："这里有三件事，除了月色，再无人能办，快快将你的姓氏题在上面。"月色还没来得及答应，坐在身旁的寒翁急忙摇晃她的手臂，人就这样醒了。整个梦并不怪诞，只有平淡如水的用餐场景和熟悉的寒翁，却没有开头和结尾。这是一个什么梦？

直到寒翁去世一年，月色才明白，"这是一个预言的梦，一个妖梦。"她望着黑漆漆的窗外，金陵簌簌地下着小雨，天气越来越凉了。那竟是1942年的中秋节。对于她而言，寒翁的收殓、安葬、《寒琼遗稿》的编辑，刚好是三件大事。而这三件大事，唯独陪伴寒翁到生命尽头而才情并茂的月色才有能力完成。谈月色曾有一个儿子，取名朔，又名十五，可惜仅活了五天就早殇。古人认为不孝有三，无后为大，站在寒翁的角度来看，尽管月色没有留下子嗣，她作为精神伴侣，征资付梓的《寒琼遗稿》为蔡守保存了遗作，在妻妾之中居功实为最伟。

月色在娘家排行第十六，自小出家为尼。在遇到月色以前，寒翁也邂逅过众多能诗能画的"词女"。在提倡男女平等的民国时期，不少人仍纳妾狎妓，寒翁就是其中之一。翻检《寒琼遗稿》，可知除月色外，寒琼还有一位原配张倾城，有一黄氏妾。张氏有一子二女，黄氏有一子一女，唯独月色茕茕孑立。有名有姓的红颜知己何其多：刘春，又称春娘、春儿，在1905年寒琼获罪时善为护持，寒琼赠有"拔钗沽酒情何限，并枕谈诗抱绝伦"之句；篆魂，似乎嫁到了香江那头，寒琼念念不忘，埋怨着"牛郎何幸得天女，巧妇终怜嫁拙夫。乞借灵禽填恨海，寒琼还复近温瑜"；陆贵真、吴子龢这两位沦落风尘、颇有才情的女史，和寒琼有过一段"西泠携艳访残碑"的情缘，寒琼曾笑称"余当馆吴于南峰，馆陆于北峰"；海素，又名小屏，寒琼诗云"海素重悼意自痴，初禅尤怯断心时"，把她比作杜甫笔下的黄四娘，暗示海素姑娘也是一位"花禅"；张光蕙，又名琅姑，寒琼女弟子，两人甚至因为彼此把名字改了，一个叫思琅，一个叫心琼，心系彼此，所赠诗词有极艳者，当时寒琼好友邓尔雅也暗知两人心事，作诗相调，后来琅姑"误嫁刘郎"，而痴情的寒琼还"深盼卿，坚守心琼，换巢鸾凤教偕老"，"舍文君、此意谁晓"。除此之外，寒琼对"骚香子""雪丽青""璩君""蕴瑜"等人也是一往情深。这在今天看来简直是滥情，但在当时并不涉及道德问题。月色就是在这样的背景下闯入了寒琼的生活里。

月色是蔡守的妻妾中唯一一个能够在艺术成就上超越蔡守的，这不仅造就了她的艺术独立，更实现了人格独立。管赵风流也好，李赵家风也好，在那个时代，女方的才情只是感情的点缀，实则过犹不及。赵明诚对于李清照的辞章是有所忌惮的，而且没有共同的子女始终是个缺憾，而李清照对于赵明诚在外纳妾、弃己而逃的行为一直颇有微词。无论如何，月色的爱情生涯，比李清照的故事温馨得多。除民国女性地位不高外，月色不计较寒琼的情感经历，更因为寒琼是她的恩师和伯乐。寒琼是月色的篆刻启蒙者，假如寒琼不曾延请黄宾虹等人亲自教导月色治印，假如月色不曾跟随寒琼入京谋生，那么，即便她天资过人，可能也达不到如此高的成就。

张倾城和子女们长住香港后，寒琼的身边就只剩下月色。从前，他用情既多且痴，现在，他的诗集多了许多和月色的联句，少了躁动不已的春思。为赵石禅祝寿、各类应酬性的题画唱和、友人吊唁、精美拓本，一首首珠玑小诗的背后是两个人的匠心独运。重印莲香集、试拓百花冢、为彼此祝寿征诗，在当时文人的共识中，哪里有蔡守，哪里就有谈月色。办杂志是新潮进步的事，两夫妻合办一份考古杂志，而受到许多同行的称许。

他们的诗作中，有一些感人的日常生活片段。隆冬时节，两人双双病倒，痊愈未久，几乎又被严寒击倒。这时月色偶然获得了一笔丰厚的润毫，两人欣喜若狂地买了一件貂裘。"一生好奇服，垂老犹狂颠，倾囊买此裘，甘心过穷年。"描写饮食的诗句就更多了,"蚝肥笋脆山肴美""周妻何肉作浮屠","放下煎鱼来拾笔,书成已叹食无鱼","更召邻翁饭,煮豆燔胎虾"。君不见,有人用烧鸭换画,有人用羊膏换画,月色一一应允。虽然两人享誉艺林,但生活却比较简素,并且奉此为人生美学。置办貂裘,珍惜食物,不仅不是虚荣,更是一种君子固穷、安贫乐道的情结。

"乱世负载卿与侬,苟全性命乐无穷"——这大概是月色在梦里,尚且和寒琼一起静静吃饭的原因了吧?

女诗人陈绵祥

齐朝阳

1900年10月,在吴江同里三元桥畔陈家老宅内,陈去病的夫人唐安霞产下一女。陈去病与唐安霞的婚姻完全是传统的"父母之命"。他们于1876年订婚,当时陈去病刚满2岁,唐安霞年仅1岁。1895年,21岁的陈去病奉母亲倪太夫人和沈太夫人之命,与唐安霞成婚。那一年,正是中日甲午战争的次年,国家进入了一个多事之秋。

结婚以后,在"革命与雪耻"比"仕途与娇妻"更重要的志向下,陈去病四海为家,服膺革命,直到婚后五年,唐安霞总算怀孕了。1900年10月15日,25岁的唐安霞生下了一女。翌年夏,做梦都想抱孙子的倪太夫人仙逝。陈去病把女儿当儿子养,对她寄予极大的期盼,希望女儿长大成人后,能如同儿子一样继承自己的事业,由此,取名绵祥,字馨丽,又字亨利,号希虑(音伏)。

她 的 诗

儿时,陈绵祥受到严格的传统教育,虽然是女孩子,家里仍请来私塾先生讲授古文。绵祥天生聪慧,在长辈的督促下,童年就开始钻研古典诗词,积蓄了深厚的国学功底,同时,也经常临摹《灵飞经》法帖,练就一手漂亮的蝇头小楷。后来,进了同里镇的丽则女校读书。1907年,陈去病曾在上海落脚,居住在邓实、黄节、刘师培创办的藏书楼里,主持国学保存会会务,并收集整理古籍,编辑撰写文章,结交文朋诗友,绵祥也住藏书楼,并在上海接受教育。她先后到当时的爱国女校和上海竞雄女学师范读书,毕业后,进入蚕桑专科学校,后又到在南京东南大学读书。

1918年陈去病赴广东参加孙中山先生的军政府,绵祥作《寄父粤东》一律:

三宿出昼异接淅,未逢伯乐孰相识。
　　世事凄桑独善佳,况乎儿女常相忆。
　　离乡背井日迟迟,昕夕柔亲事培植。
　　仰天俯地一长吟,梦绕椿庭如在侧。

1922年,绵祥写了一首《秋庭晨课图》,怀念自己的母亲:

　　醰醰书味忆儿时,一念劬劳泪欲滋。
　　我亦人间无母者,天涯何处白云思。
　　春晖难护北堂萱,想象空余笑语温。
　　从此秋风庭院里,年年花发有啼痕。

这里的"北堂萱",借指绵祥之母唐安霞夫人。这两首诗,写出了绵祥的拳拳之心。她对父母亲的爱、孝顺与牵挂,对亲情的渴望,跃然纸上。

在另一首《慧母命作咏雪一律》中,绵祥写道:

　　小窗昨夜雪霏霏,六出琼花款款飞。
　　散处如盐尤洁白,沾来若絮认依稀。
　　三竿修竹节愈劲,一树寒梅蕊忽肥。
　　莫羡谢家群从集,且顷绿蚁奉庭闱。

这里的"慧母"是指寄母徐自华。诗中使用谢安试子侄咏雪的典故,套用白居易诗"绿蚁"巧指美酒,良好的人文熏陶和坚实的文学功底一览无遗。

陈去病与柳亚子的父亲柳念曾、叔父柳慕曾同为松陵镇诸杏庐的弟子,都是雪耻会成员,因此柳亚子比陈去病"晚"了一辈,于是,陈绵祥也就成了柳亚子的"祥妹"。二十几岁时,绵祥在七律《和亚子欷字韵》中写道:

　　怅望东江欲一欷,何曾雅集对香匜。
　　故家零落慈颜杳,人事苍茫昔景非。
　　风起正思鲈脍美,菊残犹有蟹螯肥。
　　知君应作消寒会,重向迷楼认酒旗。

这首诗得到了南社前辈的一致赞赏,称其为"才女",陈去病的女公子就这样叫开了。柳亚子用蔡文姬和谢道韫来形容她,称她为"桑海文章第一才"。

柳亚子有两首七律,一首是:《十日巢南招饮酒楼,即座赋呈间示馨丽世妹》:

廿载交情未死灰,招邀且共斗深杯。
乡邦耆旧无双士,桑海文章第一人。
身有千秋原自信,胸罗万卷要重裁。
刘家豚犬君休羡,珍重传经伏女来。

另一首是:《次韵和陈馨丽女生兼呈巢南》

孔李通家誓未灰,一诗和我抵琼杯。
辨琴早识文姬慧,咏絮今知谢女才。
文献惭余慌旧学,风云盼尔建新裁。
凤毛要有超宗美,他日中原草缴来。

而陈绵祥的和诗是:

小春时节动葭灰,上客相逢荐一杯。
白发萧条亲渐老,青年豪荡尔多才。
英奇满座欣谈宴,风月从头好剪裁。
自古欢场能有几,漫杯松菊赋归来。

可以看出,在唱和之间,无论是韵,还是意,绵祥都已炉火纯青。柳亚子还在另一首七律中写道:

解围俊语青绫障,表德雄文黄绢辞。
芳雪疏香久寥阔,扬今榷古一追随。
家风名父原无忝,词苑新交未恨迟。
百卷松陵传秘籍,丹铅费汝校雠时。

绵祥和道：

> 刚吟蚬江迷楼集，又见斜塘乐国辞。
> 如此欢情真不易，羡他朋好总相随。
> 临风有慕曾何益？侍父开筵未算迟。
> 容易韶光消歇尽，不堪追忆为儿时。

就这样，亚哥与祥妹诗词唱和，祥妹的诗也越写越好，逐渐跳出了风花雪月的小圈子，开始放眼天下，忧国忧民。1943 年，43 岁的绵祥在湄潭生子蔡恒胜，56 岁的亚子得知后写诗《跳踉一首寄馨丽湄潭》：

> 群纪交情廿五春，难忘辫发跳踉辰。
> 雨花台下驱车共，明圣湖头使酒频。
> 中年依人还落魄，能狂名父愧传薪。
> 思量汤饼筵前见，四十生儿湄水潭。

诗中回忆了两人年轻时在南京的情景，讲述了两家的世交，并贺绵祥中年得子。在与柳亚子的和唱与书信来往中，陈绵祥的诗词从思想到艺术都得到了提升。两人友谊绵长，鸿雁往返，互诉心曲，唱和诗词至柳亚子逝世。

1921 年 8 月，在柳亚子和余十眉的介绍下，绵祥加入了南社，为第 1100 号南社社员。绵祥参加了在上海半淞园举办的南社第 18 次雅集，也是南社的最后一次雅集。1923 年 10 月，她参加了在上海都益处菜馆举行的新南社成立大会，俨然是南社社员中立意要在新文化运动中赓续南社精神的少壮派成员。1923 年年底，《浩歌堂诗钞》10 卷刊印，正值陈去病 50 虚岁，柳亚子等人作序，23 岁的绵祥任校阅，可见她是得到老父亲真传的。

余十眉是陈去病的老友，也是绵祥加入南社的介绍人之一。他与夫人胡淑娟作画《鸳湖双桨图》。1924 年，为寄托对亡妻的哀思，余十眉请南社社友为此画题咏。绵祥题道：

> 鸳鸯湖水艳春风，双桨当年意态融。
> 骤雨忽将连理折，只教奇泪泣残红。
> 明月中庭影半空，悼亡情思满诗筒。

> 瑶天应念新图画，长使离魂入梦中。

满满的追忆，深深的怀念，尽在诗中。南社社员陈家鼎的两位妹妹家英、家庆也是南社社员，绵祥与她俩一见如故，赠诗给她俩，大有相见恨晚之意。

> 瘦削弯腰病后身，松松云鬓怯精神。
> 娥皇奉向潇湘住，镇日应怜不解颦。
> 绝代才华绝代姿，相逢此日未嫌迟。
> 河山变幻知何极，旧学商量好共期。

1924年，绵祥作《秋梦馆焚余诗草》，亚子写《秋梦馆焚余诗草序》，希望绵祥不但要继承去病先生的文学衣钵，还应该学习去病先生的革命精神，要扬起"黄龙痛饮，朝翻革命之旗；绛腊高烧，夜草女权之檄"的豪气。这和当年鉴湖女侠秋瑾在《赠女弟子徐小淑和韵》中所说"我欲期君为女杰，黄龙饮罢共吟诗"是一个意思。就在这一年，绵祥参加了父亲陈去病先生发起的江苏民治建设会，并且出任秘书。该会提倡民众要有自治意识，实际上起着为发动北伐动员组织民众的作用。走向社会，外面的世界真精彩，她和南社社员交往唱和，心情开朗，脱出小我的绵祥，诗风为之一变。

1927年蒋介石发动"四一二政变"，大批共产党人惨遭杀戮。为了悼念被害的同乡兼同事张应春烈士，柳亚子请人绘制了《秣陵悲秋图》寄托哀思，陈绵祥在图上题了4首七绝。其中之一：

> 忆得当年滞沪台，春风几度见君来。
> 难忘粤海归身日，过我红窗去复回。

表示对这位同乡战士的怀念。而另一首：

> 沧海曾经鬓未丝，楼头镇日苦相思。
> 剧怜满腹恩仇事，话与旁人总未知。

则表达了对柳亚子内心痛苦的理解和同情。

绵祥父亲陈去病是孙中山先生的忠实追随者，寄母徐自华是秋瑾的生死之交。在耳濡目染下，绵祥紧随去病公与寄母追求自由、进行民主革命。绵祥对秋瑾女侠特别崇敬，秋瑾牺牲后，去病公与自华为安葬秋瑾四处奔走，绵祥也跟随着他们为建秋祠、立秋社尽心尽力，写了许多纪念秋瑾的诗词，抒发革命豪情，并自号"秋梦斋主"以明志。由此，也就可以理解为什么抗战胜利后陈绵祥能写出《龙吟曲》的原因。

八年抗日凯歌，牺牲多少英和烈。吴头楚尾，江滨海甸，滔滔碧血。革命先锋，工农战士，志坚如铁。有壮怀忠悃，红心报国，以身殉，千秋业。
长忆江东转战，履艰危，奇冤终雪。中原板荡，南天柱立，青松高洁。敌后荆榛，奇兵挺进，制胜方略。仰延安北斗，光辉指路，扫强梁灭。

该词赞颂在敌后坚持抗日的工农武装，鲜明地表明只有共产党的延安才能救中国，十分难能可贵。虽然蛰居偏僻的贵州湄潭，绵祥的是非观念却非常分明，政治态度十分鲜明。

她 的 事

柳亚子1941年在《寄毛主席延安》诗中，有"粤海难忘共品茶"之句，指的是1926年5月，时任国民党中央监察委员的柳亚子赴广州出席国民党二届二中全会，与时任国民党中央候补执委兼宣传部代理部长的毛泽东的初次晤面。在国民党的二届二中全会上，围绕着坚持还是背离孙中山先生的新三民主义，国民党左派和右派之间发生了激烈对抗。第二天，柳亚子毅然拒绝赴会，并"携眷移居陈馨丽女士宅中"。1949年，毛泽东在《七律·和柳亚子先生》的首句里提到"饮茶粤海未能忘"，便是浓缩了这段史实。

陈去病的表弟叶楚伧为绵祥介绍了一位江苏周庄籍朱姓军官，在广州国民政府中工作，陈去病一口答应。谁知道，朱军官因经济问题遭查，贬回老家，心情不畅，对绵祥拳脚相加。绵祥哭诉于父亲，陈去病懊悔不已，却又一筹莫展。叶楚伧知此，怒斥朱军官，亲自帮助解除婚约，不久绵祥在上海生下儿子。

陈去病本来就把女儿当儿子养，此时又没有儿子，便把外孙当孙子养，按家谱"绵世浸远"的排列，取名"陈世安"。短短一年多的时间，陈绵祥经历了婚变生子，低落的心情可想而知。于是，她选择了"逃避"。

江苏吴江自古是鱼米之乡，盛泽更是"日出万匹，衣被天下"的丝绸之都，在实业救国的影响下,绵祥东渡日本,学习蚕桑。陈绵祥留学日本,一是想变换环境,躲避世俗的聒噪;二是学习日本先进的蚕桑科学技术,希望能够工业救国、科技救国。从1927年到1930年,绵祥数次去日本,在日本期间,结识了昆虫学家蔡邦华,等来了久盼的幸福。

1930年陈绵祥在奈良观鹿

陈绵祥与蔡邦华是"姐弟恋",蔡邦华在溧阳老家有结发妻子,陈蔡恋情不被陈去病看好。他"笃旧",不想女儿去给人家做"小",所以,陈绵祥与蔡邦华的恋情只能走入地下。直至1935年,陈绵祥与蔡邦华才修成正果,在上海结婚,证婚人是柳亚子。

陈、蔡结婚后在南京安家,绵祥仍在司法院上班,邦华在南京中央农业实验所从事螟虫生态和防治的研究。抗日战争前夕,绵祥与丈夫回到杭州,邦华任浙江省昆虫局局长;1938年,在竺可桢校长的邀请下,邦华重返浙江大学任教,此后绵祥不再工作,退隐幕后相夫教子。

英俊潇洒的"工科男"蔡邦华,古文功底厚实,诗词图画俱佳。早在1924年,邦华从日本留学回国,任国立北京农业大学生物系教授(22岁),时为中国最年轻的教授。以前没有照相机,邦华在中华农学会报上发表《鳞翅目幼虫研究纪要》等文章,那些栩栩如生的昆虫都是他一笔一画画出来的。1939年8月,浙大西迁到广西宜山时,由于战局紧张,学校何去何从,一时众说纷纭。邦华原已接受了云南大学的邀请,准备去昆明,行李都装上汽车了,竺可桢校长果断决定,任命当时年仅37岁的邦华为农学院院长,并授命其为西迁先遣队,前往贵州选址,还让蔡邦华赴重庆,将竺校长的西迁决定告知当时的教育部长,取得在经费等方面的支持。邦华回宜山后,提出校址设在遵义的方案。其实,当时竺校长曾得到国民党密令,浙大就地解散,师生并入重庆的中央大学。竺校长将西迁方案提交校务会议讨论后,拒绝了解散浙大的电令,决定浙大西迁贵州的遵义办学,并在湄潭设立分部,邦华负责学校在湄潭的大小事务。这一决定保住了浙江大学,蔡邦华功不可没。

为支持敌后办教育、为民族的将来储备人才,在当时师资极度匮乏、生活艰苦、仅赖灯芯草油灯照明的条件下,绵祥与贝时璋夫人、谈家桢夫人义务办学,走上讲台。在浙大西迁的岁月里,绵祥与邦华虽然生活艰辛,但相濡以沫,感情笃深,常以诗词唱和,相互鼓励,共度艰难时光。

为了在词律上有进一步的造诣,近40岁的绵祥在浙大当"旁听生",并得到了当时浙大文学院的古诗词教授的好评,传为一时佳话。

1953年陈绵祥、蔡邦华离杭去京时留念

1952年,时任浙大农学院院长的邦华遭人诬告,被当成"老虎",横遭劫难,被隔离审查。绵祥带着幼子(当时陈、蔡婚后的3个孩子分别是16岁、9岁和7岁)在家担惊受怕。几个月后,以"查无实据,销案处理",并将邦华上调中国科学院而不了了之,但绵祥的身心已受到很大伤害。1957年5月,时任浙江省省长的沙文汉给邦华写信,对自己在1952年"三反"中的错误进行了诚恳道歉,绵祥的心中才好过了些。

1964年在北京,绵祥得了较厉害的白内障,需动手术,又怕手术不成功而邦华无人照顾,因做《示邦华》一首:

琴瑟相和三十春,鹿车共挽不忧贫。
要求玉体长生诀,来护庭前玉树新。

"文革"时,邦华再遭冲击,被关进"牛棚",全家被驱赶到仅8平方米的斗室。
20世纪70年代末期,改革开放了,全国科技大会召开了,邦华不顾年迈,出席各种会议,接见来访外宾;1983年,邦华去世,绵祥哀痛欲绝。两年后,绵祥也因悲痛与思念驾鹤西去。

绵祥去世前,曾和儿女们聊起她的一生。她说,别人说她是神童、奇女子、诗人,而她自己认为自己只是一位爱国的诗人,因此嘱咐子女:"在我墓碑上刻上'女诗人陈绵祥'足矣。"绵祥与邦华的合葬墓在苏州花墩山公墓,墓碑上刻着"女诗人陈绵祥"。

母 子 情 深

1927年6月23日(农历五月廿四),陈绵祥在上海生下儿子,小名沪生,家里人唤作阿沪或沪官。此乃绵祥与第一任丈夫周庄朱姓军官之骨肉。

早在1923年,绵祥为父亲校阅《浩歌堂诗钞》时,有位没有结婚的"丈夫",是她在东南大学的同学,一位才子。陈去病请人上门说媒,让才子入赘,被男家一口拒绝,陈去病为此还闷闷不乐了好一阵子。后有表弟叶楚伧介绍周庄朱姓军官,去病答应了。

1926年春,绵祥与朱军官在广州安家,曾接待过柳亚子夫妇。朱军官因贪污获罪,靠着叶楚伧的说情才免究办,被罢官回乡。回到周庄后,朱军官心情不畅,对绵祥常施家暴,有一次竟将其逐出门外。于是,由介绍人叶楚伧主持,已怀孕的绵祥与朱军官离婚。绵祥在上海生下儿子后,本想把儿子交还给周庄朱家的,可是朱军官却莫名其妙地怀疑儿子不是自己的,不愿抚养。陈去病是个大气开明之人,他本来就把绵祥当儿子养的,此时他也没有儿子,于是,就把沪生当孙子养,取名世安,字企成。

有了孙子以后,陈去病连得两子:先是1929年俞夫人生大儿子绵祚,后是1930年何夫人生次子绵康。陈去病对孙子格外看重,教他识字读诗、练习书法,带他去南园茶社喝茶。多年后陈世安偕夫人齐朝阳首次回同里省亲,还特地上南园茶社坐了坐"陈老爷的老座位"。

在20世纪20年代,离婚是惊天动地的大事。不得已,绵祥将几个月大的儿子留在同里,雇了个奶妈,并由陈去病的陈俞芬夫人帮忙照料,自己东渡扶桑。在《谢亚子送行》诗中,绵祥写道:

世事凭谁问,生涯黯自伤。
稚儿更堪念,欲语泪先行。

字里行间,流露着她的黯伤与无望,以及对幼小儿子的思念与牵挂。

1933年,陈去病逝世,陈绵祥到南京的国民政府司法院上班,陈世安就读于南京中央小学,同学中很多是国民政府要员或文化名人之子。1935年陈绵祥与蔡邦华在上海结婚,8岁的陈世安头戴鸭舌帽、身着棉长袍出现在婚席上,体格健壮、乖巧懂事,很讨人喜欢,当然也包括蔡邦华。

陈世安很想知道自己的亲生父亲是谁。只是那段不幸的婚姻留给陈绵祥太多的苦痛,她不愿意提及往事,更不愿意提及朱军官。10年后的1945年,青年陈世安问柳亚子:"柳伯伯,你知道我的亲生父亲吗?"亚子没有回答,而是反问到:"你邦华爹爹待你不好?""不,他待我好的。""既如此,他就是你亲爹爹,你还要找什么亲生父亲呢?"从此,陈世安再也不提亲生父亲之事了。

陈、蔡结婚后,家里多了蔡邦华与前妻生的大女儿宛平。蔡宛平比陈世安大一岁,这时候从溧阳老家来到南京,与陈世安一起读书。陈世安聪明,功课好,喜欢嘲笑姐姐。姐姐口齿伶俐,以蔡姓为傲,说这是我蔡家,你出去。于是,两个孩子的战争开始。

战争总是以陈世安的失败而告终,因为妈妈总是帮蔡宛平。对于母亲偏袒姐姐,世安心里愤愤不平:你是我妈,你为什么不帮我。小世安不知道,妈妈要维护这好不容易得来的家庭幸福,实不容易啊!

抗日战争开始后,浙江大学西迁。1938年在江西泰和,为了让世安能够随学校一起西迁,绵祥让11岁的世安连跳两级,从五年级跳到初中一年级,进浙大附中;后又从初二跳到高一,跟随浙大西迁,从浙江杭州到江西泰和,再到广西宜山,最后到贵州的遵义和湄潭。小世安渐渐长大,母亲与继父也有了妹妹,他也就寄宿在学校里而不大回家了。他心里有个疙瘩：妈妈不要我了，妈妈喜欢妹妹。而绵祥心里想的是：阿沪大了，能够自己照顾自己了。两人都把自己的想法放在心里，隔阂渐渐产生了。

其实，邦华和绵祥早就为世安的日后安排好了：他们在西迁之前，给了叶楚伧5 000元钱，请他好好保管，作为世安日后出国留学的费用。谁知到了1948年，世安在上海见到叶公公（吴江话：爷爷）时，5 000元钱只够吃一碗面条。这是后话。

1942年，15岁的陈世安考入昆明的西南联大外语系，学习东南亚语言。为了能自己养活自己，陈世安曾经去过美军飞虎队在昆明的机场当翻译，因为飞行员的傲慢，他做了一星期就离开了。他也在昆明打过短工，还差一点进了远征军的队伍。1948年，他与好友张镜湖同时考取了公费留美资格。这时，蔡邦华接触到了地下党员，准备迎接解放，劝他不要出国，留在国内为新中国服务。这一留，彻底改变了陈世安的命运，而张镜湖去了美国留学，后为台湾文化大学校长。

1949年5月陈世安进杭州市政府教育科（即后来的市教育局）工作。是年，奉母命与孙春晖女士结婚。

1952年，杭州高级中学（以下简称"杭高"）需要一位历史教师，向教育科要人，正好陈世安不愿意在机关里呆，于是他就去了杭高，担任历史教员。良好的文化功底加上他的勤奋，不是学历史的他却将历史课教得风生水起，在杭城颇有名气。那时他在报刊上发表了不少历史研究的论文，成为杭州市历史学会的理事之一。1953年全国大专院校系院调整，蔡邦华调北京中国科学院工作，杭州大学（现已与浙江大学合并）有意调陈世安去做教师，却由于陈世安有"污点"而不成功。他一直留在杭高当历史教师，直到1957年成为"右派"。

给他戴"右派"帽子有两个原因：一是其前妻孙女士常常向上级写思想汇报，反映陈世安平时讲的一些"牢骚怪话"；二是他有过"被告"的污点。其前妻曾到法院状告丈夫强奸某人之妻，可笑的是他根本就不认得这个某人之妻。后一个原因，也是陈世安去不了杭州大学的原因。

陈世安被戴上"右派"帽子后，下放到杭州余杭平山农场劳动，其前妻则带着3个改名换姓的儿女离他而去。在平山农场期间，陈世安孑然一身，承受着精神与肉体的双重苦难。至1962年，过度劳累加上营养不良，他得了心脏病。无奈，离职回杭。

在杭州，陈世安住在一间下为泥地、上无天花板的土坯屋里，几块木板拼起一张床，家徒四壁，一无所有。遇到生病干不了活，常常是有了上餐没下餐。

贫病交加,迫不得已,他向母亲求助。母亲给他汇来了20元钱及一个包裹,内装一件棉衣。就是依靠那件棉衣,让陈世安度过了无数个寒冬。

寄棉衣时,绵祥写了一首诗《示儿子世安》:

> 忆昔飘零惜故枝,而今更不及当时。
> 一丝一帛非容易,此事旁人却未知。

从诗中看出,绵祥是很爱儿子的,但是在20世纪60年代,绵祥的二儿子大学刚毕业,小儿子还在读中学,政治高压下,她无法对在杭州的大儿子有太多的帮衬。

1979年,平反后的陈世安先回中学教书,后与齐朝阳女士结婚,生活也逐渐稳定与好转。1982年,蔡、陈夫妇最后一次来到杭州,参加浙江大学的校庆,他们在杭州见到了陈世安夫妇,并在儿子家住了几天,对儿子媳妇的现状比较满意。这时候,母子关系开始好转。1983年8月,继父蔡邦华在京逝世,为了照顾母亲绵祥的生活,陈世安给母亲寄生活费,直到母亲去世。2015年11月,陈世安逝世。

何香凝与南社

何　穗

　　何香凝与丈夫廖仲恺都是新南社的成员，柳亚子对他们夫妇敬佩有加。廖仲恺是国民党杰出的左派代表，柳亚子在政治立场上与他一致，对他极为推崇，称誉他为"新南社的代表人物"；何香凝则与柳亚子保持了几十年的密切交往，不仅政治立场上一致，携手奋斗几十年，而且在书画上，何香凝的许多画作上都留下了柳亚子的题诗，"何画柳题"的固定合作模式突显了两人的深厚友谊。因此，何香凝与南社的关系，可以说极其密切。

　　何香凝、廖仲恺与柳亚子的正式结识，是在1923年12月下旬的岁寒社集文酒之会上。柳亚子在《自撰年谱》中说民国十二年，"与陈巢南创岁寒社，为文酒之会。廖仲恺、张溥泉、于右任……何香凝……诸女士皆与焉"。但他在《江楼第二图记》中又说到：民十三年（1924）元旦，岁寒社集上识惠阳廖先生仲恺、南海何夫人香凝。柳亚子在1924年写七律诗《送廖仲恺归粤，兼呈何香凝夫人》，表达了他对新结识的这对夫妇的倾慕之情："星云山斗望中遥，才识荆州便故交。早向天南称柱石，恰从海上送征轺。疮痍吴地来苏后，图像云台列宿高。一幅流民新粉本，闺中湘管待重描。"因为1923年孙中山正在改组国民党，在广东重建革命基地，国民党正焕发着新的革命精神。廖仲恺则受命到上海筹组国民党上海执行部，并协商举办国民党第一次全国代表大会。由于这样的契机，廖仲恺和何香凝在上海期间参加柳亚子等新南社成员的雅集，不止一次，也在情理之中，以至柳亚子自己都有两种说法。1929年，柳亚子在《乞香凝夫人补绘江楼第二图》诗中再回顾："岁寒社集泸江天，始识刘樊俪侣妍。"并用"才识荆州便故交""文章有道交有神，唯我与君同性情"等诗句，来形容他们之间志同道合、一见如故的交情。

　　1925年8月，廖仲恺被刺，柳亚子立即与共产党员侯绍裘、宛希俨等致电何香凝慰问,希望她完成仲恺20年未竟之业,在祭廖仲恺文中称赞他"容纳革新分子,淘汰落伍党员,树拥护农工阶级之旗帜,撞反抗国际资本之鼓钟"的种种功绩。后来,柳亚子多次撰诗文悼念廖仲恺,感怀他的功绩和品格。1935年,柳亚子为广州建立的廖仲恺纪念碑撰写碑文,盛赞廖仲恺对孙中山改组国民党"襄助最力","孙先生既殁,先生遂以一身系革命前途之安危",对廖仲恺评价极高。1936年,柳亚子在总结南社前后十几年的历史时曾说:"新南社的代表人物,我们却可以举出廖仲恺先生来。"

何香凝与柳亚子在实践孙中山新三民主义的战斗历程中政治立场一致,都是著名的国民党左派、志同道合的战友。大革命失败后,他们多次共同开展反对右派的斗争,还和经亨颐、陈树人等在上海组织"寒之友社",一起作画寄情,抗议反动势力的黑暗。抗日战争时期,何香凝与宋庆龄发起战时救护救伤工作,举办书画义卖,为抗战将士募捐,一起组织国难救护队后方理事会,柳亚子都参与其中,积极奔走襄助。解放战争时期,又与李济深等人在香港发起成立中国国民党革命委员会,何香凝任中央常委,柳亚子任中央秘书长,一起为建立新中国而努力奋斗。

在艺术上,何香凝的许多画作都留下了柳亚子的题跋。柳亚子为何香凝写的题画诗共计有60余题、上百首,被称为"何画柳题",这源于他们共同的革命信仰和爱国情结,以及艺术追求上的高度契合。在柳亚子的《磨剑室诗词集》中收录与何香凝一家有关的诗词达57首之多;而毛泽东1937年在致何香凝的信中,除了高度评价何香凝"先生一流人继承孙先生传统,苦斗不屈,为中华民族树立模范,景仰兴奋者有全国民众,不独泽东等少数人而已"之外,还以"人中麟凤"形容柳亚子,请何香凝转达对他的敬意,这成为流传甚广的对柳亚子的高度评价。

何香凝的儿子廖承志、女婿李少石曾先后被捕,柳亚子全力奔走、不遗余力地协助营救,还在廖承志的保释担保书上具名签字。作为著名诗人,柳亚子对李少石的诗才赞赏有加,对廖梦醒也十分疼爱。所以,廖承志在1933年再次奔赴战场时留言柳亚子先生,拜托他有空帮忙去看看母亲,以"使她不至于身处孤岛"。

何香凝在《纪念柳亚子先生》中说道:"亚子先生是一位爱国诗人,他聪颖,有奇才。抗战以前,我和数画家合作国画义卖筹款,亚子先生常常即席挥毫题诗,其中有很多是表白坚定的革命立场和讽刺反动派的。""我和亚子先生深交三十多年,真可以说是志同道合。亚子先生在我画的松菊巨幅上,有两句诗:'文章有道交有神,唯我与君同性情'。"柳亚子逝世后灵柩安葬于北京八宝山革命公墓,何香凝为他的汉白玉墓碑题写了"柳亚子先生之墓";廖承志则为吴江的柳亚子纪念馆题写了"柳亚子先生故居"的横匾,为他的遗著出版题写了"柳亚子先生文集"。

南社是中国近现代法治文化的奠基者之一,据统计,南社社员中有30多位与中国法制史息息相关的人物。何香凝就是中华人民共和国第一部宪法起草委员会的委员,成为新中国法治进程中的决策者、参与者与宣传者。南社也是近现代廉政文化的弘扬者之一。何香凝和廖仲恺作为新南社的成员,一生崇尚气节,廉洁奉公,富贵不淫,贫贱不移,威武不屈。廖仲恺是国民党的"柱石",有"孙中山的钱荷包"之称。何香凝是新中国第一代国家领导人之一,生活简朴,轻车简从,以自己的言行操守,对当时的社会风气、官场风气起到了正面的影响,堪称一代楷模。

自喜良心日日红
——新南社社员沈华昇散记

俞 前

"吴越分歧处,青林接远村。水乡成一市,罗绮走中原。尚利民风薄,多金商贾尊。人家勤织作,机杼彻晨昏。"这是明末诗人、曾任浙江道御史巡按江西的周灿写的一首诗,题为《盛泽》。

盛泽,地属吴江县,南接浙江湖州、嘉兴,北依苏州,东临上海,西濒太湖,为吴根越角。光绪二十七年(1901),后来成为柳亚子先生岳父的郑式如在自家大厅世泽堂创办了盛泽第一所学校——郑氏小学,公开招收学生。光绪二十九年(1903),视兴学为当务之急的新南社社员洪鹨与郑式如、张嘉桐会商,共同创办盛湖公学;1906 年 6 月,洪鹨又斥私资创办盛湖女校,民国成立后,又添设蒙养院(幼儿园),女子教育在盛泽兴起。

本文的主人公沈华昇就在这新文化运动的浪潮中脱颖而出,成为吴江又一位杰出的新女性。

一

沈华昇,1896 年阴历元月十六日出在盛泽镇的一个穷教师家里。家里姐弟三人,姐姐沈锤蘋嫁给了洪雄声的儿子洪和铃;弟弟沈复镜,也在盛泽教书。

沈华昇曾陪伴表妹仲肇芬在上海爱国女子师范学校求学,受五四运动影响,积极参加妇女运动,是个新女性,思想进步。

1922 年,沈华昇 26 岁,尚待字闺中。一天,好友盛泽四四幼稚园的保姆主任程兰君来找她,闲聊中,向她谈起黎里第四高等小学校长毛啸岑。

毛啸岑的父亲是黎里汝兴盛商店的经理、盛泽商会黎里分会负责人。毛啸岑是无锡江苏省立第三师范学校毕业生,当时担任黎里第四高等小学的校长,是四四幼稚园的董事,一位投身新文化运动的新青年。

沈华昇听程兰君讲到毛啸岑,这才想起在中元节那天,她和一批女教师在洪雄声家聚会,同乡沈君谟带了一个年轻男子进来。那位男子就是毛啸岑,是洪雄声的忘年交,因为在盛泽过夜,就来到了洪家作客。洪雄声将毛啸岑介绍给了女教师们。毛啸岑比沈华昇小4岁,他潇洒帅气的形象在沈华昇脑海里留下了深刻的印象。

没几天,沈华昇收到了毛啸岑的来信,字里行间透露着才华和热情,深深打动了沈华昇的芳心。不到一个星期,沈华昇就给毛啸岑写了回信。

两人鸿雁传书,日益频繁,从教学讨论慢慢谈到了个人的旨趣。

有一天,沈华昇给毛啸岑的信中附了一首七律《咏梅》:

暗暗彤云日色微,朔风凛冽雪花飞。
五更疏漏铜龙冷,几处荒坟石马肥。
钓诸白沙皆块垒,歌楼红烛自光辉。
谁知百万灾黎苦,激骨醉辛莫疗饥。

读着沈华昇的诗,毛啸岑被她的才华所震动,心潮激荡,立即复了一信,说了许多钦慕的话,并指出拟将颈联的"冷"字改为"冻",末了还步韵一章:

借酒销寒得力微,晚来寒到雪花飞。
傍离簌簌鸡都喋,觅树啾啾雀不肥。
门缝有风能窜迹,窗棂无月亦生辉,
党家莫羡羔羊美,泌水衡门自乐饥。

不久,沈华昇又给毛啸岑写了信,信中附七绝《雨夜偶成》一诗:

读书学剑两无成,飘泊无端已此生。
最是凄凉风雨夜,一灯忘寐思交萦。

毛啸岑亦情不自禁,又步韵一首:

笔底名花倾刻成,谢家道韫是前生。
高吟柳絮因风句,莫怪心香缕缕萦。

1923年元旦,盛泽幼稚园举行20周年纪念会。应洪雄声相邀,毛啸岑同陶省三一起到了盛泽。

在幼稚园附设女校内,沈华昇与毛啸岑见面了。当时,沈华昇正在布置会场,很是忙碌。两人应酬几句,沈华昇又忙开了,但毛啸岑已对沈华昇留下了深刻的印象。

接下来的一天,盛泽县立第三高等小学校和女校表演新剧助兴。三高表演的是《酒迷》,女校表演的是《新旧家庭》。

《新旧家庭》是由沈华昇编排的,该剧讽刺了社会上种种恶习,揭示了婚姻不自由的痛苦。沈华昇在剧中饰管翠玉,演得声情并茂,这更使毛啸岑了解了沈华昇,深深为自己能与这位很有艺术素养的新女性交往而感到幸运。

绵延数千年的中国封建社会,女子深受封建伦理道德的束缚,"女子无才便是德"的危害极深。当时的女性,推崇"三从""四德",读书的不多,参加社会活动的便更少。沈华昇能够接受新思想、编剧演戏,向封建传统宣战,在当时,确实也可以称为奇女子了。

两人短暂的接触,双方了解深了一大步,两人都感到已经找到了理想中的爱人了。

两人相别后,沈华昇又给毛啸岑写了一封信,她要毛啸岑写点对《新旧家庭》一剧的感想和批评。于是毛啸岑欣然命笔,写了两首七绝:

新潮澎湃此何时,改组家庭恨已迟。
怨偶那如嘉偶乐,青年士女要深思。

凡事留心发起时,一经组合悔来迟。
终身快乐终身恨,四座低头各自思。

沈华昇收到了毛啸岑的诗,也大有所感,在日记里写下了这么一段话:我和他通信已好几十次了,他的文学我知道了,他的为人洪师也对我详细讲过,他很尽力于社会服务。有时他来信因受了刺激多忿激语,实在他峥嵘少年锋芒太露,无怪遭人嫉妒……然而这种地方就是他的长处,他良心未灭,所以肯不为利诱,不为威胁……他的人生观究竟怎样我还没完全了解。现在读了他这两首诗,他的思想可见一斑了……我不但爱他的才,爱他能为社会服务,并承认他是一个新文化运动的新青年……

二

　　1923年春节期间,学校放假,黎里镇上的人们都在忙于应酬亲友。毛啸岑怕被杂务所困,想找个地方换换空气,就给沈华昇写信,相约去上海。

　　2月19日,毛啸岑、沈华昇及其弟弟沈复镜一行三人,到苏州坐火车去了上海。

　　沈复镜访友外出了,室内只剩下毛啸岑、沈华昇。第一次单独相处,两人默默相对。毛啸岑心中有万语千言要向沈华昇倾吐,但又不知从何说起。

　　双人互诉心曲,表达了志同道合愿成为终身伴侣的心愿。毛啸岑脱下手上的指环给了沈华昇。一对志同道合、情趣相投的情侣在上海大中旅社定了亲。

　　毛啸岑刚从上海回来,就被柳亚子叫去,商量创办《新黎里》报的事。不久,柳亚子、毛啸岑会同黎里区教育会等9个团体共64人开会。会议决定正式成立《新黎里》报社,社址设在第四高等小学。柳亚子为总编辑,毛啸岑为副总编辑。经过两个月的筹备,4月1日,《新黎里》报正式创刊。

　　在编报时,毛啸岑将一首新诗交给了柳亚子。柳亚子一看,题为《怨偶》:

　　　　新文化的潮流,
　　　　冲破了几千年的旧习,
　　　　婚姻问题,
　　　　先受着他的感应。
　　　　"恋爱""自由""解放",
　　　　这种种名词,
　　　　都轰轰地出现,
　　　　沉沉女界梦初醒。
　　　　但是回头一看,
　　　　究有多少男女,享受着幸运,
　　　　事属发轫,
　　　　哪可以不十二分谨慎!
　　　　"飘风不终期,骤雨不终日!"
　　　　这是老聃的明训,
　　　　堪叹多少男女,为了一时冲动,

误了终身,惹了千古恨?
既是偶了,
为何后来怨?
既是怨了,
为何当初偶?
安命说:"这是前世的缘分,今世的命运",
咳!
怎样是缘分,怎样是命运,
好向谁人问?

柳亚子觉得很好,一看,作者是一个"影"字。毛啸岑说,这是一位女性教员写的。柳亚子决定把这首诗在创刊号上发表。这"影"其实就是沈华昇的化名,毛啸岑当时没有明说。

清末民初留下的婚嫁习俗,20世纪到30年代还是一如既往。婚嫁得排"八字"送"帖子",选"黄道吉日""担大盘"。结婚之日,有拜天地仪式,规矩甚多。虽然也有些改革,但传统势力仍很大。毛啸岑提笔写了《不新、不旧、不中、不西》一文,他写道:这种不新、不旧、不中、不西的礼服和仪仗,真是不伦不类的怪现象……破坏的时代,虽然不免有恐慌的现象(就是一般人所谓的怪现象),然而终究是革新的希望哩。

毛啸岑的文章发表在《新黎里》创刊号上,产生了热烈的反响,沈华昇看后亦很有感触。作为新女性的沈华昇,很赞同毛啸岑的观点,对旧式婚姻的弊端也很痛恨,他们之间的共同点很多。特别是沈华昇对女青年因封建婚姻而自杀的现象谈了许多看法,毛啸岑就鼓励她写出来。

1923年5月,柳亚子和叶楚伧、邵力子、陈望道等人发起成立了新南社,毛啸岑、沈华昇夫妇双双加入并成为中坚分子。

就在这个月,《新黎里》出了婚姻问题特刊号。特刊号上发表了柳亚子的《婚嫁改良浅谈》、毛啸岑的《对于自由恋爱者下一忠告》、沈华昇的《我对女界自杀的感想》。沈华昇的文章,发出了对封建礼教迫害女性的控诉和呐喊:妇女解放的声浪,虽然一天高似一天了,但是那耳中听到的、眼中看到的,那最可怜的女青年们,仍不免有自杀的事情……我们处在这万恶的社会制度、不良的家庭制度下,起初的时候,烦闷、忧郁……结果是失意,绝望……不走到自杀的路上,还到哪里去呢……

　　1923年10月,毛啸岑与沈华昇决定举行婚礼了。柳亚子很关心他们的婚礼,他希望毛啸岑、沈华昇能在本邑婚姻史上再开个新纪元。在柳亚子住处,毛啸岑与柳亚子商定了一个别开生面的新式结婚仪式。

　　10月30日,毛啸岑、沈华昇结婚仪式假座苏州三新旅社举行。证婚人是前省议会议长钱强斋,出席婚礼的有介绍人县督学邱纠生、三高校长洪雄声以及《新黎里》报主编柳亚子、《新周庄》报主编陈戢人、爱德女校校长王希禹、《盛泾报》主编沈复镜、东吴大学法科学员汝保彝、《新盛泽》报主编徐蓬轩。婚礼分两段进行,前段由毛啸岑报告恋爱经历,及主婚人、介绍人讲话;第二段是茶话会,有客人的演说,来客都讲话。它成了一个向封建婚姻宣战的报告会。

　　柳亚子最后对毛啸岑、沈华昇提了三点要求:"第一件,华昇是在盛泽女校任教授的,服务社会是最好的事情,愿她继续下去,不要因为结婚而废弃……希望她成为一个服务勤恳的女教育家,不愿她退化做不劳而食的少奶奶;第二件,我主张他们俩并造小家庭,不要做大家庭的寄生虫……最好华昇明年也到四高担任教务,可以住在四高里面,以学校为家庭,使生徒得着母性的保护;第三件,主张他们俩节制生育……"

　　1924年9月,沈华昇生下儿子,取名安澜,意取平安而来,也有"安狂澜于既倒"之意;还因婚后第一年即得子,取英文Eerly(早)的含义。后来两人潜心投入社会活动,没有再生育。

三

　　结婚后的沈华昇与毛啸岑,没有从此沉浸在小家庭中卿卿我我而消减了原先的那股革命激情,相反,二人革命的思想碰撞出了更艳丽的火花。沈华昇支持毛啸岑从本职工作出发把发展地方教育作为神圣职责,对教育事业十分投入。毛啸岑担任区教育会副会长后,因在教育事业上的成绩,于1925年被县教育局任命为督学,这是后话。

　　婚后,毛啸岑和沈华昇情投意合,成为一对革命伴侣。沈华昇到了黎里后,积极为《新黎里》报撰写文章。她读了《新盛泽》上李耆警的《对于本乡办报者贡一得》后,感慨万千,写了《读〈新盛泽〉李耆警的〈对于本乡办报者贡一得〉后的感想和希望于今后的新黎里》一文,发表在1924年4月1日《新黎里报周年纪念特刊》上。

　　1925年3月12日,孙中山与世长辞。1925年5月3日,吴江县党部向全县各区党部发起召开吴江民众追悼孙中山大会。毛啸岑和沈华昇怀着悲痛的心情,早早地到了黎里镇市民公社吴江县追悼孙中山大会会场。先由毛啸岑致开会辞,在柳亚子报告了孙中山先生的一生业绩及袁天真读完总理遗嘱后,举行了祭礼;最后由沈华昇代表县党部宣读祭文。

　　1925年7月14日,国民党吴江县第二次代表大会在黎里四高召开。第二次全县代表大会后,举行了夏令讲学会。沈华昇参加了会议并配合柳亚子、毛啸岑参与组织工作。朱季恂、侯绍裘、徐蔚、沈雁冰、杨贤江等人来到黎里作了宣讲。

　　1925年10月9日,沈华昇与毛啸岑、柳亚子等一起来到震泽镇,参加了国民党吴江县第三次代表大会预备会。10月10日,毛啸岑、沈华昇夫妇作为代表参加了国民党吴江县第三次代表大会。

　　1927年2月的一个晚上,侯绍裘来到毛啸岑的住处,郑重地告诉他:"组织上已批准你加入中国共产党了。"这令他非常激动!

　　令毛啸岑没有想到的是,此后不久,国家形势发生了变化。蒋介石在上海发动了"四一二"政变,汪精卫在广州发动了"四·一五"政变,捕杀共产党员和工人积极分子。毛啸岑的入党手续尚未办,侯绍裘即被捕遇害。后来根据党组织要求,毛啸岑留在党外,成了"党外布尔什维克"。

　　1931年8月,邓演达被捕,毛啸岑受命进入国民革命军遗族学校教书,视机营救邓演达。

　　沈华昇与毛啸岑一起到了南京。然而,1931年11月29日,邓演达被秘密杀害。1932年6月,毛啸岑与沈华昇辞去了遗族学校的任职,带着儿子又到了上海,在上海南洋商业高级中学任教。

四

　　1932年9月,毛啸岑担任了上海南洋商业高级中学教育主任兼训育主任,沈华昇担任了女生部主任,儿子毛安澜在学校附属小学读书,一家三口才安顿了下来。

　　1933年10月,南社社员王西神等创办正风文学院,邀请毛啸岑协助。于是,毛啸岑担任了正风文学院院务主任。1934年6月,南洋商业高级中学被国民党党棍把持,毛啸岑辞去了商业高级中学的职务,全身心地投入了正风文学院的工作。

1936年2月7日,沈华昇与毛啸岑参加了南社纪念会第二次聚餐会,赴会者有157人。

1937年,抗日战争爆发。1938年初,上海陷入战火之中,不少人纷纷离开去海外躲避战乱。毛啸岑收到了在马来西亚任教的陈树英、周文琴夫妇的来信,邀请他们一家去马来西亚。当时毛啸岑在招商局有职,加上王绍鏊给了他开展家乡抗日工作的任务,不能就此离开,于是,决定由沈华昇带儿子毛安澜先行。

生活安稳后,沈华昇给毛啸岑写信,希望他也来马来西亚。

收到沈华昇的信,毛啸岑很矛盾,他正在从事抗日工作,难以脱身。然而就在这时,毛啸岑因长期劳累得了白喉病,只得在家休息。他拍电报给远在马来西亚的沈华昇,要她速回上海。沈华昇母子收拾行装,告别只居留了10个月的督亚冷镇,回到了上海。

就在毛啸岑病愈不久,上海共产党组织的人事关系有了变动。而汪伪政府派人来联系,要毛啸岑到南京任交通部长或省财政厅长。毛啸岑自然不愿当汉奸,而留在上海却又危险。不久前沪西七十六号特务曾到毛啸岑住处,图谋绑架他,幸他早得消息而走避。

1940年初,毛啸岑与沈华昇举家赴香港。

五

毛啸岑一到香港,就找到招商局,继续在招商局会计科任职;之后又找到王绍鏊,经王绍鏊介绍结识了共产党的情报人员徐明诚,于是,他又重新与党组织取得了联系。

1940年12月,柳亚子到了香港,柳家、毛家就合住在九龙柯士甸道107号。柳亚子把这套寓所命名为"羿楼",寓意后羿射日,以表示抗日反帝。

柳亚子的"羿楼",成了民主人士相聚的场所之一。在这里,毛啸岑与沈华昇又结识了宋庆龄、何香凝、廖承志、彭泽民、张仲仁等人。

"羿楼"抗日名声在外,不太安全。柳亚子离开后,毛啸岑一家随即也撤离了,到同乡唐炳麟家避难,两家就组成一个以唐伯文、毛啸岑为首,另有沈华昇、仲德镛、沈月箴、毛安澜、唐仲英组成的临时家庭。

1942年1月23日,毛啸岑、沈华昇离开九龙,3月到达重庆。

当时陆续到达重庆的吴江人也很多,经过一段时间的联络,组织成立了"吴江旅渝同乡会",毛啸岑被推举为主席。他这是第三次担任同乡会主席了,第一次是在上海,第二次在香港。自此,沈华昇协助毛啸岑投身于同乡会的工作。

1943年,沈华昇的亲戚沈铭盘要筹组合众保险公司。他来找毛啸岑,请他去合众保险公司任职。于是,毛啸岑开始进入金融行业。也因为这段经历,为毛啸岑后来在刘晓领导下做情报工作、与叶景灏等创办由中共投资的上海中级信用信托公司(后改名中信银行)打下了基础。

重庆虽然是国民党的陪都,但地下革命斗争仍然风起云涌,在毛啸岑忙于筹建合众保险公司的时候,沈华昇却忙于政治活动。

沈华昇的外甥洪锡瑾、孙梅君当时也在重庆。他俩经常来看望毛啸岑夫妇,大部分时间还住在毛家。他们的政治活动一般都在晚上,有时就由孙梅君陪着出去。有一次在一曹姓人家的家中,座谈的内容是结合当前国内外形势,号召妇女为抗日救国出一份力量,到会的有史良、刘清扬、傅学文、雷洁琼。在重庆,沈华昇在与民主人士的交往中进步很快,加入了"中国民主同盟",经常参加沈钧儒召集的民主人士会议。

毛啸岑、沈华昇在重庆避难,但这两颗火热的心并没有冷却。他们在山城风雨的洗涤中,更为坚强了。

1944年9月12日,柳亚子与夫人郑佩宜从桂林来到重庆,在毛啸岑家暂住了10天。当时,毛啸岑家住在二楼,就把三楼一小间让给柳亚子作为接待和休息的场所。

柳亚子有许多时间都在三楼小房间里作诗,每当这时,沈华昇都要为他备好蜡烛、火柴及茶水,叫孙梅君等人照顾柳亚子上、下楼。柳亚子对毛家的安排十分感激。

1945年5月28日,柳亚子59岁寿辰,毛啸岑与沈华昇在家里设宴为柳亚子祝寿。参加的人还有张西曼、文怀沙、姜庆湘、曹美成、桂华珍、林北丽、柳非杞等,大家兴致勃勃。

1945年年底,局势平稳了,在重庆避难的人士都陆续撤离了。12月30日清晨,毛啸岑送柳亚子、郑佩宜夫妇乘飞机去了上海。柳亚子走后,毛啸岑也产生了再回上海的想法。

六

1949年10月1日,中华人民共和国成立,中国人民扬眉吐气地进入了一个新的时代。毛啸岑在金融界,为新中国的建设事业勤恳工作;沈华昇没有落后,同样焕发了青春。

1949年秋,国家号召支援东北建设,开会一动员,毛啸岑和沈华昇毫不犹豫地动员自己的儿子安澜积极响应。此时毛啸岑、沈华昇都已年逾半百,只有毛安澜这个独生儿子,但是他们从党和国家利益出发,像自己当年投身革命那样,义无反顾地把儿子送上东北社会主义建设第一线。

毛啸岑、沈华昇送子赴东北成了当时的一段佳话。上海《新民晚报》专门报道:《沈梅英大姐支持独子毛安澜参加东北建设》。

1956年4月2日,是沈华昇终生难忘的日子。在中南海怀仁堂,毛泽东主席和中共中央政治局委员刘少奇、周恩来、彭真、邓小平接见了出席全国女工商业者代表会议的代表,并且一起照了相。沈华昇荣幸地见到了毛泽东、刘少奇、周恩来等党和国家领导人。当毛主席从她眼前健步走过时,她竭尽全力地大声呼喊:"毛主席万岁,中国共产党万岁!"后来,沈华昇一直把毛主席接见她们的照片珍藏着,成了传家宝。

尾　声

1957年以后,在"反右"斗争中,毛啸岑被打成"右派","文革"中又受到批斗,家里被抄,又被送到了奉贤县湍桥的"五七干校"。沈华昇与毛啸岑一样,身心也受到极大摧残。柳亚子在北京逝世时,他们也不能前往,只能发唁电给柳亚子夫人郑佩宜,表示哀悼。随后,他们将柳亚子的照片翻拍放大悬于室内,以示悼念。那天晚上,毛啸岑对沈华昇说:"我一生为革命奔走,道路虽曲折,但终未入歧途,皆侯绍裘、柳亚子、王绍鏊数人的引导。侯绍裘烈士,给了我莫大的激励,至今念念不能忘;今亚子又辞世,以情理应赴北京吊唁,执绋营葬,但我获罪于党,戴罪之身不获自由……"说着泪水夺眶而出。他们二人相依为命、相濡以沫度过了晚年。

1974年12月25日夜10时,沈华昇病情恶化,医治无效,撒手人寰,终年79岁。

《南香画语》与《南香诗钞》
——记南社著名女画家胡沩平

汪　欣

家中珍藏有一幅山水画长卷，整幅画无题款，但是幸好在画的一角，盖有一朱文图章，刻"胡渊"二字。可知此画为胡渊所作。

胡渊(1902—1926)，字沩平，号南香，别署透珠、安吴女子，安徽泾县人。为胡朴安之长女，新南社社员。沩平性格豪爽，颇似男儿，从未在人前作忧戚之容、悲哀之语。曾曰："我若是男儿，当西上昆仑，东临扶桑，登喜马拉雅，以观日浴，于太平洋中，壮游十载……"从文字中可见其胸怀之壮阔。

沩平自小跟随父亲生活，深受朴安先生道德文章之影响及儒风之濡染，于诗歌、绘画、书法都有造就。6岁时习画，能凭小几临古人大幅，势脉舒展而无局促之感。书法篆宗石鼓，真仿北碑。在名师教导下，画艺大进，尤能于临习中专研体悟画理。其所撰《南香画语》，虽篇什无多，然能于中国古代画论中"六法"之蕴义，颇多彻悟。

据《朴学斋丛书·家乘》中胡道彤所编《姊氏沩平画录》一文，所记胡沩平有如下临摹作品：

清石谷之《万山烟霭图》，绢本。卷首童心安题款"万山烟霭图"，卷后胡克之、陶小柳、林一广、钱慈严、叶楚伧题诗词，并自题。

临烟客山水长卷，手卷。卷首童心安题款"烟云供养"，并自题。

《秋林访友图》，立轴，纸本。

临摹五峰文伯仁仿董北苑之《秋林访友图》。

《授经图》，仿六如居士。纸本着色。

《古木奇峰图》，仿梅花道人笔意。

另有仿沈石田、龚半千之山水图卷。

另记载胡沩平创作作品有：

《灵隐山图》，纸本。卷首童心安题款"灵隐山图"。并自题。

山水小卷，手卷。纸本。卷首童心安题款"须弥芥子"，无自题。

《朴学斋话酒图》，手卷。卷首于右任题"朴学斋话酒图"，卷后有胡朴安、柳亚子、余十眉、陈绵祥、汪精卫、叶楚伧题诗。胡寄尘有诗，未题在画上。

记游图册，共16帧，其中诗8帧，为胡朴安所作，以隶书题之；图8帧。卷首童心安题款"胜迹长留"。道彤题："民国十二年家君与许静仁、徐涵生、金慰农作苏州无锡等地游，家君得诗八首，归来命姊沩平各绘一图以记游踪也。"

《西湖泛雨图》，册页。胡朴安以隶书题诗。自题："庚申秋月，随严慈及小妹泛雨西湖，既归，命写此图记之，沩平敬绘。"

《秋山夕照图》，纸本着色。二幅。

《古木飞泉图》，纸本着色。

以上所录胡沩平所临摹、创作之绘画作品，皆已佚。

《南香画语》，南香者，为其家乡皖南泾县溪头都之一溪水，名曰南香涧也。沩平小时居乡间，对于皖南山川之秀美有所领略，后随父亲旅居上海，仍深深地眷恋着家乡的一山一水。其曰："余既恨不能如石谷、醇士二老朝夕于虞山西湖间。"18岁时，沩平曾返故乡，虽淹留不久，每日必坐盘石，穆然神会，领略山水自然之美，细味朝夕之不同景色。此后，久居沪上一隅，她深感不能得真山水之意境，乃以心造境，时时于心目中遇之。因曰："欲于此马龙车水之间，构一南香涧之清境也。"遂以"南香"二字命其所著诗集画论。

沩平之习山水画，尤推崇清初王翚（石谷）之山水画法。《南香画语》曰："耕烟散人树法，浑厚沉雄兼而有之，而其用笔，尤秀挺超远，逸趣横生。""石谷之画，处处有笔，处处有墨，而又无一处有笔墨痕迹。"认为石谷能取各家之精华，集其大成，另出机杼，自成一格，于是能独步古今，为坛画宗师。沩平于绘事，善于向传统学习，师法古人，皆从精细处狠下功夫，由此画艺精进，所作大幅山水，有云烟苍润之气，且颇得宋元人之笔意。

沩平早年肄业于城东女学，朴安先生当时为城东女学国文教员，偶以唐诗五七言句课学生，沩平平时独喜五言古诗，所作诗句颇得王孟韦柳意。朴安先生由此更授以汉魏诸家,使沣平诗作更具古意。其《南香诗钞》共收诗81首,如《晚景》:"风吹池边柳,月印阶上苔。渔笛在何处,孤山鹤飞来。"又如《望雪》:"白雪纷纷下,寒梅阵阵香。倚窗千里白,鹤影渡横塘。"皆能写出特定的意境,表达清幽澄净的心境。其所作赠友朋之诗,情感真切尤为动人,如《送朱灵蜷之南洋》:"霜露凄清幂半天,故人南去隔山川。数声玉笛斜阳里,一曲骊歌古道边。寂寞征途愁瑟瑟,惆怅乡梦意绵绵,孤帆冥冥君行矣,叠嶂层峦多瘴烟。"其悼友诗5首,以血泪写之,令人肠断,诗前曰:"赵君淡泉,予至交也。今秋胃病遽卒,少年赍志,亘古同悲。呜呼,上天何不仁之甚也!以诗哭之,不知是泪是墨。"其中有曰:"三载相依一旦休,满城风雨逼天秋。孤鸿断雁声声血,为吊幽魂去悠悠。""记得西溪泛雨时,举盏共赋探春诗。而今芦渚依然碧,回首湖山泪似丝。"朴安先生在为《南香诗钞》所作的跋文中评价沣平之诗曰:"无幼年童稚气,无女儿脂粉气,虽用力未久,而其所为诗,非率尔操觚者所能。"

沣平天生聪慧,于诗于画独有所得,往往于画中寄托其诗意。一日泛舟西湖,只见云雾绕山,景色迷离。游罢西湖,沣平作《西湖泛雨图》,颇能写烟雨迷离之状,并题五古,诗中有句"断云锁前山,轻霭迷远树,双峰乍隐见,丛林半暗曙。"颇能写出当时之情景。

1923年秋,南社同人柳亚子、汪兆铭、叶楚伧、胡朴安、余十眉、陈希慮、于右任及陈望道等在朴学斋话酒,沣平曾作图画数帧以记之,称之为《朴学斋话酒图》,南社诗人并有题诗记其事,诗画合璧,甚为珍贵,一时传为佳话。可惜《朴学斋话酒图》已毁于"文革"之中,殊为憾事。当年,柳亚子先生作《题朴学斋话酒图》,诗前有句:"余来海上,得诗颇夥,朴安沣平于斯图索题,同人多为长歌者,余独赋七律一章,盖有不穿鲁缟之慨已。"诗曰:"糟丘岁月太堂堂,凭仗丹青驻酒觞。咏絮昔钦谢道蕴,披图今见米元章。眼中人物谁名世,劫后江山换鬓霜。莫漫膏肓到泉石,要弯强弓射天狼。"

叶楚伧所题曰:"朴学斋话酒后,沣平有画,朴安有诗记之,因写所怀,以谢主人,并呈同坐。诗曰:'胡子有髯髯戟张,胡子有书书塞床。促膝纷来四海人,饮谈议论颇清狂。记昔初元全盛日,张灯纵酒如临敌。握手相劳斗十千,以为从此无余贼。一朝妖谶起当涂,伏尸流血无时无。月黑枫青夜呼啸,半是当年旧酒徒。呜呼!故人已成沟洫志,危时莫作田园戏。且于绸缪尽百觞,心头落落几件事。'"表达了诗人对世事变化之感慨。沣平也有诗题《朴学斋话酒图》,题曰:"家君集右任、亚子、楚伧于朴学斋话酒,命作图记之。"诗曰:"秋风澹微云,秋华曜素节。小斋敞明晖,斗酒集贤哲。欢言泛香醪,谈笑粲生舌。陶然兴未阑,白日忽已灭。嘉会托丹青,涂鸦敢辞拙。"

沨平又曾为柳亚子先生绘《江楼秋思图》,画毕并题诗曰:"西风摇落迁羁客,药灶茶炉事事幽。吟罢凭栏双倚望,一天秋思上江楼。"柳亚子也有诗相赠,题曰:"乞沨平绘《江楼秋思图》,诗以将意。"诗曰:"鸿光敢便拟前贤,皋庑居然赁一椽。玉宇琼楼涵并影,药灶茶炉袅双烟。红桑海底今何世,翠袖天寒瘦可怜。乡梦一宵无着处,剩诗图画话婵娟。"

沨平早岁习山水画,得黄朴存、童心安、何诗孙、顾鹤逸、黄宾虹诸名师指点,可谓转益多师。又肯在临摹上狠下功夫,每借得名人山水画,常悬诸堂上,朝夕相对者累月,乃展纸对临。由于沨平善于以古人为师为楷模,又善于师天地之变化,以大自然云烟山石为画本,故而于画艺上自能登堂入室。

中国自晚清以来,西洋画流行于我国,各学校纷纷开设西洋美术课。对于中国传统绘画以及中西画艺术之区别及其价值,沨平则认为抬高西洋画,否定中国画;或否定西洋画,抬高中国画,皆属偏见。其曰:"国画贵于神似,西洋画贵于形似。形似难学而易工,专心积力,未有不能成者。神似者,始也似易成也,然而无书卷气则俗,天机凝滞者则无灵气,工夫浅薄则弱,胸襟不高则鄙。四项兼美,然后精玩诸家,恣情山水,于是笔至而云烟生,神会而山岳现。乃以为信笔涂抹,不亦谬乎?"

沨平生于20世纪20年代,能就中西两大画种艺术创作做出比较客观公允的评判,实属可贵。其对于创作中国画所追求的"神似",也提出了画家本身所应具备的素质要求,即学问、天赋、技能、胸襟四方面的努力方向。时代进入21世纪,中西美术之比较,在当今画坛也属经常讨论课题,沨平70年前在《南香画语》中所提出的看法,对今天的艺术发展仍具有启迪意义。

巾帼风华：南社女社员及女眷

下 编 南社女眷

猗嗟陈母　千乘之英

——记陈去病母亲倪太夫人

俞　前

南社群体中,有一批出类拔萃的女子;南社群体的背后,也有一批出类拔萃的女子,她们默默无闻地培养、支持着南社社员,陈去病的母亲倪太夫人就是其中之一。

一

位于江苏省苏州市吴江县东北的同里镇,是一个具有悠久历史和典型水乡风格的古镇,它以小桥流水人家的格局赢得"东方小威尼斯"的美誉。

三元河畔,有一条石板小街三元街,往西不远处,有一幢民居,民居的大门面街临河,罩墙高耸,环境幽静。民居的男主人姓陈,女主人姓倪。

陈家的先世原来居住在浙江兰溪,清咸丰三年(1853)迁到了同里镇,以经营油坊为生。

清同治十三年(1874)旧历六月的一天,天气酷热,陈家的女主人倪太夫人抱着出生没几天的儿子,家中充满喜气,但是没有像其他人家生儿子的欢喜。因为此时,陈家的男主人、倪太夫人的丈夫陈允升已在 4 个月前去世了,年仅 43 岁。

倪太夫人,也就是陈去病的母亲,祖籍江苏无锡。

无锡素以山水秀美、人文荟萃而著称,被誉为"太湖明珠"。无锡倪氏,是元代名画家倪瓒的后裔,倪太夫人是知书达理的大家闺秀。

倪太夫人是陈允升的继室。陈允升的原配妻子杨氏不育早亡,陈允升就续娶了倪太夫人。

陈允升是一个家庭的顶梁柱,他的去世,对倪太夫人打击很大。她悲郁成疾,而此时他们的儿子即将出生。

面对厄运,倪太夫人坚强地忍受着,她只有一个心愿,把儿子生下来,抚养成人。

临产前,倪太夫人到苏州就医。就医时住在娄门平江路庆林桥旁的旅社内。不到1个月,倪太夫人就在庆林旅社内生下了儿子。请了当地有名的接生婆接产,陈去病的乳名就用桥名命之,为陈庆林。

倪太夫人抚养陈去病长大,也就成了他的启蒙老师,对陈去病的一生有着很大影响。

二

陈去病5岁的时候,倪太夫人就安置了书桌,开始亲自教他识字读书,到了7岁,倪太夫人在陈家设立了私塾,专门请了老师,并且安排族中的子弟与他伴读。陈去病开始学习《史记》《汉书》等中国文史典籍。

陈去病家乡同里在分湖、长白荡之间,是当时吴易抗清义军战斗过的地方。倪太夫人给他讲吴易、叶绍袁等人的抗清故事。他们的高风亮节,对陈去病以后的人生追求有着较深的影响。陈去病后来与柳亚子等人创建南社,取"操南音,不忘本也"之意提倡民族气节,反对清廷的腐败统治,这时思想上就埋下了伏笔。

陈去病自小性情急躁,负气而慷慨。为了培养陈去病良好的心理素质,倪太夫人给他讲述做人要忍耐的道理。让陈去病明白"事不三思终有败,人能百忍自无忧"的道理。

一天,倪太夫人给他讲了希腊大哲人苏格拉底的故事。希腊哲学家苏格拉底的妻子姗蒂,是有名的悍妇,动不动就作河东狮吼,而苏格拉底从不发火。他说,娶老婆有如驭马,驭马没什么可学,娶个悍妇,于自己修身养性倒是大有好处。有一天,姗蒂在家里吵闹不休,苏格拉底忍无可忍,只好出门。正走到门口,老婆从楼上倒下一盆污水,淋在苏的头上。苏心平气和地说:"我早就晓得,雷霆过后必有甘霖。"一个自我解嘲,把一腔怒火冲个烟消云散,又迅速进入哲学思考。

倪太夫人是在用此故事设法开导陈去病,使他佩服。据此意,后来特为他取了一个名字叫"佩忍"。遇到陈去病急躁负气时,倪太夫人就会毫不犹豫地警告他:"你又忘记佩忍了吗?"

陈去病9岁了,倪太夫人受祖上的影响,很喜欢名人书画,经人介绍,倪太夫人让陈去病带了文章和书法作品,到陆恢的住处,她命陈去病去陆恢处乞画,同时请教文章,这时,她想到了苏州的名画家陆恢。

陆恢,字廉夫,狷盦,号狷叟、廉道人,是同里镇人,寓居苏州河沿街,精通书法绘画,后得到吴大澂的赏识。陆恢见陈去病年少好学,出于喜爱,不辞辛苦地指点。一天谈得兴奋,陆恢即兴提笔,亲自为陈去病作了一幅画示范,一下子构起了陈去病对艺术的兴趣。

从此,陈去病经常出入于陆恢的"话雨楼"中,陆恢的影响,使陈去病大开眼界,在文章和书画上大有长进。后来陈去病的书法秉承明清遗风,秀丽独特,这与陆恢的教导有很大关系。

1920年2月,陈去病在杭州浙江法政学校任教。陆恢生日的时候,陈去病作诗二首:

其 一

顾陆丹青孰与同,频将家学阐宗风。
文粗沉细能兼擅,汉隶良碑亦并工。
杂志故应珍研北,旧闻还许续吴中。
何当揽取长康笔,团扇亲抽老放翁。

其 二

话雨楼头数过从,髫年曾得仰词宗。
郁林一去陆怀橘,粉本徒钦顾见龙。
闻道耆龄跻七秩,争如冬岭秀孤松。
叶湖别墅今还在,愿写遗徽倘我容。

认为陆恢确实是陆怀橘、顾见龙一样的人物,还把陆恢比作了南宋大诗人陆游,可见陆恢在陈去病心中的地位。

三

陈去病的少年时代,在家庭连遭不幸、国家多灾多难的情况下度过。是倪太夫人给他化解了种种困难,给他创造了一个安稳的"港湾"。

陈去病是遗腹子。10岁的时候,他的叔父陈允文又去世了。陈允文的妻子沈慈君没有生儿子,只生了一个女儿,取名瑞莲。按当时的传统观念和家训,没有儿子也就等于没有了后代。倪太夫人就让陈去病过继给沈慈君为后嗣,替陈允文继承香火。从此,陈去病多了个嗣母。

沈慈君就与倪太夫人同居一堂,以姐妹相称,一起抚养、教导陈去病。

由于父亲、叔父去世早,家里没有男人在外赚钱,陈家日常的生活只能靠祖传家产来维持。倪太夫人经常告诫陈去病,目前国运维艰,家庭困难,生活上要艰苦朴素,勤俭节约,不要有非分之想。

为了使陈去病能多与有知识的人交往,倪太夫人除了请人给他授课外,还经常请有识之士来家中做客,置酒招待,留客住宿。在与客人交流时,总把陈去病带在身边,使他结识了不少良师益友,为他打开了接触社会和认识社会的窗口。13岁时,倪太夫人就让陈去病外出交游。陈去病拜访各地前辈和挚友,结了不少忘年交。

1887年,14岁的陈去病,在倪太夫人的教导下,就有了宏略抱负。他开始攻读《阴符》《六韬》,此时的陈去病,已奋然有澄清天下之志。

陈去病家庭经济日益困难,沈太夫人的女儿瑞莲出嫁,倪、沈两夫人同时勉励陈去病自我发奋、好好读书。1889年,陈去病16岁时,倪太夫人感到自己的知识已无法满足儿子需求,就由寄母沈慈君带到周庄外婆家,跟着继舅父沈庐就读。

当时,有族人向倪、沈两夫人伸手争家产。倪太夫人与沈夫人为了息事宁人,让陈去病安安稳稳地成长,就典当了自己的首饰,把家里值钱的东西都给了这些人。这样,陈去病家里的经济情况更是一落千丈了。但是,两位夫人对陈去病的教育培养却没有中止。没有多久,倪太夫人亲自送儿子到了苏州有名的学者、大儒诸杏庐先生家里,让他拜诸杏庐先生为师。

诸杏庐,名福坤,字元吉,一字安贞,晚号时简,周庄镇杏村人。他的父亲诸文渊,擅长书画,精通医药。诸杏庐早年博览勤学,曾考入京师国子监,为增贡生。他与元和知县李超琼、湖南巡抚吴大澂等人积极赞同陶煦的减租变革思想。后归田园居,以利乡济间之事为己任。并将"荒江老屋"取名为"杏庐",绝迹城市,专心著作,人称诸杏庐先生。

诸杏庐博学善文,为众推崇,所造就后生以文行名者尤多。柳亚子的父亲柳念曾、叔父柳慕曾都是他的学生。

由于倪太夫人和诸杏庐的教诲,陈去病从小就敬重历代杀身卫国的仁人志士、贞夫烈妇和有才华功勋但隐居不当官的人。他18岁那年,就开始有了遍游东南山水、华北形胜,寻访仁人志士踪迹,结识天下同好的想法。

1895年,22岁的陈去病补了吴江县博士弟子员。倪、沈两太夫人得到了安慰,她们的心血没有白费。

这年,为了摆脱族中不肖之徒的纠扰,两位太夫人就带着陈去病离开了同里故居,迁到了松陵镇。

四

松陵镇是吴江县县城所在,地处大运河边,历史遗迹很多。在这里,陈去病接受了人文思想的熏陶。

一天,倪太夫人把陈去病叫到面前,语重心长地对他说:"吾读'素衣将敝,豆粥难求'之语,知九重流离困苦如此,吾侪幸安居饱暖,若妄求非分,恐祸及之矣。"

这在陈去病的心灵上打下了深深的烙印。

也就在这一年,陈去病奉两太夫人之命,与唐安霞完婚。

唐安霞比陈去病小1岁。唐安霞的父亲唐仁甫与陈去病的父亲陈允升和叔叔陈允文都是患难之交。陈去病3岁的时候,唐仁甫见陈去病聪明伶俐,又可怜他父亲早逝,就将唐安霞许配给了陈去病,倪太夫人当即允下了这门亲事。1881年,陈去病8岁的时候,唐安霞就来到陈去病家作待年媳,与陈去病两小无猜,关系融洽。

1896年,陈去病参加了科举考试,因成绩优等而补了廪生。廪生即廪膳生员,科举制度中生员名目之一,也就是由公家给以膳食的生员。这使陈家经济得到了缓冲,让两太夫人的心得到了许多安慰。

1897年6月,同里镇退思园办了聚馆。园主任兰生去世后,儿子尚小,由任夫人主持家政。得知陈去病的学问,就请他担任塾师,陈去病成了退思园第二代主人任传薪的老师。

任传薪(1887—1962),字味知,后来在金松岑、陈去病等人爱国思想的影响下,创办了丽则女校,也参加了南社纪念会。

陈去病从松陵回到同里,开始了他的教书生涯。当时,倪太夫人继续留在吴江,而沈太夫人随他一起到了同里,照料他的起居。

陈去病一边教书,一边进修,诗艺大有长进,意境大为开阔。他的咏怀诗,从现实出发表达了对人生的感慨,不时受到诸杏庐的赞扬,给他的评语是:"一气卷舒,是盛唐风韵。"

1901年6月26日,倪太夫人病危。陈去病得到家人的来信,从同里赶到松陵时,倪太夫人已经入棺,没能看上最后一眼。

五

倪太夫人的不幸去世,使陈去病痛心不已。

陈去病是遗腹子,是在倪太夫人含辛茹苦抚养下长大的。后来他在《拜汲楼诗稿》的自跋中这样写道:

"余少时尝有贤母以鞠以育以教诲我,凡我所学皆教母也,故思母不忘。自母去殁而忧患疾苦如潮之来,以汨我学,学也竟昼不进,故尤痛母不忘。然母亡而诗未俱亡,午夜沉吟,恍若悲母之来止……"

陈去病痛定思痛,没有辜负倪太夫人的期望。他因读"匈奴未灭,何以家为",毅然易名"去病"。早年参加同盟会,追随孙中山先生,宣传革命不遗余力。1909年他与金山高天梅、吴江柳亚子一起发起成立南社。他曾担任孙中山先生的护法军政府参议院秘书长和孙中山先生北伐大本营宣传主任,在参与推翻清廷的辛亥革命和讨伐袁世凯的护法运动中,作出了重要贡献,成为辛亥革命中的著名风云人物。

倪太夫人对陈去病影响巨大,民国六年(1916),孙中山考察浙东,陈去病辞去浙江省秘书之职随同,陈去病向孙中山讲述了他母亲倪太夫人的故事,倪太夫人的贤惠,让孙中山也深受感动,孙中山1917年元旦为倪太夫人题写"女之师表"题刻,还亲自撰写了《陈母倪节孝君墓碑铭》:

中华民国五年八月,余再入浙,观虎林山水,遂登会稽,探禹穴,修秋禊于兰亭,泛娥江而东迈。从我游者,二三子外,惟吴江陈子去病与焉。舟行多暇,每为余述其母夫人倪节孝君之贤。余既闻而志之,及归,因复以表墓之文请。去病能词章,才名满天下,泷冈阡表,庐陵自优为之,不敢如余,尚乌庸缀;徒以十年袍泽,患难同尝,知去病者,宜莫余若。爰为之言曰,从古节母之后无弗昌,子既自树以振家声,则昌大之说信有征矣。而余所尤望于去病者,当祗承先训,敦品立行,以达贤母之孝;坚持雅操,勿敢于邪,以彰贤母之节;毁家纾难,毋纵于欲,以葆贤母之义;亲亲博爱,物与民胞,以广贤母之仁。夫如是而去病为人,益用笃实,节母贤孝,益以光辉,宁非显荣其亲之至计乎?！不然，蹈履颇侧，以危厥身，志虑苟且，以辱厥亲，吾知虽甚盛德，亦弗荫兹，夫又何恃而不恐惧也哉？既以勖去病，遂书之石，俾过斯地者知矜式焉。系以铭曰：

玄黄剖判，两仪攸分。煴壤滋植，冰蟾代明。命不常融，道无终否。蒙难艰贞，事乃有济。猗嗟陈母，千乘之英。孝侔齐女，节媲陶婴。寡鹄休歌，九熊益励。翼卵完巢，绸缪庶几。遭时板荡，俾彼弘谋。用财自卫，倚柱沉忧。遗孤彬彬，微音用嗣。我铭其幽，永诏来祀。

中华民国六年一月一日
前南京临时大总统香山孙文撰

追觅一缕牡丹的芬芳

——记南社名人李根源夫人马石君

杨丽娟

"落尽残红始吐芳,佳名唤作百花王。竞夸天下无双艳,独立人间第一香。"伴随一缕馨香,她从诗中款款而来,犹如牡丹一般美丽、温婉,在民国那个特殊的年代,历经风霜雪雨,依然美丽绽放,依然坚强如初。这样透着牡丹芬芳的女子便是南社名人李根源夫人石君。

马树兰(1894—1982),字石君,云南通海人,民国元老李根源夫人。出生于书香门第,自幼受到良好的家庭教育。壬子年(1912),与李根源结为夫妇,次年随李根源赴日本留学,学习绘画及刺绣。回国后随夫寓居苏州,治家之余专心学习国画。曾拜扬州画家薛少瀛为师,专工花鸟,喜绘菊花、山茶、海棠等花卉,尤擅长绘牡丹,画作格调雍容,清新淡雅。作品中同何香凝、章士钊合作绘画的《虎山图》最著名;所绘牡丹四扇屏,得到章太炎先生手书"白头偕老""洛阳纸贵"等题词;抗日战争前在苏州所作的《白发丹心图》,李根源为之落款,章太炎先生题赐"白发丹心"4字,书画名家及学者钱崇威、谢稚柳、陈佩秋、严庆祥、黄葆戉等16家名公为画作题跋,曾传颂一时。抗日战争时期随李根源迁居重庆、昆明,抗日战争胜利后曾一度在腾冲憩居,1949年后赴北京任中央文史研究馆馆员,随后与先生定居北京颐养天年,专心画事,经常向书画大家傅雪斋、汪慎生、董寿平诸先生请教,画艺大进,出版有《石君老人菊花画册》等。

李根源,字印泉,云南腾冲人。国民党元老。1879年出生于腾越南甸右安街(现梁河县九保镇),1904年考取官费留学日本,入振武学校学习军事。1909年7月,学业有成的李根源回到云南后创办了云南陆军讲武堂,任总办(校长)。1916年后相继出任陕西省省长、国民政府航空督办、农商总长兼属国务总理等职。1909年11月13日,柳亚子、高旭和陈去病等人在苏州成立南社,这是辛亥革命前后著名的文学团体,是一个曾经在中国近现代史上产生过重要影响

马树兰作品

的资产阶级革命文化团体。据南社入社书记载,李根源是1913年由宁调元介绍加入南社的,李先生自编年谱《雪生年录》中也有记载,时年先生39岁,其入社书编号为670号。

自1912年后,夫人马树兰便陪伴在李根源先生身边。无论是李根源东渡日本避难,或是活跃政界,或是驰骋疆场,或是沉寂隐退,或是生活困苦,或是疾病缠身,夫人自始至终没有离开过先生。在那个特殊的年代,夫人与先生简单而又不平凡的感情,夫人与先生点点滴滴的生活琐碎,夫人与先生共经风雨、共同进退的相随相伴,让我们真切地看到了那个时代的女人用一生诠释着爱的真谛!

1913年,李根源再次东渡日本,入早稻田大学学习政治经济,夫人随先生前往日本,照顾先生饮食起居外,坚持学习绘画及刺绣工艺。在日本期间,先生和革命党人经常在家里集会,商讨事情。由于屋内是榻榻米,进屋都得脱掉木屐,为了避开日本人的巡查,不暴露大家的行踪,每次集会时夫人都将所有人的木屐藏在和服里面紧紧抱裹着。时间长了,以至夫人胸部腰部全是坚硬的木屐留下的伤痕。孙子李成兴在北京与祖父祖母生活时,亲眼看到祖母身上的伤痕,为祖母的无私付出感动不已!

李根源、马树兰夫妇于颐和园合影

1916年,长子李希纲在日本出生;次子李希泌则于1918年出生于香港。除了这两个儿子,先生和夫人还生育了李希膺、李挹芳一子一女。孙辈中李成森、李成兴、李成大、李成康、李成溟、李成粹、李成惠、李成倬、李成宁、李成缙等都各有所长。

李根源一生刚正不阿。曹锟贿选事件之后,先生无心政坛,于1925年退隐苏州,在苏州葑门十全街(今苏州市十全街111号)新建住宅。这一所园林式住宅,以其母姓命名为"阙园"。李根源母亲阙太夫人即在阙园安享晚年,先生及夫人常年侍奉左右。

先生酷爱金石、古籍文物,走访调研名胜古迹,费用开支也不一小。稍有积蓄,不是周济亲友穷人,就是购置图书金石,因此一个大家庭的生活不得不艰难维持,更无条件雇请佣人,于是全家人的日常生活就落到夫人一人肩上。据李成兴先生回忆,抗战期间住腾冲时,一家人生活十分俭朴,祖母就带领家人种植蔬菜花果。新鲜的蔬菜,香甜的瓜果,芬芳的牡丹,娇艳的山茶……永远地烙印在李成兴先生的脑海里。有一次祖母为家人做早餐,每个人仅有一碗米线,小孩子吃得特别香、特别快,祖母还在忙碌时,孩子们的米线就吃完了,祖母见孩子们意犹未尽,就把自己碗里的米线全部分给孩子们。孩子们最开心的事情就是祖母给他们分食著名的"近月楼"糕点。当时一些喜欢丹青的文人乡邻来向夫人求画作,夫人会很用心地画一幅牡丹或花鸟赠之,之后友邻便会回赠一些糕点之类的吃食,祖母便将糕点分给孩子们。在当时家中生活极其俭朴的时候,能吃上一口香甜的糕点便欢喜好些时日。就是这样一位拿得起画笔也持得了炊具的女人将家庭照顾得妥妥帖帖。

1927年4月10日,李根源母亲阙太夫人在苏州病逝,先生甚为悲痛,而"是时宅中一钱不名",难以处理后事。后由李曰垓、尹泽新赴上海借500元回苏州,才将阙太夫人入殓。冷遹、俞寰澄各赠送1 000元,始将善后处理完毕,引殡于石湖治平寺之听松僧院。后李根源看中了背靠太湖之滨的窟窿山脉的小王山,决定安葬母亲于此。1928年2月22日,阙氏灵柩迁运至小王山安葬。为纪念母亲,先生将母亲的墓尊称为"阙茔"。后又在离阙茔数十丈处建造祠堂,命名为"阙茔村舍"(现改建为李根源纪念堂)。先生在小王山守灵两年之久,因那里气候潮湿,住的时间长了,背上长疽,几日之间遍及全身,不得已才回城就医。在李根源病情危重之际,黎元洪、岑春煊、李烈钧、于右任、冯玉祥、朱益之、王治平等亲朋好友纷纷解囊相助。除了支付医药费之外,剩余的资金,李根源便用来修建母亲的墓茔。由于先生皮肤大面积腐坏,需进行植皮手术并输血。夫人没有任何犹豫,主动和美国医师苏迈尔要求献皮、献血。苏迈尔、李广勋两位医师甚是佩服夫人的胆量,又感动于先生和夫人之间不平凡的感情,也都慷慨地为先生献血。通过7次手术,先生才转危为安,夫人才得以安心。

明清之际,江苏苏州有四大望族,即彭、宋、潘、韩四大姓,而以彭姓为首。在清代苏州一地,共出现了22名科举状元,而祖孙状元及第,则仅有彭氏一家。夫人看上了彭元士家的大姑娘、二姑娘,很想给自己的三儿子李希纲介绍一个。她先是托人去征求彭家意见,不料,彭家太太因两家家境悬殊,以自家姑娘年纪太小、正在读书、不谈婚事为由推辞拒绝。过了几天,夫人亲自拜会彭家,见了彭太太,诚恳提亲;彭太太本不想答应,但彭元士却看中李根源的人品和学识,又感动于李夫人诚恳的态度,方始应允将女儿望漪许配给李希纲。

婚事初定后,先生和夫人亲自到彭府谒见彭老夫人,向老夫人行跪拜大礼,并送去了聘礼,聘金3 000元,这对于李家当时的家境来说是一笔不算小的数目,可见先生与夫人态度之诚恳!李家与彭家结亲后,李希纲仍回南京军校,望漪则入东吴大学社会系读书。先生和夫人对儿媳视如亲生女儿,彭家的几位姊妹,也由先生和夫人介绍分别成了家,大姐望澄嫁给了当时云南省教育厅长龚自知,三妹嫁给了章太炎的儿子章导,四妹嫁给了章导的同学陈定外,五妹望洁则嫁给了纺织专家李怀之。苏州第一望族彭家与清寒的李根源家结为儿女亲家一事,在当时曾传为美谈。

滇西抗日战争期间,李根源先生任云贵监察使,在滇西组织军民抗战。1944年9月14日收复腾冲后,先生回家乡处理善后工作,夫人即陪伴先生回到腾冲,这段时期是他们共度的最平静祥和的岁月。1949年,先生曾到侨乡和顺的一所道观魁阁小住,静心研读、潜心诗文,夫人相随照料先生生活起居。魁阁附近的石头山里都是香果树林,花开时节,道观养的蜜蜂便去采花粉酿蜂蜜。夫人得知香果花蜜不仅香甜可口,更有止咳润肺、治疗肺病的特殊功效,便将道观收取的蜂蜜全部买下,无偿赠送给有需求的乡邻。在当时战后的腾冲,物资匮乏、医疗条件极差,普通大众难以维持温饱,更无钱就医,夫人的蜂蜜无异于雪中送炭!

在腾冲居住时,夫人深居简出,生活简朴,没有高官夫人的派头。李根源先生亦低调生活,从不请客,从不做寿。为避免亲友送礼,每年先生及夫人在寿诞时,都避居乡下寺院。1948年孙女成华出嫁,夫人为孙女主持了简朴的新式婚礼,仅以一碗饵丝招待亲友,拒收一切礼金,婚宴简单节俭在当地产生了很大的反响。富商之家及普通家庭都纷纷效仿。儿女为表孝心要为父母做寿,所收礼金捐做公益慈善之用,在当时成为社会风尚。李成华婚宴时所留下的亲友签名的红绸布,如今收藏在腾冲滇西抗战纪念馆内。

1950年6月,全国政治协商会议召开第一届第二次全体会议,特邀李根源参加。夫人力劝李根源出席会议,说:"使世人皆知李根源已到北京,表示拥护之诚,虽死亦荣。"夫人虽为女流之辈,却深明大义,颇有见地。因有了夫人的劝慰,李根源才在儿子李希泌的陪同下,前往北京参加会议。会议结束后又辗转到苏州扫墓。1951年初离开苏州,经上海、汉口至重庆参加西南军政委员会第二次全体会议。由于重庆潮湿多雾,先生身体不适,经常生病。朱德闻讯,电告中共中央西南局统战部,护送先生到北京就医。自此,先生晚年一直住在北京,没有再回过苏州和云南。夫人和儿孙们也跟随先生到了北京,住在政府照顾安置的绒线胡同寓所。在北京期间,先生被选为中国人民政治协商会议全国委员会委员和全国政协文史资料研究委员会副主任,夫人被聘为北京市文史研究馆馆员,领有政府津贴。在1959年至1962年的"三年困难时期",先生享受到了特殊的照顾,当周恩来总理获知先生生活有困难时,在当时财政极其困难的情况下,特批示管理局每月再补助先生颐养费100元。

1960年3月,先生老年精神衰弱、大动脉硬化诸症并发,入院治疗,周恩来、朱德时时前往医院看望,特批示北京医院尽力抢救,精心医治。经过治疗,先生病情转危为安。以后每年夏季,夫人都会陪先生迁往政府特别安排照顾的颐和园介寿堂休养。休养期间,两位耄耋老人同游颐和园,相扶相携,晚年生活平平淡淡却又深情满满,夫人在此期间绘制了许多画作寄赠亲友。1963年春节,总理周恩来举行春节招待会,邀请在北京的70岁以上全国政协委员、人大代表出席。李根源不仅被邀请,还坐了首席。1964年元旦茶话会,朱德主持,李根源应邀出席,夫人陪同前往。朱德与先生夫妇亲切交谈,徐冰副部长请摄影师拍下了师生叙乐的照片,发表在《人民画报》上。这是先生在世时所拍下的最后一张参与政治活动的照片。

1965年7月6日,先生与世长辞,享年86岁。先生生前曾表示死后要"魂归故里"。这个"故里"既不是云南梁河九保(出生地),也不是腾冲叠水河,而是他的第二故乡——苏州吴县的小王山,以此可以永远地陪伴着他的母亲。以朱德委员长为主任的治丧委员会遵照先生遗愿,将先生骨灰运往小王山安葬。先生的离世是夫人割舍不了的痛,17年后,也就是1982年,夫人在北京去世,骨灰也送往小王山,与先生合葬。从1912年与先生结为夫妇以来,夫人默默陪在先生身边53载,那是怎样的深情与厚意!

集政治家、军事家及学者、诗人于一身的李根源,在政务繁忙、戎马倥偬之际,仍孜孜于学问,著书立说。先生在加入南社后,亦活跃于其中,作了大量的诗词。因与南社人的诸多交往,先生的诗歌也受到南社诗歌的影响。《云南纪念会祝词》《叶星槎先生暨淑配伍儒人八秩双寿序》《祭黄上将文》《山西图书馆目录序》《与孙仲瑛书》等作品收录于《南社丛刻》中。1919年中秋,南社部分成员曾在吴江黎里结酒社,参加者有柳亚子、黄娄生、顾悼秋、凌莘子等13人,共作诗词50余首,汇集成《闹红集》。先生曾为《闹红集》题咏:"湖上闹红十三贤,新诗句句尽堪传。何时有幸重归去,我愿相随黎里船。"此外,先生与南社陈去病、高旭、于右任、宁调元等人交往甚密。夫人马树兰虽非南社社员,亦以南社人的精神为支撑,默默地在背后支持着李根源先生。

李根源,这样一位文武兼备、功勋卓越的国民党元老,用一生的努力、勤奋、智慧换来了一世的成就和荣耀。夫人马树兰,这样一位贤良淑德、知书达理、精明能干的女子,用无私的爱、深深的情默默地陪伴着李根源在宦海几经沉浮。患难与共,直至终老。

丽梅独放
——林北丽与林庚白

陈　碧

南后街的林家,男以林长民、林觉民为代表,在民国前后引领风气之先。既有点燃辛亥革命炮火的精英,也有点燃五四导火索的先锋。女性有林徽因、林璎等,堪称风华绝代的人物。林北丽(1916—2006),虽不住在南后街,却也是林家后代的佼佼者。她2006年临去世前,96岁的文怀沙为她写下了她希望活着看到的悼词——《神州有女耀高丘——献给林北丽的悼词》：

这是一首充满哲理玄机的55行自由体长诗——

> 生,来自"偶然"
> 死,却是"必然"
> "偶然"是"有限"
> "必然"是"无限"
> 一滴水如想不干涸
> 最好的办法是滴入海洋……
> 我童年时代的伙伴
> 今年九十一岁的林北丽哟
> 想不到你竟先我而行
> 无论先行、迟到都应具备安详的心态
> 生命不能拒绝痛苦
> 甚至是用痛苦来证明的
> 死亡具备疗治一切痛苦的伟大本质
> ……
> 一百年才三万六千天,你我都活过了三万天

辛苦了，也该休息了
结束这荒诞的"有限"
开始走向神奇的"无限"
只要想通这浅显的道理
我们就顿时进入了"极乐世界"
……

这首诗，为文坛、为历史留下了一段佳话。

"怪叔叔"和"小北丽"

林北丽的身世是凄苦的。她的父亲林景行在她出生17天时就因车祸去世，姐姐在年幼时就夭亡。母亲徐蕴华独撑着家庭，贫病交加。

1931年"九一八"以后，世界经济危机，中国外有日寇恃强入侵，内有兄弟阋于墙，苦难、苦恼是一般人的生活常态。许多人在无可奈何中趋向了迷信，喜欢算命、拆字等，以为将来预测。一次，并不迷信的林北丽因无聊到命相馆去，遇到柳无垢（柳亚子次女）大姐，大姐以为她喜欢这一套，说要介绍一位中国第一的命相家与她。后来知道是林庚白时，她不禁笑了，想不到那位母亲口中曾说过的"神童"，世交、同乡，竟变成一个鼎鼎大名的星相家。好奇心使她急于认识这位唯心论专家。但约了几次，竟然都没约成。

1936年，从杭州女高毕业的林北丽来到南京读大学。当时，林庚白正热烈追求铁道部女职员张璧。他的信，数首诗词，发表在南京的报纸上，全南京都在热议着他们的恋爱。在《丽白楼遗词》里收录有许多缠绵多情的"不知是爱是愁根"的"赠璧妹"的艳词，如"曾见抛书午睡时，横斜枕簟腿凝脂……惺忪眼角发微披，至今犹惹梦魂痴"。既脍炙人口，又惹人嘲骂。

怀春少女林北丽自然也读到他的作品。林北丽回忆初识时：一个初秋的黄昏后，碧月升起，她与表兄在秋元坊的楼隅正共阅一册日记，突然一位不速之客闯进来，打破小屋的静寂。他穿着浅橙色的西服上装，银灰哔叽裤子，黑漆的跳舞皮鞋，不戴帽子，均分两边的乌发，夜晚看来，显得格外光亮，过来的脚步声里，还不时流露出他书生气的洒脱。正好大姐回来，介绍他是久闻大名的庚白先生。"再一打量，面前的他比起我过去所想象的他来，当真是太年轻、太漂亮了。除了有一个中国旧念书人的骆驼的背（不细看不觉得），小小的嘴高高的鼻子，简直还有西方的美呢！"这次见面,使北丽知道,算命不过是他偶尔的游戏。经过一次闲谈以后,彼此都很有好感。一个服膺社会主义的人而善于算命,这真是一件太滑稽的事,好奇心使北丽请他批命造。诗人的第一句便是'故人有女貌如爷'。命造的批语倒是很新奇而有时代化色彩,但从他的思想而言,到底是个极大的矛盾。

20岁的林北丽相貌美丽,性格开朗大方。在南京过了一些时候,林北丽似乎渐渐陷入了爱的追逐与包围之中,都猜测是她对象的,除了和她有亲戚关系的V以外,便是Z。V是母亲心目中的女婿,富有的家产,高贵的门第,独生子、文雅的姿态,温厚的天性和不浮夸的私生活,而兼有文学天赋。Z,农科大学学生,又是她同学,为人淳朴,家境好,自然科学的学习好,人又温柔又漂亮,是大姐夫口口声声所赞的"美男子,好学生",做事忠实勤恳,对爱的追求也非常纯正。"可惜凡是我愿意去思索的,恐怕他连梦也没有想过,他只希望有一个美丽的妻子,几个活泼的孩子,一份如意的职务和一个称心的小家庭"。"然而只以一个完美的小圈子里满足的人,又怎么能为我的终身之伴?"——不过他们后来还是保持了友情。还有见一面后就不断地写信、访问和献殷勤的某大学生……这使北丽在几月里都饱受"爱"与"意志"的矛盾。

一直到1936年冬,为了要应付考试,她搬出大姐家与女同学绰媛等合租民房,那里安静。她们约定不许在新居里接待朋友,决定埋首于书本上。林北丽与林庚白的晤谈也没有时间了。庚白来信,不以为然,但她不想改变计划。林庚白就一日一信,谈世界形势和国家民族存亡。"在知道我也能写诗以后,又时常寄诗送我,信的内容那么丰富,而又写得那么流畅而生动,诗更是充分地表现了他的怀抱和天才。这些诗和信,是从来不会因为来得太多而使我厌烦。所以与其说我倾倒庚白,倒不如说倾倒他的文字更确当些。他确是很聪敏,亦可讲曾经博览群书,谈起问题来也很透彻。在他谈社会病态和治疗药方的时候,每次都抓住了我的心灵……"

又是一个黄昏,是北风飒飒的冬日。庚白做了一次不速之客。顿时,新居内混合了她与绰媛的惊讶声和庚白哈哈声。原来为找到这间不愿告人的小屋子,林庚白费了苦心东寻西访,最终在一个送煤炭的小伙计口中知道了。之后他常来做客,坐一会儿就回去,信照例是一天一封,甚至二封。林北丽不以为意,始终当他是个"神经质"的人。一个假日,林庚白邀北丽同去参观一场漫画展览会。结束后,诗人请女神吃饭,那是第一次单独二人在一起吃饭。在餐桌上,林庚白讲起了他的旧恋人(林北丽认为她是个醉心于金钱与虚荣心的女人),他忽然号啕大哭,吓得林北丽手足无措。这个纯情的少女认定了他是"一位矛盾的先生,又给我多了一个痴情郎的印象"。

林北丽对林庚白印象大好,还有一件小事,就是林庚白为她无意的一句话而戒烟。庚白平时来往于京沪,就住在励志社宿舍内。本来那里是禁止女宾入卧房的,但他的房间是在会客室隔壁,所以不受此限。励志社对门,绿阴草毡,使人流连驻足,北丽也有时找他,二人常散步聊天于此。有时她也到社里会客室去茗茶小坐。但从未进他室内。原因是她讨厌吸烟,尤其进吸烟人的房间。而庚白是个"磊炮台",小炮台不离嘴的人,当然她不高兴进去。日子多了,他总要问她为什么不肯进去,又时常说,我看你不是个拘束的孩子,为什么不进去呢?北丽把原因告诉了他,并且觉得有点失礼。庚白笑笑了之。大约一个月后,她又去他会客室,庚白十分诚意地说:"请你到我那打扫过的屋内去坐坐吧,你所厌恶之气,已经完全被驱除了。你那一次的话我很同意,我也觉得吸烟并不必要。三周来我已绝对戒除了。谢谢你的启示。我很成功,一点也不苦恼。"这事让北丽很感动,也因此认为他一定是位很有毅力和忍耐力的人。

交往渐渐密切起来,但林北丽始终把林庚白当作长一辈人看待,一直都尊称他白叔。

过完了1936年的寒假,北丽国内求学的历程告一段落。于是准备出洋留学,得到林庚白很多的鼓励。但是妈妈这里是很难通过的,因为她只有一个女儿。后来庚白建议她先去东京考察,以后再设法赴欧,妈妈也就容易答允。

办完了出国手续,就在1937年的3月1日,林北丽告别了南京。原来预备回西湖和妈妈待一些日子,等到暑假开始再东渡。这一次,庚白同车送她到上海。到上海后,庚白突然向她提出了爱慕之意。自认识以来,彼此都不曾谈及双方私人的爱,尤其她更没有想过去爱一个年纪几乎是大一半的男子,可是两人的人生情志与抱负,几乎无不趋向一个共同的真实的人生目标。"在这个炎凉的社会和令人头痛的世界,逼成我在他的身上又重新建筑起我们的象牙之塔来。我常常想,如果我的'爱'的'力'能够帮助他克服他的矛盾,能够使这个被时代压倒的人,使他在这个创造新世界的机轮上,发生些微的力量,那么,我又何必吝啬呢?"明知道嫁给一个已婚的,并有几个孩子,大自己19岁的男人,母亲一定会有所干涉,但在向同一目标共同奋斗的爱情驱使下,1937年春天,她接受了庚白全部的"爱",没有征求母亲的同意,3月7号那天在上海订了婚。当时林庚白41岁,是一个离过婚并且有五六个孩子的中年人;林北丽是位才22岁的大学生。

社会上竟有人误传他们是叔、侄女要结婚。其实同父母亲一样,林北丽的血液里也有某种革命性。比如，关于婚姻，在青春期时，她就认为应当废止婚姻制度。这种观念即使放在现在，也足以骇人听闻。但遇见"怪叔叔"，并与之相恋之后，她就缴械投降。同时投降的当然还有林庚白。他原来也是主张废止婚姻的。七七事变后，为了生活方便，二人决定早点成婚，1937年10月20日，在首都饭店联欢社举办了婚礼，证婚人是陈铭枢和陈公博。此时的林北丽，与青春同在，与爱情同在，与幸福同在。

林庚白之死

"九一八"事变后，林庚白坚称："不打倭寇，中国的命运一定就完了。"这位革命先锋人物不能忘记他少年时就对日本侵华的愤慨，积极投入抗日工作中。

1937年7月，抗日战争全面爆发后，林庚白夜以继日，撰写《抗日罪言》，对抗战前途充满了胜利的信心。他充满革命的热情，对时局密切关注，他慧眼独具，认中国共产党为抗日救国的希望所在。他曾赋诗《书〈中国共产党宣言〉后》七律一首，称"欲持吉语告朋俦"。1938年写了《寄延安毛泽东先生》七律一首，称："湖南人物能开国，况出山川百战余。""天险江流知有意，翼王不渡为君趋。"认定毛泽东是个开辟天地的人物，连石达开也得臣服。

1941年12月1日，林庚白由重庆带家眷来香港，拟与旅港文化人共同探讨社会形势问题，还拟在港办报宣传抗日，这一计划得到了爱国华侨陈嘉庚的支持。另外，他还拟筹办诗人协会，以团结进步文化人士。据卢冀野说："他在重庆动身前，我曾去劝止他，但他去志已决，没法能挽留得住。"林庚白抵港甫一周，太平洋战争爆发，九龙随即沦陷。林庚白住于友人家中，被日军间谍误认为国民党中央委员，被日本占领军通缉，为避免累及众邻，12月19日下午，他和林北丽出门另觅避难所。

据高阳先生《林庚白命中注定的传奇》，文中对当日细致描写：

12月19日那天，汉奸带着日军来搜捕，林庚白夫妇便从后门溜走，哪知一出门就遇见5个日本兵。

"林委员……"有个军曹，操着生硬的中国话问，"在哪里？"

林庚白早有戒心，扮成个广东人所谓"大乡里"的模样，他相信他本身不致被误认为"林委员"，便摇摇头用普通话答说："我不知道林委员在哪里。"

这句话答坏了！百密一疏，出现了很大的漏洞，因为既是"大乡里"的模样，应该只会说广东话，不会说带福建口音的普通话。那军曹脸上，顿时起了疑色，直盯着他看。

尽管林庚白保持镇定,林北丽也能强自克制,不露惊慌之色,但他的衣着跟他的文弱的体格形态,终归是不相配的,"你就是林委员!"那军曹喝一声:"走!"

林庚白被拉走了,林北丽吓得手足无措,想跟过去,却被另外两名日本兵拦住了。

这时她是在天文道的上坡口,眼睁睁看着丈夫被带下坡,心里只朝好的地方去想,大概是见他们的长官,不至于被认出真正的身份,就算真的认了出来,他是立法委员林庚白,也没有什么要紧。立法委员不是负责实际政治职能的政务官,充其量也不过像颜惠庆、陈友仁、李思浩、郑洪年那些名流那样,被移置到半岛酒店,接受免费的招待而已。

当她在转着念头时,看到林庚白与那军曹都站住了脚,接着那军曹拍拍他的肩膀,向上一指。林北丽看在眼里,喜在心头,知道丈夫被释放了。

果然,林庚白由下坡口往上坡口走了来,但是,他不知怎么,失却了"平生镇定"之功,两条腿在发抖。林北丽大惊失色,脱口轻喊一声:"不好!"真的不好了,林庚白又被日本兵抓了回去。

这一下就盘诘不休了。林北丽紧张得一颗心直抵喉头,口干舌燥,双眼发花。也不知道过了多少时间,突然看到丈夫又往回走了,这是第二次释放,林北丽喜极泪流,想迎上前去,而旋即警觉,不可有感情上过分的表现,应该保持平静到最后。

哪知变起仓促,一声枪响,林庚白倒在地上,林北丽不假思索,拔步往坡下奔,到得林庚白身旁,想去扶救时,又一声枪响,她只觉得右臂像被火烫了一下——事实上是一颗子弹穿过她的右臂,打中了林庚白的背部,位置是在左面,正好是心脏部位,成了致命之伤……

微笑的资格

林北丽卧病孤岛,直至1943年初才回到大陆,寄居在曾家岩中共中央重庆办事处。此时总角之交文怀沙也在重庆。不久,却又向万县迁移。对各种流亡与逃难,北丽有许多慨然、无可奈何与不得不的"豁达",此时的她有诗:"南人北客久无归,归向南都叹式微。见惯兴亡旧时燕,北朝送尽又南飞。"

她出世丧父,青年丧夫,幸而诗歌安慰了她的人生。30岁生日时,许多友人为她酬唱赋诗,作画。其中有柳亚子、陈颂洛、陈剑庐、王祉伟、胡天恩、沈尹默、端木蕻良等。

回想抗战历程以及庚白去世六年的时光,林白丽百感交集。她写了《罕诗词》四首,奠祭逝去的庚白,更奠祭逝去的青春。然而,诗中依然昂然着奋发的朝气与奋斗精神:

辛苦流离记六年,伤心往事散如烟。冤禽饮恨难填海,只手扶危要补天。

犹存松菊不如归,昨夜思乡入梦微。尝胆卧薪曾读史,余生涕泪敢轻挥。

遗孤三月托慈亲,昂首天涯剩一人。任尔严寒风雪紧,梅花无恙现精神。

鸳鸯折翼痛当时,家国千忧付独支。父老兄弟诸姊妹,高情遥谢勉成诗。

1999年,曾任中国科学院上海药物研究所图书馆馆长的林北丽,为父母与自己出了合集,请知己文怀沙作序。她知道文怀沙对生命的态度豁达与她一致,他是懂得她的。2005年,她的《林北丽诗文集》出版时,她为编辑写下与庚白未了的诗缘:庚白和我以诗缘结合,自然我喜爱他写的诗。我认为他的诗都能以革命立场、观点,审时度势,以饱满的政治热情评点江山。嬉笑怒骂皆成诗章,反映时代和社会。他身为国民党显要,却以社会主义思想注入其诗篇,确实胆识过人。此为庚白诗作的特点,也便是《丽白楼诗词》的精华所在。

这便有了2006年的"死亡前的悼辞"——是的,生命里有那么多是痛苦不能拒绝的,而且必须要用痛苦来证明,死亡也许是最后的痛苦。她的传奇里已经拥抱了这些痛苦,现在,她有了微笑而去的资格,因为死亡来了,死亡具备了疗治一切痛苦的伟大品质……欲就麻姑买沧海,一杯春露冷如冰。

一个月后,林北丽安然离世。

柔肠侠骨柳无垢

张末梅

一

柳无垢出生在吴江黎里镇,一个既丰衣足食,又富有诗书礼仪之风的殷实家庭。她的父亲叫柳亚子,母亲叫郑佩宜。父亲柳亚子是一个家喻户晓的人物,为南社发起人之一,他的诗激昂、高亢,受到当时青年人的追捧。由于父亲思想开明,家里很少封建气氛,父亲给爱女取名"无垢",想让她成为一个"身心清静净白"的人。幼年的柳无垢是在不强迫读四书五经,自由、快乐氛围中成长的。父亲爱她如掌上明珠,她可以随意到父亲的书房看书,乃至一些新文化的先进报刊、书籍。由于这些,柳无垢幼小的心灵在同辈人中显得特别早熟。

1926年秋,柳无垢考入上海大同大学附中。此时柳无垢少年不识愁滋味,强说愁,常常是赏月亮,终是月圆人散的多愁善感;看枫叶,竟是枫叶寄思相;吃莲子,怀念童年欢乐。1927年父亲被国民党列入"四·一二"逮捕名单,1928年在日本横滨与大哥分手,惊恐动荡的生活,一连串的事件,使柳无垢夜夜难以入睡,14岁的她逐渐成熟起来,开始关心社会问题。她忧国忧民、为祖国山河担忧,甚至一棵草、一丝风、一朵花……都会引起她的忧伤、同情。

15岁的柳无垢已显其特别之处,虽妆容平淡,但是聪慧过人,娇美端庄,引得当时的大文豪林庚白动了恻隐之心。甚至写了不少白话诗,就是为了"得免女公子诮为落伍"。林诗曰:"萍踪海角数相要,时有谈言破寂寥。绝羡君家仙眷属,才华燕婕更超超。"九·一八事变后,柳无垢和同学积极参加游行、演讲、贴标语、办壁报等活动,宣传抗日,自称"五虎将",俨然一位女大侠。在柳无垢身上,显示出无限的号召力、感染力。

蒋介石消极抵抗日寇,群情激奋,上海学生决定乘车直接到南京政府去请愿。柳无垢不甘示弱,走在队伍前面,这是她有生以来第一次这么激情满怀参加的一次大规模革命请愿活动。

一路火车颠簸,到南京后,他们马不停蹄直奔蒋介石驻地,柳无垢正是被娇宠的年龄,这样一位大家闺秀,也许她从未走过这么长的路,从未这么疲劳过,脚板打泡了,腿疼得抬不起来。虽然学生请愿无果而终,但是救国,改造社会的愿望却越来越强烈,于是在考大学时,专门选择报考清华大学社会学系。

在清华大学,柳无垢听了时事座谈会,从而认识了一些思想进步的人,又参加了他们的一个研究会,开始接触《共产党宣言》等革命书籍,她的社会责任感越来越强烈。1935 年 3 月 12 日清晨,校园静静的,偶尔传来几声猫叫,清华学子们还在睡梦中。柳无垢刚从睡梦中醒来,突然听到一阵激烈的脚步声,不一会儿,便衣、武装警察已经冲进了她们女生宿舍,北平国民党部逮捕了她。身材娇小的她,内穿一件素雅的小碎花布旗袍,外穿一件红色毛线衣,此时的她没有惊慌,相反十分镇定从容,见同学均点头含笑,面不改色。柳无垢等人先是被押到郊外的派出所,再送到城里的看守所,与疯子、小偷、吸毒者一起关在一间小屋子里,亲眼看到并体验了社会底层生活。那时,柳无垢心里只有愤恨、只有反抗,全无后悔畏缩之意。

这时在牢房外,学生会、校长和柳无垢的父亲等,正想方设法营救,4 天后,柳无垢终于被释放。同年 9 月,柳无垢决定去美国留学。出国前,柳无垢给军医王廷俊写信并告知留学美国的事情,没想到王廷俊正为一件大事发愁。前不久,瞿秋白同志在上杭附近被捕,那时他患有严重的肺结核病,咳嗽不止,身体非常虚弱。师部少校军医陈炎冰为他治疗,经常与瞿秋白接触,瞿秋白在就义前,把他在狱中写给郭沫若的信和一些诗词、照片、题字等交给陈炎冰。陈炎冰要去澳门了,临行前,又把瞿秋白烈士的遗物交给王廷俊保管。王廷俊面对这些遗物犯难了,留下吧,在白色恐怖下,随时都有可能被搜出来,性命事小,失去烈士的遗物、愧对革命先烈事大;不留吧,自己的性命是保住了,但是失信了,这是一辈子抬不起头来的事情。怎么办?他与柳无垢说了此事,柳无垢毫不犹豫,不怕担风险,愿意做好此事,王廷俊顿时有了信心和勇气,小心翼翼地把这些遗物带到南京,用双挂号寄给在美国的柳无垢,柳无垢接到瞿秋白遗物时,感动得直流眼泪,不仅很好地保存了遗物,而且特地到纽约见陈其瑗先生,并将一部分内容在陈先生办的《先锋论坛》刊登出来。柳无垢的义举感动了许多人。后来,他的父亲不仅把这些遗物转送给郭老,而且将遗物拍成照片送给有关同志和好友,并写下诗一首《秋白先烈忌辰有作》:

识荆说项成疑案,有女杨家鬟已黄。
故国遗书传弱息,沪滨赁庑贮瑶章。
千秋史册留评判,盖代才华孰较量?
最是惺惺相惜感,高吟奇泪满江河。

一位革命者的遗物,辗转这么多人,感动这么多人,一棒接一棒,最后辗转到一位身材娇小的侠骨女子,才得以重见天日,尤其让人感动。

柳无垢先后在美国佛罗里达州罗林斯大学和威斯康星大学研究院等地读书。在求学期间,她不仅向美国朋友介绍中国的学生运动,主张抗日,而且积极参与各种宣传抗日的活动。1937年卢沟桥事变前夕,柳无垢从美国留学归来,在上海中华女子职业学校任教。后又到上海国际劳工局中国分局工作,任研究员。

二

1949年1月底,解放前夕的上海汇集了各种势力,矛盾一触即发;各方力量正暗中较劲,邀请宋庆龄出山,成了各方舆论焦点。上海是宋庆龄的出生之处、眷恋之地,家族亲人和国民党要人多番劝其离开上海、前往台湾或香港,但都无功而返。当时新闻界和政界都称"孙夫人再入政界事,一般认为殊为渺茫"。

1949年1月19日,中共中央审时度势,筹划集中各方面的精英到北京开会,宋庆龄成为首选人物之一。于是中央直接致电在香港的方方、潘汉年、刘晓:"兹发去毛、周致宋电,望由梦醒译成英文并附信,派孙夫人最信任而又最可靠的人如金仲华送去,并当面致意。万一金不能去,可否调现在上海与孙夫人联络的人来港面商。"毛泽东、周恩来的电文如下:

庆龄先生:
  中国革命的形势已使反动派濒临死亡的末日,沪上环境如何,至所系念。新的政治协商会议将在华北召开,中国人民革命历经艰辛,中山先生遗志迄今始告实现,至祈先生命驾北来,参加此一人民历史伟大的事业,并对于如何建设新中国予以指导。至于如何由沪北上,已告梦醒与汉年、仲华切商,总期以安全为第一。谨电致意,伫盼回音。

21日，夜已经很深了，香港轩尼诗道一座普通小楼的房间里灯还亮着。中共中央香港分局几位负责人正开着重要会议，商讨执行中央指示的具体办法。有人提议让金仲华去送信。潘汉年说，在上海，很多人都认识他，现在上海的特务活动的厉害……不应当让他冒这样的风险。于是有人想到华克之。于是，方方、潘汉年、刘晓决定派具有丰富地下工作经验的华克之携带信件秘密去上海安排此行。潘汉年对于完成这一任务的细节与可能遇到的问题，都予以估计、详细介绍，并且反复交代，要求保证宋庆龄的绝对安全。当时的华克之47岁，仪表堂堂，一派绅士风度。接受任务后，华克之认真仔细思考，请廖梦醒（廖仲恺、何香凝长女，又是抗战时期宋庆龄主持的"保卫中国同盟"的重要成员，宋庆龄的挚友）画出孙夫人住处楼层、方位、屋内摆设，房间安排等，了解到孙夫人周围眼睛很多，很难接近，当梦醒说到柳无垢曾是宋庆龄秘书时，华克之眼前一亮，心中顿时有了最信任而又最可靠的人——柳无垢。她是柳亚子幼女，当时在美国驻上海总领事馆政治组任编译员，早年就参加过学生运动，还曾因此被捕，是个革命积极分子，思想可靠，又留学美国，学识丰富，为人低调稳重。尤其她身份特殊，深得宋庆龄喜欢，她一定有机会接近宋庆龄。华克之扮成商人，经过三天三夜的海上航行，从香港转青岛到上海，他按潘汉年给的地址，在辣斐德路（今复兴中路）法国公园（今复兴公园）对面的一幢西式住宅里找到柳无垢。这天早晨柳无垢正准备出门上班，王先生（华克之化名）来了。华克之郑重地交给柳无垢一封信，要求她当面交给宋庆龄先生。

接受重托后的柳无垢左思右想：孙夫人身边的"眼睛"很多，直接过去，"眼睛"不会放过她和孙夫人，弄不好会闹出大事。再则，孙夫人已不大见客，自己虽然和孙夫人相熟，并在孙夫人身边工作过，但是也不常见到她，只是和她通信而已。好吧，那就给夫人写信。于是柳无垢开始给宋庆龄写信求见。谁知，宋庆龄因身体不适，正在打针，以医生不准见客为由，拒绝了柳无垢的求见。柳无垢被礼貌地拒绝了，吃了闭门羹。她决心继续写信。王先生说：你告诉孙夫人，信是毛泽东、周恩来写给她的。就这样不停地写信、写信……看似柔弱的柳无垢诚恳地表达了毛泽东、周恩来的诚意。

精诚所至，金石为开，终于孙夫人同意见她，并给毛泽东、周恩来带了回信。宋庆龄"经长时间考虑，确认一动不如一静""将在上海迎接解放，和诸公见面"。

一位娇小的柔弱女子用她的坚强、韧性，完成了一项艰巨、复杂的工作，敲开了孙夫人紧紧关闭的大门。柳无垢，就凭这样的真心、一腔热血，为中华人民共和国的开国大典添上浓浓的一笔。

1949年6月,邓颖超携毛、周亲笔信,专程从北京到上海拜见宋庆龄,邀请宋庆龄到北京。9月,柳无垢任孙夫人秘书,随孙夫人至北京参加中国人民政治协商会议。在北京火车站见到了毛主席,后来还有机会见到了其他中共中央领导人,旁听了政协会议,参加了开国大典。

1949年11月柳无垢入外交部政策委员会工作,后来转到新闻司,直至1963年11月去世。

1983年,挚友刘思慕写诗赞柳无垢曰:

忧国伤时类乃翁,柔肠侠骨气如虹。
陷身缧绁志犹壮,负笈重洋学博通。
告慰英魂传墨宝,赍书国母胜飞鸿。
剧怜痼疾折磨死,宿愿未酬心向东!

心盟竹梅诗作嫁

—— 找寻我心中的祖母姚盟梅

高汐汐

一、我的祖母在哪儿？

从小我就有一个解不开的谜：为什么我不像别的小朋友那样有爷爷奶奶、外公外婆？除了知道外婆在我出生前就已去世，那爷爷奶奶和外公呢？问爸爸和妈妈，他们要么闪烁其辞，要么极其简单地告诉我：他们在上海。那为什么他们不来看我们，我们也从来不去看他们呢？一次，在家里的旧照片里，我终于第一次看到了祖母的照片，妈妈就直接告诉我："她是地主婆"，爸爸则沉默……这就是我第一次从妈妈爸爸的口中知道的祖母，我顿时被吓住了，因为我知道地主婆是"坏人"。

父母都是在20世纪50年代初期大学毕业后从上海来到北京，在中央部委和外事部门工作的，在那个年代，因为他们的工作性质，家庭出身已经给他们带来了巨大的压力和不可知的命运，他们不想多说，更不想让子女受到影响，因此他们不得不"打压"我的好奇心。

姚竹心(盟梅)于1924年，时年23岁

二、我的祖母在《红楼梦》里吗？

虽然我不敢再问关于祖母的事了，可是我的小脑袋里从来都没有停止过"找寻"。我跟幼儿园里的小朋友们讨论过，如果祖母是地主婆，会是什么样子的？

会不会来揪我的耳朵？会不会用烟袋杆子打我（电影里的地主婆总是手持长烟杆子的）？爸爸妈妈工作繁忙，我从11个月大就在幼儿园上"全托"了，每周只有星期六晚上可以回家，星期一早上就要回到幼儿园去。在家里，我最喜欢做的两件事是：在书橱里翻看我能拿到的书，要求爸爸妈妈把老照片从柜子顶层搬出来，让我翻看……这样的习惯和爱好几乎贯穿了我的整个童年和青少年时期，直到离开父母的家，独立生活。

我家里的书很多、很多，有中文的、英文的，有图画的、没有图画的。记不得我是从多小开始阅读的了，反正在同龄人里面，是很早的。记得，家里书橱的下层一直有几本书，里面只有几张插图，有很多字，我都看不懂，可是很喜欢那仅有的几张插图，图里有很多漂亮的房子，周围有曲折的长廊，楼台上面有漂亮的飞檐……也有很多身着长裙阔袖飘带的女子和男子……虽然都是黑白的线描，可是我能在这些画里看到色彩！爸爸妈妈告诉我：这些书叫《红楼梦》，梦就是做梦的意思。还不识字的我，幼小的脑袋可以理解的就是，这些书里写的是做梦的故事，是一个人在红色的楼里做的一个梦。我以前已经知道我的那个"地主婆"祖母的名字是"姚盟梅"。我清楚地记得，当时根本不知道这些字是什么意思的我，一下子就按发音把这两者联系起来了——红楼里的人做了一个梦，梦见梅花了……我的祖母一定与这本书有关系……这可能就是我祖母写的书……这些书可能是写我祖母的故事的！我常常一个人坐在地上，这样狂想着……

直到现在，我还常常把祖母的名字读作"梦梅"，尽管我知道祖母的名字是盟梅。前几年，一次读到我台湾的大堂哥高渠写的一篇文章，里面讲到，有一次他陪他的母亲（我祖母的外甥女）在参观当年拍摄《红楼梦》搭设的外景（后成为旅游景点）大观园时，他母亲忽然在大观园的一处主建筑前面停下来，连连说："哎呀，这里太像我们老家的房子了……"2007年，我第一次跟父母一起回老家，在上海金山张堰的南社纪念馆，也就是我舅公姚光故居里，走到二楼，看到有着红木花

姚盟梅1964年摄于杭州（钱大川提供）

窗回廊围绕的、有着红木地板的我祖母的闺房、书房——"盟梅馆"时，小时候的那个"狂想"顿时涌上心头！

三、我的祖母有文化吗？

"文革"后期，1974年，我刚上初中的一天，收到了姑姑从上海寄来的一封信。此时，爸爸有外事活动也正在上海出差。我很纳闷，爸爸也在上海，姑姑为什么这个时候来信呢？读了信后，我才知道，原来祖母去世了，爸爸这次去上海是亦公亦私的。因为长期以来家里从来不提祖父母，我也习惯不问了。早两年祖父去世，我们知道了，这时祖母的去世，也一样是"知道了"，没有特别的感觉。但是姑姑信里的描述让我震惊了！她说：爸爸公务完毕赶回家，祖母已经去世了，他最终没有能见到祖母最后一面……爸爸一个人在祖母房间里放声痛哭，伤心欲绝……我从小到大，还从来没有见到过爸爸掉眼泪呢，更别说"放声痛哭"了。姑姑的描述，与我平日里了解的和看到的爸爸差异太大了！我一下子就联想到，小时候每当我问起祖父母时，爸爸话很少，要不就干脆沉默，妈妈会以"就是一个地主婆"搪塞我。看来爸爸不是像他表面表现得这般"冷漠"，他内心的深情无法释出也没处摆放……

过了些日子，爸爸回到北京家里，带回来几样祖母的遗物：一副圆片老花镜，几只非常精致的十字绣香袋和一些照片、文稿等等。爸爸仍然话不多，我也不多问，但是内心已经有了一种心疼爸爸的感觉。我继续翻看爸爸带回来的这些文稿，发现除了一些信件，很多都是祖母写的"检查"。印象最深的是祖母手书特别漂亮，即使有些书信看得出来是仓促而就的，字迹和字体也工整而娟秀。再看内容，字里行间，极尽谦卑，车轱辘话地"批判"自己的"剥削阶级出身""资产阶级思想"……用很多"大词儿"表示要好好"改造"……我在想，祖母会不会是一个没什么文化的老太太，只偶然写点像检查这样的文字而已，内心更多了些对"祖母到底是个什么样的人"的疑问，找寻在我生活里继续。

晚年的姚盟梅在读书
（钱大川提供）

四、祖母的闺房"盟梅馆"

"文革"终于结束,整个社会生活开始正常化,同时也在高速变革中前进:恢复大学考试、右派平反、纠正"文革"中的冤假错案、改革开放、经济起飞……终于,人们的物质生活稳定了,有暇回顾和审视被我们忽略已久的人文与历史,南社就是在这个时候重新进入了人们视野的。

20世纪90年代初,中国南社与柳亚子研究会在北京成立,我有幸参加了相关的活动,并于1995年在美国加入了国际南社学会。同时,我开始关注南社与我的家族。当然,对于我心中祖母的"找寻"也没有停止。这时,我才知道,祖母是在她同时代人里,少数受过良好教育、诗书女红都非常出色的女子,还学过英文!但是她有多么出色,我还是只能从父辈的口中了解到很有限的一些。

2007年,我随父母一起回到上海金山区张堰镇,参观刚刚开始恢复的姚光故居暨南社纪念馆。这是我第一次踏上故乡的土地,纪念馆正是祖母的娘家,我在祖母的闺房、书房"盟梅馆"里,独自呆了很久很久,在那里跟祖母"说"了很多话……这间书房,有一张书桌,一张梳妆台和几只书柜,后面有一个设计精致的很隐蔽的楼梯,直通楼下客厅。书房前面有长长的回廊,回廊上的一边是整整一大排红木雕花大窗,打开后,视野中满是重叠的飞檐和远处的田野,颇有气象。回廊中间有一些隔挡门,门上都雕有大片的芭蕉叶……因为与娘家人特别亲,祖母出嫁后,常常带着孩子们回娘家住,因此,爸爸和姑姑、叔叔小时候有很多时候是在这个大宅子里住着的。听着年逾八旬的姑姑、伯伯和爸爸非常兴奋地谈论着在这里发生的一桩桩童年趣事,我的头脑也在穿越:我仿佛看到一个少女,一会儿凭窗而望,默诵着诗句,一会儿回坐桌前,奋笔疾书,然后挥毫作画,然后英文……画面转换,一位少妇,招呼一帮孩子们吃饭,她则慈爱地注视着他们。据祖母大哥的儿子,我的纪伯伯(姚昆田)回忆:他父亲因病英年早逝,小孃孃(我祖母)就好像他们的母亲一样,照顾关怀着他们,一直到他们成年之后……

祖母是出身书香世家的大家闺秀,除了诗文很棒以外,女红也了得,尤其喜爱和擅长绣花。衣食无忧的祖母还特别勤俭,佣人做的事体,也都难不倒她。长兄姚光是这样评价她的:"竹心读书治诗文女红皆有定程,而于祭祀宾客酒食之职尤能恪恭将事,罔有废阙。"整个一个"红楼"大管家嘛!姑姑的女儿,我的大表姐小濂姐姐回忆时也提道:"外婆任何时候,发丝都是丝毫不会乱的,衣裳永远是挺括的,即使晚年饱受帕金森症折磨,肌肉僵化,她也一直坚持自己穿戴整齐。外婆从不批评人,有一次发现我犯了错,最重的话也只是:'你这么聪明的人,怎么会出这样的差错呢?'"祖母慈爱谦和,是后辈的楷模。大表哥大川哥哥还透露说:"祖母有一个保护红木家具的绝招,把蜡烛油滴一滴在家具上,然后用布一直擦拭,就可以让家具保持良好状态了⋯⋯这其实是她跟佣人学来的。"爸爸每次回忆起母亲,有一个桥段总是提起,从小到大不知道听了多少遍:"小时候一生病,母亲就会把我揽在怀里,或者让我跟她睡一个被窝,我每每可以闻到母亲身上的'太阳'香味儿,因此很希望再生病,就可以在母亲怀里,闻她身上的'太阳'香味儿了⋯⋯"

五、《盟梅馆诗》

从我出生到祖母去世的十几年里,我们仅仅相距北京和上海这样的距离,却始终没有见过面、通过信、通过电话等任何信息往来。在我后来对众多亲戚的采访中,大家几乎一致的回忆是,祖母和蔼、勤俭且宽容待人。没有一个人可以清楚地告诉我,我的祖母多么"有才华",甚至几个在祖母身边长大的姐姐哥哥们根本就不知道祖母还会写诗!所以我的"找寻"还得继续。终于,我得到了一本《盟梅馆诗》,这是我祖母的闺房诗集。这些年,我就是从读祖母的诗篇来找寻我心中的祖母的。

我的祖母叫姚竹心(字盟梅),于1901年出生在上海金山张堰的一个大户人家。姚姓是个古姓,传说上古时期的舜帝姓姚,名重华,所以祖母家老宅门额上有砖刻"重华世胄"。宋朝时康王南渡,姚氏先人也随之由中原南迁,定居于江浙一带,其中一支迁到金山张堰,迄今已有800多年。祖母竹心在家中排行最小,上有大她十几岁的大哥姚光(石子)和竹修、竹漪两个姐姐,祖母与大哥和姐姐们关系特别亲近。因为祖母自幼聪颖过人,尤善诗书,还为此延长了读书时间,推迟出嫁:"竹心嫁稍迟,读书之日较多,质又颖敏。十余年中,于《论》《孟》《诗》《书》《易》《戴记》《周官》《春秋》《三传》《史记》《文选》以及唐、宋诸名家专集,皆略成诵,更以余力治英吉利文,下笔斐然;尤喜为诗,其工与否,不必言,要皆率其性情,直抒怀抱,义归雅正,事出沉思⋯⋯"姚光(石子)在嫁小妹时《〈盟梅馆诗〉序》如是说。作为南社的重要领导人并任南社后期主任的长兄姚光,对这个小妹尤为欣赏。民国十三年(1924),祖母23岁,嫁给高燮(吹万)最小的儿子高君宾。

当时,她的父母均已过世,长兄如父,姚光为小妹准备了一份别致的嫁妆——为祖母正式出版了一部名为《盟梅馆诗》的诗集,此诗集精选收录了祖母60多首闺中之作。

走笔至此,我必须先说一说祖母的长兄姚光(石子)和祖母的公公、我的曾祖父高燮(吹万)了,熟悉南社的人,一定对这两位不陌生。

姚光(石子),上海金山张堰人。民国藏书家、文学家。早年治文,辛亥革命后加入南社,并任南社后期主任。曾在金山创办学校、图书馆、育婴堂和各种社会福利事业。善诗歌,喜藏书,尤留意乡邦文献,辑有《金山艺文志》《金山文征》《金山诗征》《松江郡人遗诗》;编有《顾千里年谱》《姚氏遗书志》《云间两河君集》《王西门杂记》等数种。藏书中秘本、抄校本甚多,不乏海内珍本孤本,其中如崇祯本《松江府志》,即为海内孤本。日寇侵华时,姚氏的大部分名贵字画和若干古籍被毁;姚光逝世后,其子姚昆田、姚昆群由高君宾协助,整理其遗书,凡5万余册,捐献给上海市文物保管会,现存于上海图书馆。当时上海市长陈毅题辞予以嘉奖。

高燮(吹万),上海金山张堰人。清末民初诗人、散文家、藏书家。出身书香门第,家道殷实。为南社笔墨骨干、精神领袖。与常州钱名山、昆山胡石予被称为"江南三大儒",与吴昌硕、黄宾虹、胡朴安、唐文治等书画名家过从甚密。高吹万不仅与南社创始人之一的柳亚子友情深厚,连他们的夫人们也结为盟姐妹。南社另一创始人高旭(高天梅)则系高吹万侄子。吹万工于书法、绘画,其闲闲山庄藏书30余万,尤以《诗经》最为详备。曾修《金山县志》,著有《吹万楼诗集》《吹万楼文集》《吹万楼日记节钞》《感旧漫录》《望江南词》等名重一时的作品。吹万致力于多种公益事业,如疏通河道、修桥铺路、筑堤植树以及教育事业。1937年因日军侵华而避难上海,藏书多被劫毁。1949年后,他把所藏精品《诗经》近千册捐给国家,现藏复旦大学图书馆。

20世纪早期,中国的妇女鲜少受到完整的教育,我祖母有幸出生在这样开明的书香大家,不仅饱学传统文化,还学了英语!姚石子嫁妹"以诗集作嫁妆"之举,也在当时传为佳话(就是在今日也不俗)。祖母本人并非南社成员,但是有这样的长兄和这样的公公,她没法与南社没有联系,其诗文一点也不逊色南社文人。

如前所叙,从我出生以至整个少年时期,中国的各种"运动"频仍,父母如履薄冰,祖父母也备受煎熬与屈辱,直到在"文革"中相继去世,我从未有机会与祖父母见上一面。我是成年以后才看到的这本诗集。我对心中祖母的"找寻"终于有了一个落脚点，从阅读这些诗文中，我试图更多地认识我的祖母。

2009年纪念南社成立100周年时，我决定为我的祖母做一点事情，于是特别策划和安排了重印这部诗集，用以纪念我从未谋面又如此"熟悉"的亲爱的祖母姚竹心（盟梅）。我找到我的大学好友，请好友帮助设计、选材料。为了最大限度地保持1985年出版时的原貌，我们用了高质量的本白毛边纸，版式依原书样式，最后用人工进行折页处理后再装订，全程是我在美国"遥控"指挥、老友在国内盯在印刷厂里完成的。我非常满意制作的结果，本书因为印量有限，只作为私人赠送。

六、竹心、盟梅、圆婆婆

2016年3月19日，世界诗歌日，我在西雅图的"为你读诗"沙龙上，朗读了祖母的一首诗："明朝问字庄前去，绕道梅花过曲溪"。我仿佛看到一个十几岁的少女，雀跃着穿过梅林，曲径绕水，莲步石桥的情形，因为我自己的女儿也正好是这个年龄。

十亩风景书绝

赋诗属和吹万公公闲闲山庄东偏筑桥

半月横波接雨堤，
闲闲十亩自东西。
鹭鸥有乐随翁意，
松菊同寒伴客栖。
绿水三篙秋景好，
碧山一抹夕阳低。
明朝问字庄前去，
绕道梅花过曲溪。

曾祖父高吹万40岁时，在上海金山张堰的秦山北麓，修筑了占地10亩的乡间别墅"闲闲山庄"，山庄名取自《诗经》"桑者闲闲兮"之意。

祖母的诗文里，有生活低吟、咏景咏物，有伤别离愁，有失亲之痛，感情细腻且饱满。可是不要以为少女时期的祖母所写只是些伤春悲秋的脂粉闲篇，且看下面一篇：

感　事

虫沙满目雨连天，
浊世谁能高枕眠。
借鉴夏庭车覆辙，
声吞微子《黍离》篇。
孤书敢下诛心笔，
马走难扬及腹鞭。
忧国深衷吾未忘，
只应倚柱一潸然。

　　这是一篇祖母对时事之评说，是不是颇有巾帼不让须眉的胆识？祖母的名字里本来就有竹、有梅，都是坚毅而有品节的意象。

　　2016年8月，我把祖母的《盟梅馆诗》赠送给西雅图的华盛顿大学图书馆，华大的中国文学研究在美国大学里名列前茅。

　　在读祖母诗集时，我时常会走神，脑海中飘过小时候看到的祖母写的"检查"。这么才华横溢、感情细腻、满心慈悲的祖母，是怎么度过那些不堪岁月的？一想到那些字迹工整的车轱辘话的字句，我心里就隐隐地作痛。记得有一年，我在拿着摄像机采访堂姐有关她们和祖母在"文革"中的遭遇时，当中几次不得不放下摄像机去厕所里哭一会儿，再出来继续访谈……在祖母身边长大的堂姐淇淇告诉我，祖母经受了"文革"中那么多现在难以想象的不堪生活：被要求定期写检查、在里弄里扫地……可是她从来都没有听到过祖母抱怨，祖母也真的没有那么多的怨气，她总是告诉堂姐淇淇，这些如果是生活里会有的，没关系的，就去做呗。"文革"中，上小学的淇淇姐姐一日回家时，吃惊地看见祖母在里弄里扫地（强制劳动改造），正不知所措时，祖母却轻描淡写地告诉她，是她自己看到地上脏了，要帮忙扫的…… 我确实无法知晓祖母的真实感受，不过，我知道，一个饱学之人，无论在任何情况下，都可以有足够的智慧让内心圆融通达、放下和面对。我心中的祖母就是这样的人！这次为写祖母，在采访上海亲友时，我才从亲戚口中得知，原来祖母还有个小名叫"圆"，很多亲友都称她圆婆婆，我也喜欢祖母的这个名字！我的祖母，心中有竹，盟结梅花，圆融静好。

　　　　衷心感谢高淇，钱大川，钱小濂，高铦，姚昆田，接受我的采访。

庄蕴宽的两位夫人

庄 研

庄蕴宽(1866—1932),字思缄,号抱闳,晚号无碍居士,江苏常州人。中国近代政治家、书法家。清末名臣、民国政要,南社社员。庄蕴宽的夫人有两位,大夫人叫董优胜,二夫人叫张皎。

庄蕴宽是近代中国社会转型时期一位具有代表性的历史人物。其一生跨越晚清、民国二个时期。清末,他曾先后担任广西平南知县、百色直隶厅同知、梧州知府、广东武备学堂总办(黄埔前身)、广东常备军统领、广西兵备处总办、太平思顺兵备道、龙州边防督办等,钦加正二品衔。任职广西期间,他曾邀请钮永建、蔡锷、李书城等革命志士创办法政学堂、陆军学堂,选拔李济深、蒋光鼐、陈铭枢等人去军校深造,并曾掩护过孙中山、黄兴等人在广西的革命活动。辛亥革命爆发后,他亲赴武昌前线,力促黄兴东返,尽早建立全国军政统一机构。南京临时政府成立后,他被推举为江苏都督。北洋政府时期,任都肃政史、审计院院长(达11年之久)等职。在任上,他不避权贵,伸张正义。袁世凯称帝,参议员共60人投票表决(实际参加44人),唯庄蕴宽一人反对,以至名动天下,享誉士林。"五四"运动期间,他参与成立"国民外交协会",向巴黎和会申诉中国的正义要求。后担任故宫博物院院长、董事会董事、理事、图书馆馆长,是故宫博物院的创始人和杰出的早期领导人,为故宫博物院的创建和发展作出了卓越的贡献。晚年回籍,任《江苏通志》编委会总纂,历经3年因经费短缺而未果。与禅宗高僧天宁寺方丈冶开交往甚密。1932年2月在家病逝,终年67岁。去世时遗命以僧服殓,私谥"贞达"。

庄蕴宽一生与时俱进,清刚自持。作为名流政要,他不仅从政为官,而且能诗擅画,字画非同凡响,是清末民国时期写碑很有成就的书家。他的书法有着痛快洒脱、豪放纵横的艺术特色。

庄蕴宽的大夫人叫董优胜,二夫人叫张皎,都是他志同道合的眷属。

董优胜(1865—1952)江苏常州人。与庄蕴宽从小就认识,可谓青梅竹马。她比庄蕴宽大2岁,两人曾一起读过私塾,是个聪慧的才女。两家门当户对,在1885年11月19日,庄蕴宽与董优胜成婚。

董夫人出身书香门第。父亲董学濂,字学周,举人出身,为乡里名绅。祖父董佑诚(1790—1818),字方立,著名数学家,自幼颖异,著有《割圜连比例图解》《堆垛求积术》《椭圆求周术》《斜弧三边求角补术》,并精通舆地学,写文章亦善,其《华山神庙赋》传诵一时。张之洞《书目答问》曾把董佑诚归为"骈体文家"和"中西法兼用数学家"。伯祖父董基诚(1787—1840),董佑诚兄长。清代骈文家、词人。

董优胜

庄蕴宽与董优胜共育有三子三女,二子一女幼卒,余一子27岁卒。

1910年,在"废科举""兴学校"的革新浪潮中,庄蕴宽在常州青果巷城隍庙内捐资创办了粹化女子学校。初时,女学设初小、高小、师范预科和简易师范,翌年改称粹化女子师范学校,开启了常州师范教育之先河。当时,董夫人担任粹化女子学校的监督。董夫人经常教导女学生要自尊、自爱、自重、自强。常说:"赠人以言,重于金石珠玉;劝人以言,美于黼黻文章;听人以言,乐于钟鼓琴瑟。"她以身作则,循循善诱,深受学生爱戴。

董夫人于1952年卒。因为她信佛,卒后,儿女们按照佛教仪轨将她安葬。

1910年,庄蕴宽45岁时,娶了侧室张皎。

张皎(1893—1987),广西全州人,是个不受封建礼教束缚、心胸坦荡、宽宏大量、贤惠端庄的漂亮女人。

我从小就跟随祖母张皎一起生活。她没有裹小脚,书读的不多。那时祖母家兄弟姐妹很多,有家大酒店的大老板夫妇俩一直没有孩子,就来祖母家商量,能不能送个孩子给他们做女儿;当时说好祖母姐姐去的,姐姐可能大点,懂事些,就说:我不去!祖母就说:你不去,我去!就这样祖母从小就离开了自己的父母,跟了别人家生活。听起来有些心酸,但世事难料,庄蕴宽有时常来这酒家,祖母被祖父庄蕴宽看中了,带到庄家。

祖母经常讲过去的事给我听,包括庄蕴宽的许多故事都是她讲给我听的。

她还给我讲一些做人的道理：做人要严于律己、宽以待人，处事要知行合一，说话要言行一致，行为要表里如一，要以理服人、以德服人。

"文革"中，祖母受到不公正的待遇，80多岁的老人在弄堂里打扫阴沟，端着一盆水一盆水来回地在弄堂里冲洗。我看着很心痛，对祖母说我帮你端水吧！她说不用！不用！我又没做错事，我问心无愧！

有一次，我陪祖母去公园玩，看见祖母坐在凳子上东张西望，我走了过去问祖母，祖母告诉我有个钱包掉在凳子旁，她捡起来就坐在凳子上等，不敢走开。等了有1个多小时，有个矮小的老人急急忙忙跑过来，在我们面前兜了几圈。祖母便问是不是掉了钱包？老人

张　皎

点头应是；祖母便将钱包给了老人，那老人打开钱包一看几十元钱分文不少，只是鞠躬向祖母道谢。祖母只是笑笑说应该的！应该的！这是做人的起码道理。那时几十元钱，能养活一家子过生活1个月了。

祖母90岁时，有一天直到晚上快10点钟才回家。她拖着疲惫的身体对我说："今天累死我了。"我说，奶奶，您怎么回事啊！出去这么长时间，把我给吓死了！祖母坐下后道出了原委：她中午去离家只有一站半路的哈尔滨面包店买面包，买好之后就去有两站路程的陕西路站乘26路回家。上车后祖母对售票员说：到淮海中路重庆路站时请叫我一声，结果售票员到站后没有叫祖母。后来祖母问售票员淮海中路重庆路站到没？售票员这才想起忘了叫，匆匆说已过了。祖母下车后，不知是什么地方，问问走走停停，总算走到了八仙桥，才认识了路。心定了，觉得肚子饿了，就去一家点心店叫了一碗馄饨吃，吃着吃着，坐在祖母对面的一个十几岁的女孩子突然拼命地咳嗽，祖母关切地问她怎么了？女孩说刺卡喉咙里了。祖母说："慢慢咳，不要急！"女孩咳着咳着哭了起来，祖母帮她看看说要去医院将刺取出来。女孩说："我不知道医院在那？"祖母说我认识，我陪你去。陪女孩去医院取出喉咙里的刺，直到晚上

快 10 点钟才回家。

我说奶奶您也真是的，出了事我担当得起吗？她说：好心有好报，不会有事的。

祖母就是这样一个热心人。爷爷过世后，她带着一大家子，含辛茹苦地默默奉献。

一代才女陈衡哲

庄 研

陈衡哲(1890—1976),笔名莎菲,是我国新文学运动中最早的女作家、学者、诗人和散文家,我国第一位女大学教授、第一位白话文女作家、第一位代表中国出席太平洋国际年会的人。

她是中国"科学"鼻祖任鸿隽的夫人。

陈衡哲出身名门望族。祖父陈钟英、伯父(《苏报》创办者)陈范、父亲陈韬都是当时著名的学者、诗人和报人,祖母是曾国藩幕僚赵烈文之妹,母亲庄曜孚是庄蕴宽胞妹。陈衡哲幼时跟随父母习四书五经、诗词歌赋。在舅父庄蕴宽影响下她富于探索精神,仰慕西方科学文化。1914年陈衡哲考取清华留美资格,在美国瓦沙女子大学和芝加哥大学学习西洋史、西洋文学,获学士、硕士学位。1920年被聘为北京大学教授,并先后任职于商务印书馆、东南大学、四川大学。曾4次代表太平洋关系学会中国理事会出席国际学术会议,并主编《中国文化论丛》。作为新文学运动最早的女作家,她于1918年在《新青年》发表白话诗《人家说我发了痴》,讽刺了美国人的势利,有评论说该诗与鲁迅同年发表的《狂人日记》相映成趣。

作为一名学者、历史学家,她对妇女、教育、社会问题都有自己独特的见解。1935年因率直发表揭露四川社会问题的文章,遭黑暗势力围攻,愤而离川。抗日战争中,她辗转于香港、昆明、重庆。1949年之后,任上海市政协委员。作品有小说集《小雨点》《衡哲散文集》上下卷,《文艺复兴史》《西洋史》上下册,以及英文著作《一个中国女人的自传》等。

陈衡哲出生在常州武进,他们家祖籍在湖南衡山,因而称衡山陈家。近代衡山陈家"一门五凤",陈衡哲的祖父陈钟英、父陈韬均曾为官;其父堂兄5人中两个进士、三个举人。大伯陈鼎是进士,官翰林院编修、浙江乡试主考官,参与戊戌变法,与六君子一起绑赴刑场后被赦流放湖南。二伯陈范是举人,曾任江西铅山知县,也是后来赫赫有名的《苏报》馆馆主,是南社德高望重的诗人、报人。辛亥革命前,《苏报》倡言革命,公开发表邹容的《革命军》,受到清政府追杀,作为"苏报案"的主犯,不得已陈范带女儿陈撷芬流亡日本。陈范与堂兄陈韬、子陈少梅、女陈云凤、女陈撷芬、侄女陈衡哲被称为近代史上的"陈氏六杰"。陈云凤5个儿子为了革命全部牺牲,革命烈士夏明翰即其子。父亲陈韬是举人了,历任四川县令、知府等要职。

陈衡哲外婆家是常州赫赫有名的庄家,三舅即庄蕴宽,晚清任两广兵备道总办,正二品衔;民初任江苏都督、审计院院长,后为故宫博物院院长,是故宫博物院早期创始人和领导人之一。

陈衡哲的几位姑父也很有名:一位是赵实,乃曾国藩幕僚赵烈文的长子;一位是《苏报》主笔、后任湖南醴陵县令的汪文博。汪文博是南社社员,常州人,曾佐助陈范在上海办《苏报》,任主笔,1903年任醴陵知县。1906年,同盟会发动萍浏醴起义,汪曾准备响应起义却没有成功,但他保护了许多革命志士,也因此被革职。陈范1913年5月16日去世后,汪文博多方搜罗,编辑其诗文集传世。

从左至右依次为陈衡哲、董优胜、任鸿隽

陈衡哲的妹夫余上沅,是中国戏剧鼻祖、国立剧专大学校长;外孙方俊是中国大地重力学和地球形状学的创始人、大地测量与地球地理学家,为中国科学院院士。方俊的夫人杨明士,其表妹杨绛是著名作家。

陈衡哲的丈夫任鸿隽是南社社员,同时也是同盟会会员。1912年元月,25岁的任鸿隽即被推举为总统府秘书处秘书,为孙中山撰写就职演讲《告海陆军士文》。任鸿隽怀抱实业救国之梦赴美留学,倡导科学救国运动,与同仁成立科学社,发行《科学》杂志。

1920年9月16日,任鸿隽与陈衡哲在北京结婚,证婚人是北大校长蔡元培先生。蔡氏曾考中恩科浙江省乡试第23名举人,当时的主考官恰是陈衡哲的大伯陈鼎。

陈衡哲小时候性格倔强。7岁时,家里人给她裹小脚,白天大人给她裹上,趁大人不在,她就把裹布拆掉。经过几次反抗,大人妥协了。

任鸿隽先生是孙中山的秘书,孙中山有许多论著是任鸿隽为他校读的。1920年,孙中山住莫里哀路,任鸿隽带陈衡哲去孙中山家,一进门,任鸿隽还未介绍,孙中山就迎上来说:"陈衡哲的大名我早有所闻,她是中国第一个女教授嘛。"

陈衡哲是庄蕴宽最疼爱的外甥女,她是那个时代的知识女性,与胡适、任鸿隽之间流传着"我们三个好朋友"的美好故事。

忆南社黄展云之女黄以雍

陈 碧

2013年底,"2013年度感动福建十大人物",陆续推出12位候选人。黄以雍老太太作为"老有所为"代表,名列10号候选人,并高票当选。

黄以雍(1909—),她继承了父亲黄展云的革命精神,以教育为业,行善修身,影响了自己的后辈,向社会辐射着爱、真、善。

一、身世与家教

黄以雍的父亲黄展云,曾在福州三坊七巷创办"蒙学堂",这是福州第一所新式学堂,福州参加黄花岗起义的烈士林觉民、方声洞等人都曾与其共事。

黄展云留学日本时,与孙中山成为莫逆之交,并加入中国同盟会,参加了辛亥革命。孙中山逝世后,黄展云专心办学,相继创办了海滨中学、女子师范学校、平民小学等。1928年,黄展云在闽江下游的营前建设了"营前模范村",以教育为切入口,改革农村政治,发展农村经济。在他的"营前模范村"中,聚集了王介山、黄源、郑乃之等一大批共产党员。1937年,黄展云的外甥李庚因组织学联、宣传共产党的主张被捕,亲友责怪其父"管教不严",黄展云则说:"青年人不问国事,不搞抗日运动,不闹革命,那革命谁来做!"并保释李庚出狱。知道外甥是共产党员后,黄展云即向李庚表露心迹,并请其转告周恩来,希望面商,并协助共产党回福建组织抗日武装力量。

当时中国共产党正筹备召开六届六中全会,周恩来准备回延安,便嘱咐李庚:"吾知鲁贻(黄展云之字)为人,请其在武汉等候。"不料等待成了永久的遗憾,1938年7月16日,黄展云病逝于汉口。周恩来发去唁电,以示哀悼。

黄展云从事革命工作40多年,多是离家在外奔波,但他从不放松对子女的教育,孩子幼小的心灵深处早早就种下了爱国的种子。

黄以雍高中毕业时,班上要唱毕业歌。她是班长,要负责写歌词,请全班同学唱。她把写好的歌词交给父亲修改,黄展云就在歌词中加了"为救国而学习,若死读书而忘救国,是牛马而襟裾"。

有一次黄以雍看见书房里窗户纸破了一个洞,就用纸把它补好,正好被父亲看见了,父亲就高兴地表扬了她,说是:"劳工神圣"。因黄以雍还小,不懂什么叫作"劳工神圣"。父亲就耐心地解释:"人都要劳动,户枢不蠹,流水不腐。"要孩子们经常做些力所能及的事情,从小养成热爱劳动的习惯。

那时黄展云上下班都是人力车接送。他对孩子们说"人力车夫一天跑了两趟已经够辛苦了,你们不能用车,出去玩时,青年人应该锻炼,应多走路"。

黄展云是个威武不能屈、富贵不能淫的人。在复杂的社会环境中,他一不贪污,二不受贿,无不良嗜好,不讲排场,待人和蔼可亲。在他任省农工厅厅长时,经常有青年职员晚上到家里与他交谈到深夜,他总是热心招待。

黄展云中年丧偶,坚持不再娶。他虽为官多年,但平时生活朴素,从不乱花一分钱。经常教育子女生活要节俭,能用的东西就不用再买新的。他没有什么积蓄,直到晚年去世仍是两袖清风,而留给子女的是一颗赤诚的爱国心。

良好的家风和家教,使黄展云的五女三子全都选择了从教。黄以雍是三女儿,从教46年,因为学校缺少英语教员,在她75岁时还站在讲坛上。2003年,福州晚报记者调查她一家的累计教龄为472年,是全市家庭中最长的;她一家前后创办了100多所中、小学,是全市家庭中教育办学最多的!

1935年黄以雍从福州华南文理学院生物系毕业后,即到当时的光复中学(现十一中)当生物老师,并和同乡林光章结婚。抗战爆发后到上海启秀女中教生物,上海沦陷后又远赴重庆。1950年之后,黄以雍到山西太原,帮助创办了山西省委幼儿园。1951年,丈夫调到国家化工部工作,她随着调往北京任教,在北京师范学校当生物老师,后参与创办了崇文门外女子七中(现北京四十七中),不久出任女七中教导处主任。

二、受 当 施

1949年之后,看到妇女们纷纷参加建设,黄以雍给毛主席写了一封信,建议多办幼儿园,减少妇女工作的后顾之忧。不久,山西省委幼儿园成立,她当园长。20世纪50年代黄以雍在北京47中任教员,学校有许多华侨子女,节日无法回家,很多学生,特别是女生就被黄以雍带到家中过节。中秋节,在家过节的学生比家里人还多。黄以雍在47中时培养了许多优秀学生,相声艺术表演家李国胜、《渴望》中演刘母的演员韩影等都是她的学生。

儿子林炯1957年在北京参加高考,语文作文题是写自己的母亲。北京市教育部门"留中"了林炯的作文,要求调查作文所述人物的真实性与原创性,因为儿子所写的妈妈与当时《北京晚报》刊登过的一位优秀教师的内容有相似之处,被怀疑抄袭。后来查实,他写的妈妈就是报上的优秀女老师。儿子被顺利录取到北师大数学系,后选拔去北航跟苏联专家学习航天。

黄以雍调回福州后,一家人住在吉庇巷的大杂院里。街坊邻里的孩子,都常年聚集在黄家,老人免费帮他们辅导功课。因为黄以雍排行第三,孩子们都管她叫"三婆婆"。直到"三婆婆"90岁,家里常年还"寄"着七八个孩子。

黄以雍是福州年龄最大的义工。在全国,比她年长的也不多见。她每年给贫困学生汇8 000元到10 000万元不等的资助款,是老人家能记住的少数几件事情。

三、有了爱就有了一切

"先世只知安诵读,后人何必问田庐。"这副对联,至今还挂在黄以雍老人的故乡、永泰白云乡的一处老宅内。办学、教书、帮学生,是黄氏家族百年来的选择。不仅黄展云如此,黄以雍也这样做,她兄弟姐妹也都这样做。1937年黄以雍的弟弟黄以敏徒步到西康藏区,成为当地办学的第一人。黄以敏兴办了10多所初级小学教育班。学生所用铅笔、书本,都是他写信让家人从福州寄去的。黄以雍的外孙陈熙在她的影响下,热心公益事业,作为律师,发起"简单助学"活动,黄以雍总是热心的捐助。

百年行善,天天向善,这既是黄以雍老人长寿的秘诀,又是她一以贯之的美德,由一人之善而一家之善,由一家之善而社会之善……

张应春和柳亚子的交谊

殷秀红

张应春是第一次国内革命战争时期中共上海区委妇女运动委员会委员、国民党江苏省党部执行委员兼妇女部长。她是中国共产党杰出的女干部,为革命做出了卓越的贡献。在其短暂而光辉的革命历程中,爱国诗人柳亚子是她踏上革命道路的引路人。

相 知 相 交

张应春,原名蓉城,字秋石(柳亚子代取),化名金桂华(被捕时用),1901年11月11日出生于江苏吴江黎里葫芦兜乡(今属北厍)。

古镇黎里,也是柳亚子先生的家乡,在柳亚子等影响下,较早形成了一股"新派力量",民主空气甚浓。张应春之父张农(又名张鼎斋)亦是南社社员,还曾是柳亚子三妹的私塾老师,与柳亚子熟稔。张应春从小就在这民主环境中长大,深受熏陶。母亲金氏因一连生下4个女孩,备受家族歧视,以致精神失常,给少年应春很大的刺激,从此她仇恨落后的封建礼教。她曾与挚友柳均权(又名柳静,柳亚子的四妹)说:"女子无才便是德,乃封建意识。我辈要勤奋学习,要争女权,要以天下为己任!"

1919年,"五四运动"爆发,是年夏天,张应春抱着强烈的求知欲及对真理的追求,来到上海,考入中国女子体育专门学校,很快接受了"五四"新思想,孜

张应春

孜不倦地追求救国的真理。她每逢寒暑假回乡,走亲访友宣传革命。她常说,农民一年到头辛苦劳作,却不得温饱,罪在不合理的社会制度。3年后,她应邀到厦门道南女子中学任体育教员。正当她满怀壮志想干一番轰轰烈烈的事业时,却因足患丹毒,不得不回家医治。一路上,张应春耳闻目睹诸事,不由感叹:"现在国事日非,帝国主义列强争相侵华,封建军阀连年混战,人民处在水深火热之中。古人说'天下兴亡,匹夫有责',我们青年该如何负起救国的责任呢?"那年暑期,张应春来到柳家,同窗好友柳均权把她介绍给哥哥柳亚子,他们一见如故。据柳妹说:"他们谈得十分投机,共同语言颇多。"至此,张应春始识柳亚子先生,并受到了他的谆谆教导。

同 道 革 命

1923年秋,由柳亚子先生介绍,张应春来到松江景贤女子中学任教,结识了校务主任、共产党员侯绍裘。经侯绍裘等同志的引领,1924年初,张应春和柳亚子同时参加了改组后的国民党,走上革命的道路。其间,他们坚持奉行孙中山"联俄联共扶助农工"三大政策,积极开展党务工作。为了工作方便,她离开松江景贤女中,回家乡黎里开展工作,同时在黎里女子中学任教。

1925年3月,孙中山逝世,黎里各界举行追悼大会。会后游行,张应春和另一女国民党员手捧孙中山遗像,大步走在游行队伍前头。一些人争相追看齐耳短发的张应春,大声叫嚷道:"快来看'盛泽尼姑'呀!"张应春面对嘲笑,仍神情自若,昂首前进,柳亚子由衷地赞叹说她"是一个思想健全的进步分子"。

1925年夏,在张应春的竭力倡导下,黎里办起了暑期妇女学校,张应春被公推为主任教师,负责教务工作。8月,以共产党和国民党左派为骨干的国民党江苏省党部正式成立,经柳亚子(他当选为执行委员会常务委员兼宣传部长)推荐,张应春被选为执行委员兼妇女部长。当时她正患病住在苏州医院,后抱病赴上海就职。在侯绍裘的帮助下,张应春阅读了《新青年》《向导》和马列主义通俗读物,并积极要求加入中国共产党。同年11月,由侯绍裘、姜长林介绍,张应春加入了中国共产党。她在给柳亚子的信中说"我以为入了党,当然以党为前提了,一切多(都)可以牺牲的",从此,"革命是我的唯一依靠!"根据党组织的安排,她仍然以国民党江苏省党部妇女部长的身份,从事妇女工作。1926年1月,她以江苏代表的身份,出席在广州召开的国民党第二次全国代表大会。在会上,她提出妇女运动的两项议案,得到了许多代表的好评。现在,我们可从张应春给柳亚子的信中看出:

亚子先生：

前上一信谅已收到。大会情形详观日刊罢。我已向发刊处签名，请他们直接寄您二百份，够么？我想许多人，他们中国国民多没时间来看，则日刊更无论矣。故暂时二百份恐够分配了罢。大会这几天多是报告，没有提案讨论哩！

我做了二个提案：（一）中央各省党部组织妇女运动讲习所函授班案；（二）中央各省各县党部附设平民妇女学校案。别的所要想提的都被广东已提出了，我们不必再提，以后开议时附议好了，您道对么？

今天中央妇女部何部长（即何香凝，笔者注）说，要我们各省妇女部做书面的报告。我觉得万分惭愧，因为实在没什么成绩可报告，只得勉强做一些，已请绍裘删改。我的议案也是请朱、侯（指朱季恂、侯绍裘，笔者注）两先生看过的。在此我觉得我的能力实在薄弱，学问实在不够，明年想进上海大学新社会系求学，不知做得到么？你在同志的地位来切实地评论一句好么？我所以要读书原因如下：（1）想得些知识上的进步而领导妇女们做革命工作；（2）我的脚至今未痊，教员当然不能做了；（3）我现在住在上海，省部方面党证仍由长林发或由省部交给我，妇女部事情仍旧可以顾到，你看如何？

何香凝同志见识实在不错，她在五日那天公祭廖先生时发表的意见和祭沙基惨死烈士时的报告都令人发指（这里是说报告所揭露的国民党反动派杀害革命烈士的罪行令人发指，笔者注）而钦佩。我想要和她详细谈话一次调查妇女运动，但我的计划尚未做好，故不能即日要求，况且这几天她很忙罢。大会至早十五号闭幕。现在一个问题也没讨论过，时间已过了七天了，您道糟糕不糟糕呢！

吴江方面党部进行如何？代表会结果谅很好，楚女、长林宣传得结果如何？请告我听听。

这次选举，您和季恂恐怕多（都）要举到罢，您想来允许罢。但是省部方面受应（影）响了，而且我们要迁南京（在船上和重民等谈起而已）绍裘又不便了，您道怎样？

我们开完大会后经费能够争到。我们大家说就要开省代表大会了，您的意见如何？余后告，再会。

祝您努力！

应春上
十五年一月七日夜十一时

1926年2月中国国民党吴江旅沪同志合影
（后排左三为柳亚子，前排左四为张应春）

　　1926年2月，张应春和柳亚子、毛啸岑由嘉兴赴上海参加江苏省各市县党部联席会议，拟举办寒假训练班。会后，摄影留念。那时，他们与侯绍裘、史冰鉴、刘重民等诸人一同居住在上海法租界望志路永吉里三十四号机关部，每天促膝深谈，几近黎明也不觉倦。为适应妇女运动的开展，1926年3月8日，张应春同柳亚子、侯绍裘等私人集资创办了妇女月刊《吴江妇女》，由她任主编，在上海刊行，并亲自连续撰写了《国际妇女纪念日与吴江妇女》《悼北京为爱国惨死的女烈士》(登《吴江妇女》第二期)、《我们应该怎样纪念"五卅"》等多篇文章，尽心尽力地宣扬革命思想。与此同时，柳亚子也奋起响应，支持张应春的妇女工作。他情绪高涨地撰写数篇檄文，发表在《吴江妇女》月刊上。如在《革命和妇女》(载《吴江妇女》第五期)文中，他对妇女同志提出了希冀："我希望中国的革命妇女立刻起来，和革命的男同志共同奋斗，达到国民革命的目的；再和世界的革命男女同志，共同奋斗，达到世界革命的目的。革命万岁！革命的妇女万岁！"柳亚子关心妇女工作，得到了友人们的一致赞扬，都连声戏称他是"妇女部秘书"。

　　同年3月12日，张应春和柳亚子、侯绍裘、朱季恂等赴南京，参加中山陵墓奠基典礼，省党部内的右派势力突然袭击柳亚子等，情况十分危急。此时，张应春和庄元勇、唐蕴玉挺身而出，保护柳亚子安全脱险，表现了一个共产党员临危不惧、舍己救人的高尚品质。柳亚子对张应春、庄元勇等的义举，常萦于怀。他在寓居上海期间，写就《题赠庄元勇、宋钧伯铜砚盒诗》一首："党争昔未殉膺滂，市隐今堪拟孟梁。绝忆双栖人似玉，脂奁粉盝对梳妆。"

张应春自参加革命始，有了柳亚子先生的勉励和帮助，她的革命热情越趋高涨。1926年北京"三·一八"事件发生，她终日开会宣传，奔波呐喊。为揭露军阀的残暴罪行，张应春立即起草了《江苏省党部妇女部为反对段祺瑞惨杀北京市民宣言》，《宣言》称："革命的事业，没有流血是不会成功的。但是只流男子的血，不流女子的血还是不够的……我亲爱的女同胞，大家起来奋斗吧！踏着女烈士鲜红的血迹，勇猛地前进！我们誓死要从红色的血泊里边，找出光明的道路，建设起光辉灿烂的社会来。"在上海，张应春随爱国人士上街示威游行，当众演讲，引起了特务的盯梢。她沉着冷静，机警地甩掉了尾巴，跑到柳亚子的旅馆处，随便吃了几口冷饭，重又投入到火热的群众斗争中去。其间，她还入上海大学为旁听生，研读社会科学，同时兼顾主持出版《吴江妇女》（月刊）。4月，张应春又马不停蹄地与柳亚子、侯绍裘等赴同里，参加吴江县第五次全县党代表大会。至9月，柳亚子准备回乡。离去那天恰逢大风雨，张应春冒雨送别他到沪杭路车站。不曾想，这次离别竟会是两人最后的会晤。

追 思 英 烈

1926年底，张应春由于工作繁重，身体极度虚弱，只得暂离省党部回家休息。时隔不久，1927年4月初，张应春接到侯绍裘的3封急电后，毅然又返宁奔赴工作岗位。4月9日，她到达南京时，国民党省党部和南京市党部已遭破坏，张应春暂住陈君起家。4月10日晚11时，中共南京地委在大纱帽巷10号召开各团体的共产党负责干部会议，商议应变措施，被敌侦缉队获悉会址。11日凌晨2时，公安局侦缉队长赵笏臣率领便衣武装50余人包围会场。正好张应春和陈君起一同前往联系组织，不幸被设伏的便衣特务逮捕。她和侯绍裘、刘重民等10人被关押在南京珠宝廊公安局看守所。在狱中，张应春和其他被捕同志一样，英勇不屈，坚持斗争，尽管敌人严刑拷打，刑讯逼供，但除了"我是共产党员"以外，敌人一无所获。4月中旬，恼羞成怒的敌人竟将他们捆入麻袋，乱刀齐下，活活戳死，而后抛入南京秦淮河中。牺牲时，张应春年仅26岁。当时，柳亚子在"四·一二"事变中也受军警的搜捕而逃亡日本。他人虽在日本，但心却无时不牵挂着张应春的安危，总觉得在这非常时期，她凶多吉少。6月10夜，柳亚子再次梦见张应春。次日,他从四妹均权处得到了张应春牺牲的噩耗,即挥泪感赋一绝:"血泪红染好胭脂,英绝眉痕入梦时。挥手人天成永诀,可怜南八是男儿。"

1928年,柳亚子回国后,在南京四处探寻张应春烈士的遗骸,不可得,遂与南社友及她亲友在其家乡北莲荡滩建成衣冠冢,并请国民党元老于右任题写了碑文。另外,他还请诸贞壮、陈树人分绘《秣陵悲秋图》,自为小叙。为亡友张秋石女士作《摸鱼儿·自题〈秣陵悲秋图〉》,并借吕碧城女士《伦敦堡吊古韵》长诗一首:"叹重来,西风白下,平陵黄犊愁奏。国殇多少苌弘血,不是曹家萁豆。翻覆骤,痛一代娥眉,也死伧夫手。天乎不寿。正奇气掣云,园姿替月,英绝年三九。　扪心问,恸哭新亭时候。伯仁怜我轻负。马嵬白练香喉锁,惨抵男儿断脰。羞掩袖,奈龙剑沉埋,难决仇人首。雄心忏否?但同泰钟鱼,清凉梵呗,虔礼空王胄。"此后,他为张应春英烈作《秋石女士传》(写于1930年5月1日)、《张秋石女士遗文》等,还广征题咏,辑成《礼蓉招桂龛缀语》(1932年5月)一卷,在《时事新报》上连载,以志纪念。

柳亚子在张应春47岁冥诞时写下《纪念张应春先烈冥诞》:"廿年痛哭泪成河,忍对金樽发浩歌。镜里头颅犹粉黛,寰中土宇尽干戈。誓烹白首吴王濞,来奠红颜谢小娥。一样风流雄武美,杜陵兄妹意如何?"不难看出,柳亚子与张应春从相识到相知,在革命斗争中,肝胆相照、同志同仁,结下了深厚的革命情谊。斯人已逝,我们只有深切地缅怀两位挚友同道,学习他们的奋斗精神,跟着时代的步伐不断前进。

得见奇葩烂漫开

——"吴江花木兰"沈月箴的故事

俞 前

沈月箴（1920—1981）吴江平望镇人，早年在家帮助其父经商。爱好旧体诗词、评弹，曾与弹词名家杨振雄合作编写《长生殿》《武松》等长中篇评弹。她又是一个传奇人物，"八·一三"淞沪抗战爆发后，受到进步思想的影响，走上革命道路；后来被派往淮南抗日根据地，在中共华中局情报部做秘书工作。1955年7月16日，因潘汉年冤案受牵连被捕，1956年12月24日释放。1981年2月因患癌症去世。1982年12月20日，上海市公安局为她平反，恢复了名誉。她是新南社社员毛啸岑的表妹，又是柳亚子的忘年交，被柳亚子称为"吴江花木兰"。

国难献爱心

"八·一三"淞沪一战，国军大量伤兵撤到吴江，吴江城内混乱不堪。伤兵的哀吟声，百姓的叫嚷声，远处传来的阵阵枪炮声，把素日平静的水乡搅得骚动不安。

医院里，一个个伤员被抬进病房，医生护士们忙乱地检查着、包扎着，刚从护士训练班肄业的沈月箴就是这其中的一员。

沈月箴从小被寄养在黎里女子小学的一位美术教师家里。她天资聪颖，成绩优异，小学六年级表演小戏《落花流水》时崭露头角。小学毕业后，父亲把她送到了嘉兴秀州中学。"七·七"卢沟桥事变，日本大举侵略中国，学生们不能安心读书。沈月箴与好友李同贞、杨赞珠等人离开嘉兴，来到了吴江城，怀着一股抗日救国的热情，报名参加了护士训练班，不久进入伤兵医院，开始了抗日救护工作……

沈月箴满怀抗日救国的热情，积极参加救护工作，希望与同胞们一起把日本侵略者赶出中国。可是，不到1个月，日本飞机轰炸了吴江，国民党军队全部撤离，医院也解散了。11月13日，日本鬼子偷袭平望镇，烧杀抢掠无所不为，400多名来不及避难的居民全部被枪杀，一把恶火烧了三天三夜，700多间房屋化为瓦砾，沈月箴的家也被烧毁了。她只能随父亲到黎里避难。国恨家仇，汇成一股股怒潮在她的心头奔涌。

失业在家的吴江中学王恕安老先生在黎里办起了国文训练班。父亲为了让她将来有出息，把沈月箴送了进去。那天，沈月箴与几个学生正围坐在老先生身边，听他吟诵杜甫的《春望》："国破山河在，城春草木深。感时花溅泪，恨别鸟惊心……"

"王先生，现在我们的国家惨遭日寇蹂躏，也正像杜甫诗中所写的家园沦陷，城池残破，虽然山河依旧，可是荒榛遍地、满目疮痍，我们怎么能安心在这里读书呢？"说话的学生叫金大鹏。

"哎，读书救国嘛！"王先生慢条斯理地说。

"大鹏说得对！"沈月箴站了起来，一对漆黑的大眼睛里燃烧着热烈的火焰。

"月箴，凭你的灵气，将来一定是个才女。"王老先生看了一眼沈月箴说："对了，你写的诗我看了，很不错！"说着，递过去一个本子，只见封面上，王老先生给她题了四个字："墩隐诗草。"王老先生特别喜欢沈月箴，在诗词方面为她花了不少精力，还特将她的名字月珍改为月箴。沈月箴望着老师那消瘦的脸，心里涌起了一阵感激。可是一听到外面的枪炮声，她的心怎么也平静不下来。

晚上，金大鹏把她引荐给了周颂文先生。这位接受过共产主义思想的周先生，知道沈月箴与金大鹏都是热血青年，就给他们讲起了大后方的抗日救亡运动，讲起了上海的学生运动，讲起了柳亚子先生，讲起了共产党，讲起了延安……

周先生的话，仿佛把沈月箴带入了另一个世界，漆黑的眼前点起了一盏指路的明灯。于是，她给自己起了个别号"雨莎"，表示要像莎草那样经风雨，见世面。不久，她决定到上海找表哥毛啸岑，通过他从柳亚子那儿找共产党。她带着一颗抗日救亡的爱国之心离开了故乡……

打进县政府

1938年9月，国民党吴江县政府在黎里成立，盛泽人沈立群任县长。

此时的沈月箴，已不是当年的女学生了。她到上海后，通过毛啸岑，结识了在八路军办事处工作的中共地下党员王绍鏊，参加了中共中央特科的外围组织

"华东人民武装抗日救国会",成了一名中国共产党党员。这次,她跟随中央特科党员丁秉成一起回到吴江,开展抗日救亡活动。她了解到沈立群倾向抗日,就想利用毛啸岑表妹的特殊身份,争取进入国民党县政府,以开展我党的地下工作。

沈立群就任县长前,曾去上海会面过毛啸岑,对沈月箴亦早有所闻。那天在老区长凌应桢家还见过一面,沈月箴那大胆泼辣的性格,在他的脑海里打下了深深的烙印。两人相见后,谈得很投机,于是沈立群就留沈月箴当了办事员。沈月箴就此开始了抗日救国的新历程。

10月的一个夜晚,月亮给大地涂上了一层淡雅、柔和的色彩。在黎里镇郊的一棵小树下,站着一位身穿军服、腰别手枪的青年人。他,是受中国共产党的派遣到吴江程万军游击队工作的倪之璜。前天他接到王绍鏊来信,得知中共中央特科派党员丁秉成来吴江争取改造地方武装,约定今晚在这里碰头。

不一会,沈月箴带丁秉成、张琼英、林风等人来了。接上头后,他们就进入附近一个农民的家里。

倪之璜向丁秉成介绍说:"程万军部是'七·七'事变后从上海撤退下来的,他的副司令曹绍文是吴江人,有点抗日思想,可以利用他开展工作。"

"好,我们就从曹绍文身上突破,先派人打进程万军部,争取早日建立我们自己的抗日武装。"丁秉成的话语鼓舞着在场的同志。沈月箴望着煤油灯下的丁秉成等人跃跃欲试的身影,不由心潮激荡,她,似乎看到了吴江抗日的明天……

忽然,传来几声狗叫声。望风的老乡奔了进来,说有情况。倪之璜拔出手枪就要往外冲,沈月箴连忙拦住,对丁秉成说:"你们先到内屋藏着,我来应付一下。"

不一会传来了一阵急促的敲门声,老乡一开门,几个持枪的伪军冲了进来,叫嚷道:"有几个可疑分子跑到这里来了,你看到没有?""没,没有。"老乡说道。"没有?深更半夜还亮着灯,里面在干什么?"一个伪军说着就要往里闯。

"你们这是干什么呀?"沈月箴从里面走了出来,面对县长身边的红人,伪军们愣住了。

"哦,各位弟兄,我来这里走走,怎么样,要检查吗?"沈月箴提高嗓门。那领头的伪军赶紧上前一步说:"对不起,望沈小姐海涵,不过我们看到几个可疑的人,不知小姐看到没有?"

"这么说,是我把他们藏起来了?那好,你们进来搜一搜,搜不到的话,见了沈县长……"沈月箴的语调变严厉了。

一见沈月箴变了脸色,那伪军急忙赔上笑脸说:"沈小姐不必发火,既然这样我们就告辞了,"说着对身后的伪军一甩手,"走!"这批人离开了,沈月箴这才松了一口气。

回到屋里,沈月箴又与丁秉成、倪之璜等商量起行动方案。

智闯封锁线

1938年底,投敌的汪精卫集团加紧分裂抗日阵营,国民党左派的某些抗日活动不得不转入了地下。吴江县国民党政府也将活动地区从苏嘉铁路路东的黎里、北厍等地转移到了严墓地区,共产党的抗日救亡工作面临严峻考验。

沈月箴进入吴江县政府后,巧妙地周旋于上层人物之间。随着形势的变化,沈立群让她担任了县政府交通员,跟国民党县政府一起转移到了严墓。她负责把县政府有关抗日的密件送往宜兴张渚的国民党江苏省第二专署,再把上级的有关文件带回吴江。途中,要经过多条日伪封锁线,越过层层关卡。她乔装打扮,应付着日伪哨兵盘查。她从张渚回来时,先到自己住处戴家湾将重要情报资料抄录下来,迅速交给丁秉成,使中共党组织及时掌握了国民党的动向,取得抗日的主动权。共产党的同志从外地来严墓地区也都由她带路护送。

有一次,"武抗"成员施光华就由沈月箴带路,从上海到严墓车家坝。沈月箴特意买了七八盒日本野猪牌蚊香,把秘密文件藏在底层的蚊香盒子里,坦然地拎着。经过上海外白渡桥的日寇岗哨时,日本哨兵指着她手里的东西问:"蚊香?"她毫无惧色,笑了笑晃晃盒子,打着手势说:"你们大日本帝国的野猪牌蚊香顶呱呱的。"日本兵眉开眼笑,甩甩手放他们过去了。

一天,沈月箴从张渚取回了一个密件,藏在点心盒子里正向无锡城门走来。此时城门口一阵骚动,几名汪伪警察把一位青年抓进了囚车。望着刺耳鸣叫的警车,沈月箴在思考着如何过这城门。

沈月箴放慢脚步,仔细观察,看到城门边上站着一位女警察,那女警察的态度似乎比其他人要好一些,沈月箴就果断地朝她走去。女警察打量着沈月箴,眼睛盯住了两盒点心。沈月箴心里一惊,但神情自若。女警察正要打开盒子,沈月箴手摁住藏有文件的点心盒,同时,眼睛火辣辣地盯住了女警察,低声说:"大家都是中国人,讲点良心,有人在看着。我们来日方长,后会有期。"

女警察一愣,不由自主地放下手,说了声:"快走。"把沈月箴让了过去。后来沈月箴把这惊险的遭遇写成一篇小文,题为《女警察》,刊登在"武抗"编辑的《义旗》上。

沈月箴越过道道关卡,回到了严墓,急忙赶往车家坝丁秉成的住处,递上密件,丁秉成接过手,《限止异党活动办法》8个大字跃入了眼帘,他急忙看下去,原来是国民党顽固派消极抗日,要限制共产党的活动。丁秉成感觉到这份情报的分量,急忙布置张琼英立即抄送上海党组织。

接着,沈月箴向丁秉成汇报了县政府要设无线电台与张渚专署、江南行署直接通报情况,商定了推荐中共地下党员王莹任译电员的安排。由于国民党上层干扰,县政府选派沈文静任译电员。沈月箴很快做通了沈文静的工作,使她倾向抗日,共产党终于控制了这个机要部门。

抗日建武装

1938年底的一个晚上,漆黑的夜空细雨飘零,吴江县盛泽镇沉睡的街面上,有几个黑影闪进了观音弄。

不一会,大地主仲少梅家大院的后门开了,里面探出一个人。只见手电筒亮了一下,这几条黑影就奔进了大院。

那几个黑影正是沈月箴、肖心正他们。前几天,沈月箴听仲家的儿子说他家后院藏有枪支弹药,就想到丁秉成新近组建的"江浙太湖义勇军"正需枪支弹药,就做仲家儿子的工作,要他把枪献出来。小仲以前从沈月箴那儿接受过抗日思想,同意里应外合。今天,他就把沈月箴他们带进了大院,来到一座假山后面。大家迅速从地里挖出步枪、小手枪和若干子弹,用麻袋装了起来,抬出了大院,几天后送往丁秉成领导的"江浙太湖义勇军"驻地。

1940年春,吴江的抗日救亡工作掀起了一个高潮。严墓雷墩荡戴家湾附近的一座破庙里,几个青年围聚着,热烈地讨论着抗战形势。门开了,沈月箴带着武抗成员洪锡瑾、张流芳走了进来。沈月箴把他们介绍给在场的青年后,洪锡瑾就打开了背包,拿出了一捆书。青年围上来一看,热血沸腾了。有《论持久战》《论抗日战争的新阶段》《抗日游击战争的战略问题》《大众哲学》及小说《铁流》《钢铁是怎样炼成的》等。

望着青年们的高兴劲,沈月箴也抑制不住内心的喜悦。她一直注意团结进步青年,发展抗日力量。在黎里时,她就与金大鹏等人在镇上小学里召集20余名青年举行过抗日座谈会,介绍肖心正等人参加"武抗"。她还做了沈立群县长的侄婿、县政府常备中队长俞清志的思想工作,宣传"十大抗日救国纲领",使他坚定地把枪口对准了日伪汉奸。

几天后的一个下午,严墓镇口热闹非凡,打谷场上搭起了戏台,台下挤满了各地的群众,台上正在公演独幕剧《放下你的鞭子》,这是进步青年在宣传抗日。扮演卖艺老人和群众"阿根"的,是"武抗"成员施光华和施家骅。沈月箴挤在群众中,望着台上的战友,恨不能也登上戏台参加演出……

战斗在香港

1941年8月,香港九龙柯士甸道翠绿的草坪,六角飞檐的亭台,显得特别宁静。这里,居住着一些大名鼎鼎的人物。高坡上一幢公寓式三层楼房即是柳亚子先生命名的"羿楼",里面住着柳亚子和毛啸岑两家。其他三幢,分别居住着从上海来的杜月笙和原驻日大使许世英等。

之前的1939年8月23日,丁秉成等人在江浙边界遭到了国民党62师和吴兴县常备军的包围袭击,壮烈牺牲,吴江的抗日武装力量损失严重。根据党组织的指示,"武抗"成员分批撤离吴江。沈月箴也转移到了上海,化名沈墨樱进行地下斗争,公开身份是伟光医院职员。1940年3月,汉奸傀儡政府在南京成立;为了争取抗日力量,打击汪伪政权,中共上海党组织派沈月箴到南京,准备打入伪十四路军谢文达部;后因情况发生变化,她又回到了上海,化名兰琼,进入中共上海地下党办的慈联中学。

秋天,她随同在慈联中学工作的南洋进步青年、马来西亚共产党党员潘培能离开上海到了新加坡,考入了商务印书馆新加坡分馆任职员,从事抗日救亡工作。

1941年夏季,英国政府在新加坡实行白色恐怖,迫害爱国华侨。潘培能被驱逐出境,沈月箴也难以立足了。她本想回吴江从事抗日工作,但震惊中外的皖南事变发生后,形势已急转直下,大批国民党"忠救军"进入吴江,在严墓等地搜捕共产党人,共产党员沈文潮等人惨遭杀害,金大鹏、肖心正等人也先后撤离了吴江。她只得单身来香港,找到毛啸岑后,就在王绍鏊领导下工作。

他住在毛啸岑家,正巧柳亚子带着家眷来到香港,也住在毛啸岑家里。沈月箴本来就崇敬柳亚子先生,这次相见,又看到了他反对蒋介石搞内战、拒绝出席国民党五届八中全会的浩然正气,更是深受感动。这次同住毛啸岑家,她平时就帮助柳亚子抄写文稿。

柳亚子曾对毛啸岑说:"月箴很早投身革命,乃文武全才,可称吴江花木兰……"他还写了一首《寄月珍女士星岛》送给了沈月箴:"虎口能深入,蛾眉迥轶伦。如何一蹉跌,失意走南溟。聂隐堪前辈,杨娥倘后身。焚香告秋石,衣钵有传人。"

柳亚子先生的赠诗更加坚定了沈月箴的革命信念,在香港地下工作中,在艰险的环境里,她积极地奋斗着……

冬天来了,西北风肆虐地吼着。香港的一家咖啡馆里,稀稀拉拉坐着几位顾客。咖啡馆外面,两个国民党特务鬼鬼祟祟地监视着过路的人群。原来,他们得到一个情报,共产党要在这家咖啡馆接头。

窗口的座位上,有一位身穿长袍的中年汉子,手里拿着《大公报》,他就是共产党的交通员,等着香港地下党的同志前来接头。

不一会,沈月箴走了进来,她衣着华贵,俨然一个阔太太。原来,地下党也接到内线报告,与交通员接头已走漏风声,王绍鳌派沈月箴前来见机行事,既要完成接头任务,又要保证交通员安全脱险。

沈月箴在交通员旁边的桌子坐了下来。左手扶着头,右手中指在桌上轻轻地弹着,交通员看到这接头暗号,心里一热,但不动声色地喝着咖啡。

沈月箴喝了一口咖啡,拿着杯子来到了交通员坐的窗口,看着窗外。突然一个转身,咖啡泼在了交通员的身上。她急忙说:"先生,真对不起。"然后,她从手袋里拿出了手帕,手帕里夹着一张纸条,一面给交通员擦了起来,一面轻轻说:"有尾巴。"

"没关系,我自己来。"交通员站了起来,大声说了一句,机智地接过了夹纸条的手帕,将纸条藏进了口袋里。这时,门口两个国民党特务走了进来,仔细地打量着交通员,问"干什么的?""做买卖的。"交通员回答。"证件?"那两个家伙还缠着不放。

"哦,两位干吗?"沈月箴走了过来,她那光彩照人的模样,把两个特务看呆了。

交通员见机走掉了。

两个特务发现那交通员不见了,才感到情况不妙,就对沈月箴说:"跟我们走一趟。"

"那好,让我先给啸岑表哥挂个电话,让他给杜老板打个招呼,他在等着我们。"

听着这话,两个特务犯傻了。只得眼睁睁地看着沈月箴走出了咖啡馆。

1941年12月下旬的一天,香港九龙街道上一片凄凉。沈月箴与毛啸岑的儿子毛安澜两人从一条小弄堂走了出来,机警地环视了一下四周,就直奔"羿楼"

而去。

12月8日,日本人发动了太平洋战争后攻占了九龙。9日凌晨,柳亚子与毛啸岑都匆匆地搬离了"羿楼"。沈月篯随毛啸岑全家住进了山林道的一个亲戚家。她得知"羿楼"被日本人所占,而柳亚子先生研究南明史的图书、手稿都在里面,很不放心,于是冒险前去探视。

他们到了"羿楼",轻轻地推开门刚要进去,后面就传来了脚步声,一个日本军官跟了进来。沈月篯神情自若地迎了上去,笑笑,指指三楼,那日本军官就直往三楼而去。沈月篯与毛安澜急忙走进柳亚子的住所,只见门窗大开,室内十分凌乱,他们赶紧拿了一些要紧的东西匆匆下楼而去……

1942年初,沈月篯离开了香港,回到桂林,在党的情报系统工作。11月,她又到华中局情报部长潘汉年身边任秘书。沈月篯勇往直前,把自己的青春年华献给了党的抗战事业。历史学家李亚农有《赠沈月篯》诗一首:

    绰约风姿锦绣才,当年秋瑾似重来,
    征人何幸沙场里,得见奇葩烂漫开。

她们仨

耿彦钦

秋瑾不是南社社员,但是,南社的成立却是因为秋瑾。

1908年12月18日,由徐自华、吴芝瑛亲手营造的秋瑾墓在浙江巡抚及府县、差役、地保的监督下全部平毁。西湖没了秋坟,徐自华就等于没了寄托,心被掏空,掏空后是撕心裂肺的悲痛。

望着伤心至极的徐自华,吴芝瑛将一幅《西泠悲秋图》送予她,以示安慰。

徐自华缓缓展开《西泠悲秋图》——栖霞岭下,西湖岸边,秋瑾新坟有万柳相伴、湖水为邻——只是,秋坟太孤单、秋瑾太孤单了。她忍不住抚摸画上的孤坟,就像抚摸曾经鲜活的生命,然而图画无语,徐自华一阵悲凉,她多想变成那座山揽着她,变成那湖水绕着她。

怀着对秋瑾的无限怀念,徐自华为《西泠悲秋图》广征题咏。南社创始人陈去病怜惜徐自华一片赤诚,提笔写道:"秋菊有佳色,社会惜此人。"

青年治曲专家吴梅触景生情,倾一腔热血,一连写下越调小桃红、下山虎、五韵美、五般宜、忆多娇、余文共6首词曲,其中[下山虎]:"半林夕照,照上峰腰。小塚冬青,有柳丝数条。记麦饭香酿,清明拜扫。怎三尺孤坟,也守不牢。这冤怎了!土中人,血泪抛。满地红心草。断魂可招,侠气英风在这遭……"[五韵美]:"这边厢,邻苏小;那壁厢,风波亭下岳少保,九原相见半同调。天荒地老,写秋娘,几多凭吊。心还热,骨已销。忍重读,姊妹年时,断魂旧稿。"其词长歌当哭、韵律铿锵、情深悠长。

和吴梅同龄的南社社员、江苏常熟青年学人庞树柏作《八声甘州》为徐自华女士题《西泠悲秋图》:"又风风雨雨断肠天,不知几回肠。有残山一角,明湖十里,做尽沧桑。谁唱泠泠楚些,旧梦隔潇湘。往事何堪说,愁与波长。　　难得题碑人在,尽重磨断碣,添种垂杨。侠骨深深埋处,犹觉土花香。剩千年、青磷碧血,算红颜、终是好收场。争知我,看秋光了,还哭秋娘。"

黄澜为徐自华女士题《西泠悲秋图》长诗一首:"湖山管鲍归巾帼,秋雨秋风最萧槭。墓前宿草向黄昏,血染西泠叶犹碧……"

从此,《西泠悲秋图》伴随着徐自华、伴随着南社走过一个个思思念念的日子。她感谢这幅画能陪着自己走过余生,她感谢《西泠悲秋图》及时地填补了因为失去而空落无主的情感寄托,更感谢吴芝瑛能忍痛割爱,将此画赠予自己,以慰心灵。

吴芝瑛何许人?为何托人作悲秋图?《西泠悲秋图》是谁所作?为什么割爱赠予徐自华?

一、与冰火缠绵的吴芝瑛

吴芝瑛是慈禧欣赏的女子,所书瘦金体《楞严经》深受慈禧喜爱,并亲自召见。后来,她还曾用瘦硬凌厉的书法为革命党人沈荩书写赠联。

吴芝瑛是恪守传统的京城名媛,背靠人才济济的莲池书院和京师大学堂,与袁世凯、端方、冯国璋、良弼、张百熙等名流成为至交。让人想不到的是,后来她成了鉴湖女侠秋瑾的结拜姐妹。

吴芝瑛和夫君廉泉是天下有名的德配夫妻,是北京、上海、杭州三处小万柳堂的主人,一句"夕阳穿树补花红"让多少男女心生艳羡。

吴芝瑛是改良者,不喜暴力和革命,南社的革命精神似乎和她淡定雍容的高贵品质格格不入,然而一幅《西泠悲秋图》表达了她对革命者的道义支持和深切怀念;一篇讨袁檄文和丽则女学的国耻碑让她成为不惧死亡的刚烈女子。

吴芝瑛(1868—1934),安徽桐城人。父亲做过山东知县,1887 年嫁与无锡人廉泉,1897 年和廉泉进京任职;秋瑾陪丈夫进京后,两家成为邻居。吴芝瑛的叔叔吴汝纶主张"中学为体、西学为用",做过莲池书院院长和京师大学堂总教习。受其影响,吴芝瑛夫妇在北京开办了文明书局,经销西方文明书籍和国内进步报刊书籍,秋瑾经常到吴芝瑛家借书。吴芝瑛的温良、体贴和包容,使具有叛逆性格的秋瑾得到了家庭之外的温暖和友情,俩人天天在一起写诗作词,互相倾诉内心的渴望和追求。1904 年早春,两个相差 7 岁的女子对天盟誓结为姐妹,写下了换帖盟书。

吴芝瑛在京城有很多名媛朋友,她们经常结社、开办女子座谈会、成立女子学校,传播民主自由思想,秋瑾决定走出家庭出国留学。吴芝瑛精心地为秋瑾准备出行物品,亲手缝制香囊赠予秋瑾。秋瑾到日本后,用香囊换宝刀,回国后,吴芝瑛又给宝刀缝了刀鞘。秋瑾去日本留学后,吴芝瑛动员夫君离开北京,到上海开办文明书局,上海曹家渡的小万柳堂又成了秋瑾回国后必到的家。

1906年初,秋瑾回国筹建中国公学,几个月后又到南浔浔溪女学任教,吴芝瑛将文明书局编写印制的课本送秋瑾带到南浔浔溪女学。为了离秋瑾的南浔近点,吴芝瑛又搬到杭州西湖的小万柳堂(现花港观鱼处的蒋庄)。秋瑾和浔溪女学的校长徐自华到杭州,必到西湖小万柳堂喝茶聊天,享受吴芝瑛带给她的无限关心和体贴。秋瑾在浔溪女学的合同期满后回到上海,创办《中国女报》,吴芝瑛觉得女人办刊物、当老师是非常适宜的事情,因此积极捐资入股、撰写文章、题写刊名,全力支持秋瑾办刊。

由于革命的需要,秋瑾要到绍兴接替徐锡麟主持革命党大本营大通学堂的工作,是浙江光复会副统领,浙江同盟会的主盟人,成为具有独立精神的坚强革命者。吴芝瑛已经意识到秋瑾从事革命党工作的危险性,极力劝说却无济于事。

1907年早春2月,徐自华、吴芝瑛、秋瑾泛舟于西湖,傍晚时分,三人到岳飞墓前,秋瑾吟咏《满江红》,迟迟不愿离开。面对美好的湖山,秋瑾向两位姐姐表露"埋骨西泠"之愿。

吴芝瑛再也不能留住秋瑾的脚步,面对秋瑾日益澎湃的革命热情和随时准备赴死的言行,吴芝瑛忧心如焚又无力挽回。她只能远远地看着秋瑾从她的视线中越走越远,拉不住、拽不回。

1907年端午节,秋瑾从浙东联络会党,拖着严重的病体最后一次来到西湖小万柳堂,将革命文件《普告同胞檄稿》《光复军起义檄稿》等交付吴芝瑛妥为保管,并嘱托说:"芝瑛姐,别忘了将我埋骨西泠啊。"

二、温婉侠义的女校长

出身诗书官宦家的"不栉进士"徐自华,是秋瑾的结拜姐妹。思想开明的湖州"南浔四象"之一张弁群,于1906年创办浔溪女学,三顾茅庐请徐自华到浔溪女学担任校长。又聘请刚刚从日本留学归国的秋瑾到女学任教。秋瑾任教属于志愿者性质,不要薪酬,她到这里的目的是为了宣传民主共和思想,为同盟会募集活动经费。

秋瑾到南浔时是春二月,江南运河两岸桃红柳绿,32岁的秋瑾一身男装长袍,头戴小帽、左手持扇、右手持卷,风度翩翩,掩饰不住的书卷气。陪同前往的有同盟会员、爱国女学校长蔡元培等。

到了南浔东栅庞氏祠堂前的石埠前,秋瑾身子一跃到了岸上,徐自华问说怎么不见秋瑾前来?秋瑾望着眼前这位温文优雅的女子,心想是自己这身男装骗过了徐校长的眼睛,于是躬身一笑说本人便是秋瑾。寡居7年的徐自华看到风度翩翩的鉴湖女侠,不由怦然心动:"萍踪吹聚忽逢君,所见居然胜所闻。"

一个是校长,一个是教员,徐自华长秋瑾两岁,又是只身一人前来义务教书,怜惜之心自然有之。亡夫梅家有空房子,房子建在街河岸。徐自华请秋瑾住在家里,可以互相照顾。秋瑾是女侠,有不惜千金买宝刀的侠义,有怜香惜玉的仗义,也有被温婉女子照顾呵护的渴望,两人相见恨晚。秋瑾带给徐自华更多的是赏心悦目的欣喜和身与心的愉悦:"自笑诗魔爱秋色,不妨傲骨任君挞。"言语之间那种欣赏,简直痴迷。

相距不远的同里古镇也建了一所女学丽则女学,陈去病也在这所学校兼职任教。陈与秋瑾早在一年前上海《警世钟报》编辑部见过,对秋瑾那"登天骑白龙,走山跨猛虎。叱咤风云生,精神四飞舞"的豪爽钦佩不已。他想让秋瑾到丽则女学做场演讲。开始徐自华坚决反对陈去病来挖墙脚,她担心秋瑾去了会不回来。后来经过秋瑾耐心宽慰,表明只是去做场演讲,并请徐自华一同前往同里。秋瑾在同里丽则女学的演讲振奋人心,陈去病印象深刻。

后来上海同盟会来信,请秋瑾速回上海商议要事。徐自华惴惴不安,一万个不放心。秋瑾又是百般安慰,发誓三五日一定回来。秋瑾走了,徐自华感觉空落落的,每晚必写诗表达对秋瑾的思念之情。"不唱阳关第四声,知君到处有欢迎,自嗤未脱痴儿女,有泪偏向别后倾"。爱意越深越是"深愁别后见君难"。

一个学期结束后,秋瑾就要离开浔溪女学,回上海筹办《中国女报》。已经被秋瑾深深吸引了的徐自华辞别浔溪女学校长职务,跟随秋瑾来到上海,捐资资助秋瑾办报,随时照顾秋瑾的衣食住行。相怜相惜的两个女子在西湖盟誓,相约百年之后埋骨西泠。相差两岁的两个相知女子,生不同日,死要相守。

秋瑾回到上海后,到健行公学走访留日同学、同盟会员高旭,畅谈南方革命的可行性。陪同高旭校长一同座谈的还有同盟会员陈陶遗、柳亚子、朱少屏等。接着又到务本女学演讲妇女解放。在台下聆听演讲的同学有张默君、谈英社、杨季威、汤国梨、张敬庄等。这些20来岁的女子,把秋瑾当成女神来崇拜。秋瑾身上那股"身不得,男儿列;心却比,男儿烈"的精神深深感染了她们,这些出身名门的女子把秋瑾当成了旗帜,暗暗告诫自己,要像秋瑾这样,活出个样子来。

三、伤别离

秋瑾从杭州出发顶着点点星辰,走过石门长长的横街,来到西首徐自华家的颐志堂。秋瑾的瘦弱和心疾让徐自华痛心疾首,两个超越血缘关系的革命女子竟有一种生离死别的预感。为了秋瑾的事业,徐自华变卖家产凑足30两黄金送给秋瑾作革命经费。

秋瑾要去上海组织革命行动了,徐自华拦不住、劝不下。她陪秋瑾走过天井、走过备弄,来到溪边,只见曙星冷落,烟树朦胧,缕缕阴气飘忽,穿透薄衫,顿觉丝丝凉意。徐自华婉语试探说:"上海的事情办完了,璇卿能否再来石门?"秋瑾慨然说:"恐怕从此不再来了。"并再次提醒徐自华别忘了埋骨西泠的约定。

1907年7月7日,徐锡麟在安徽击毙巡抚恩铭,被处以剖心极刑。吴芝瑛担心秋瑾的安危,几次写信并派人去绍兴延请秋瑾到上海躲避风险,可是秋瑾已有抱死之心,她已经做好准备,要用轰轰烈烈的死来演绎一场壮烈的人生谢幕。

当徐自华派妹妹徐蕴华到绍兴劝说秋瑾赶紧离开绍兴、到上海避难的时候,秋瑾语气坚定地说:"我不逃避。革命就是要流血的,革命已经流了很多血,不在乎我一个。如果将我绑缚断头台,革命成功至少可以提早5年,牺牲我一个,可以减少千百人流血,可以惊醒千千万万国人,这不是革命失败,而是革命成功。我愿与男女两校共存亡。请你转告女界同仁,要求男女平等,首先要尽男女平权的义务。浙江起事,事关革命大局,事关几万人的生命,我怎么能扔下浙江不管,逃到租界偷生?"

秋瑾说罢拿起笔,满含悲愤地写道:"痛同胞之醉梦犹昏,悲祖国之陆沉谁挽。日暮穷途,徒下新亭之泪;残山剩水,谁招志士之魂?不需三尺坟茔,中国已无干净土;好持一杯鲁酒,他年共唱摆轮歌。虽死犹生,牺牲尽我责任。即此永别,风潮去彼头颅。壮士犹虚,雄心未渝,中原回首肠堪断!"

秋瑾请徐蕴华把这首绝命词转给姐姐,并转告对她们的爱恋和祝福。

1907年7月13日,秋瑾在大通学堂被绍兴府和新军逮捕,仅仅34个小时后,绍兴府雇佣的刽子手杨阿嘉怀着复杂的心情,手起刀落……

徐自华悲痛地写道:

呜呼璇卿!别子未久,声容笑貌,在余心中,不可复见。能勿号恸?谁收玉骨?

谁营芳冢？谁赋招魂？谁为冤控？人生处事，遽然大梦，噩梦如斯，余心更痛。

　　呜呼璇卿！

　　循环往复，盛衰废兴，若欲不死，除非无生。子固先逝，我岂长存？何敢不达？

　　涕泪纵横。惟其文字之契，相知之深，感念平昔，不能忘情。子生明敏，死必英灵。

　　魂兮归来，以慰余心……

　　《竞业旬报》头条刊登了两篇少年学子胡适的文章《鉴湖女侠秋瑾传》和《好个大胆的贵福》。

　　于右任主编的《神州日报》连续公布浙江省发布的有关通报、函电、文告，并转录外电、外报刊出的有关消息。

　　《申报》刊出秋瑾诗6首，包括秋瑾被捕与就义的情况报道、绍兴府公布的有关秋瑾"罪案"、秋瑾被害之余波、秋瑾男装持手杖照片、秋瑾生前演说稿、秋瑾好友徐自华及吴芝瑛书写的纪念文章等。体弱多病、怀有身孕的吴芝瑛冒着酷暑乘车赶到绍兴为秋瑾收尸，吴芝瑛长歌当哭写下《哀山阴》："天地苍茫百感身，为君收骨泪沾襟。秋风秋雨山阴道，太息难为后死人。"回到小万柳堂，专门设置"悲秋阁"祭堂，以祭奠秋瑾。

　　按照清朝规定，被斩首的人是不能下葬的。秋瑾灵柩在绍兴卧龙山风吹雨淋，灵魂不得安息。吴芝瑛和徐自华牢记"埋骨西泠"的约定，商议在西湖为秋瑾购地营坟，"地如姊得，营坟妹任之；地如妹得，营葬姊任之。"须知，秋瑾是被清政府斩杀的革命党，为革命党营坟，吴芝瑛和徐自华要担当的将是何等艰巨而危险的使命？

　　西湖大悲庵主持慧珠女尼敬仰吴芝瑛侠士肝胆，出于至情，给吴芝瑛写信，表示"……持大悲宝咒三十万，籍资秋女士冥福，冀其及早升天。自愧嫠妇尼僧，不能奔波于指挥之下，唯有仗法力、咏真经，吾尽吾心云尔"。决定将虽然偏僻但临近官道、春秋佳日游人多路过的大悲庵"余地三亩，足营兆域"。

　　吴芝瑛接信后，思忖良久，给徐自华寄信说地在大悲庵旁"……买地以吴氏出名者，妹拟自营生圹于中，使众周知，一无所疑，再葬吾妹于其旁。如此，则吾姊妹生死不离，亦一快事。异日发表后，官场见在吾生圹界内，或碍难干涉。区区苦心，望姊再函达兰绩，预将妹柩领出为幸……"

四、执着和坚守

徐自华接到吴芝瑛要在大悲庵为秋瑾营坟的书信后,大为震惊,视秋瑾为生命的徐自华在秋坟地址选择上与吴芝瑛产生了分歧。爱女新殇的徐自华匆匆料理完女儿的丧事就启程前往西湖,为秋瑾再觅兆域。

在陈去病等人的帮助下,徐自华在西湖北岸岳飞坟前购得一地,随即给吴芝瑛回书一封表明心迹:"……妹因与越郡同仁议决……咸谓秋女士在日,独立性质,不肯附丽于人。此其一生最末之结果,若竟附葬,不独有违其生平之志,吾辈同人,亦有憾焉。故妹携同人,数赴西湖相地,已得,在西湖中心点……"

徐自华所以不愿意让秋瑾葬于大悲庵,一是以上原因,其实还有自身的原因:秋瑾和徐自华曾经相约埋骨西泠,如果秋瑾埋在吴芝瑛生圹前,将来如何安排己身、兑现和秋瑾当初的湖山之约呢?

宽厚仁爱的吴芝瑛理解徐自华的心情,不再坚持一己之见,而是说"鉴湖独立性质,不应附葬,妹亦谓然。前函云云,盖防官场干涉,为指鹿为马之计,非真自营生圹也。吾妹当察此意。今既得地,公然营葬,不知本地官绅有无阻碍……妹所购地在南湖之滨,明年即结茅移家其间,并拟建一水阁,名曰悲秋。吾距秋坟不远,可岁时祭扫,多植花木……"然后速派廉泉斥资营坟,腊月坟造好后,再瞩徐自华"鄙意葬时暂勿发表,一两月后再为树碑何如?碑文及集联皆写就,既葬后再刻印,事前防泄漏也……"

1907年腊月二十二日,秋瑾灵柩悄悄运往杭州,在西湖小万柳堂供人祭奠后,安葬于栖霞岭前的墓穴之中。墓碑上,吴芝瑛手书"鉴湖女侠秋瑾之墓"。

第二年正月,徐自华、陈去病、姚勇忱、褚辅成等商议在秋坟会祭秋瑾,成立秋社,并邀吴芝瑛同祭,吴芝瑛提醒徐自华说:"……妹初意只求草草入土,使当道不致惊疑……只愿与妹二人办理此事,不愿求助于人者,实有苦衷。盖此举出于女界意,可以慈善了事。秋社之立,妹不赞同,惟嫌过火,且为时尚早。"吴芝瑛是保守的人,她的谨慎和小心不无道理。而徐自华却等不得了,她不管什么官府当道,为秋瑾她将奋不顾身,她想做就一定要做下去。对吴芝瑛的善意提醒,她有情绪,有抱怨:"……睹此时局艰危,愧无智匡济,徒增愤叹而已!我姊寄居沪上,为女界文星领袖,玉轴盈笥,牙签堆几,时而吟咏、时而临池,琴瑟在左,丹青在右,徜徉小万柳堂中,乐何如哉!可望而不可即,能不增人企慕也!"

面对徐自华的揶揄和抱怨,不惑之年的吴芝瑛只有宽谅和理解:7年寡居、密友遭戮、爱女新殇,一个柔弱女子需要多大的坚强才能撑起头顶的天空?

吴芝瑛忍着小产之危险和咳血之病体,不解释,只承受。上海、杭州所有曾经留下秋瑾身影的地方都成了吴芝瑛的伤心之地。在廉泉的劝说陪伴下,一家人回到无锡老家修养身心。忧郁哀伤过度的吴芝瑛,经常梦中呼唤"秋妹妹"。廉泉怜惜妻子,延请无锡画家吴观岱、秦歧农、何觉庵等画师,作《西泠悲秋图》,悬以床前,以解思念之情。

无锡画师秦歧农画的《西泠悲秋图》(纵:31厘米,横:129.8厘米,水墨山水卷)画面以杭州西泠桥畔秋瑾墓为主题,李作宾题引首,后附秋瑾给吴芝瑛的兰贴,拖尾有吴芝瑛等诗跋,记载收葬秋瑾经过情况。

何觉庵的《西泠悲秋图》作于丁未冬,图额有廉泉、吴芝瑛手记及印章。廉泉手记记录了秋瑾冤狱、芝瑛诗词和秋坟营建的过程;吴芝瑛则详细记述了秋坟的具体方位及营建目的。

吴观岱的《西泠寒食图》一山一桥一孤坟,桥前七八株垂柳,坟前是一株光秃的树,画面简洁。吴观岱是无锡人,壮年得同乡廉泉的帮助,偕同去北京,结识京华名家,饱览历代名画,悉心揣摩,技艺大进。后由廉泉推荐入清宫如意馆当供奉,临摹历代名人手笔,并为光绪帝绘课本中故事,声誉鹊起。吴常救济穷困画友,为人称道,曾在北京大学讲授画学。回无锡后,求画者纷至沓来,但他惜墨如金,不肯轻易下笔。得其画者,视为珍宝。人多以"江南老画师"称之。

就在吴芝瑛延师作画之时,徐自华在西湖的纪念活动也是如火如荼。1908年农历正月二十四日,徐自华集学界、女界400余人在风林寺为秋瑾开追悼会,并谒墓致祭。纪念会上,徐自华、陈去病等人和绿营贵林发生口舌冲突,陈去病据理力争,贵林怏怏而去。追悼会后,徐自华、陈去病等人成立秋社,徐自华被推举为社长。

之后,徐自华将这一切告知吴芝瑛,病榻上的吴芝瑛喜忧参半,喜的是有那么多人在怀念、纪念秋瑾,忧的是如此会不会节外生枝,给徐自华以及秋瑾亡灵招致不必要的麻烦?她耐心地提醒徐自华说:"……秋坟之事,妹终不以男界干预为然。盖此时是非未明,社员人多,品类不齐,万一为冤家所持,即贻反对者口实,使秋氏魂魄转为之不安。若吾姊妹一、二为之,不过尽赤十字社之义务,收拾遗骸,以免日炙雨淋。至善后事宜,吾二人正可以个人之力,徐徐为之。妹移家湖上,即为此事。一息尚存,必将此狱平反,方为不负死友……妹小心尚过,然区区苦心,实求秋氏魂魄之安……"

徐自华已成秋瑾劫后化身,有无数秋瑾学生和秋瑾精神的追随者,他们年轻、充满激情和革命的牺牲精神,他们不畏强权,勇于担当,是徐自华的忠实支持者和拥戴者。此时此刻的徐自华如何能被吴芝瑛的劝说所动?短短几个月,秋社同仁几次募资修缮秋墓,使秋坟在西湖之岸,独成风景。

徐自华为秋瑾造好坟茔后,自然想到和秋瑾埋骨西泠的约定。"葬君余卜西泠地,余死他年骨谁埋?触起身前身后感,急营生圹预安排。"后来,徐自华在孤山西北角秋墓能够看到的地方(现在孤山苏曼殊埋骨旧址处),为自己购得生圹,待百年之后,与秋瑾相约西泠。

吴芝瑛同样没有忘记秋瑾的嘱托,她在 1908 年 3 月 15 日凭吊秋瑾时作诗曰:"不幸传奇演碧血,居然埋骨有青山。南湖新筑悲秋阁,风雨英灵倘一还。"徐自华和原韵写道:"惨惨斯人流血死,故乡幸有好湖山。孤坟他时怜君右,听月松楸共往还。"

吴芝瑛有"南湖新筑悲秋阁",徐自华就要有"孤坟他时怜君右",在与秋瑾的情谊问题上,徐自华不想输于吴芝瑛。

五、西湖秋瑾 归去来兮

1908 年 9 月,清御使在绿营贵林的陪同下视察西湖,在秋墓之前,贵林极力言说秋墓的危害,御史当即奏表朝廷,建议平坟,并捉拿营坟的吴芝瑛、徐自华及秋社骨干。

吴芝瑛的话果然一语成谶。两江奉旨捉拿,浙江巡抚奉旨平坟。闻此消息,舆论大哗。浙江同仁将正在石门家中整理秋瑾诗文的徐自华接到上海日本医院暂避风险,陈去病则远走广东。

正在德国医院住院的吴芝瑛给两江总督端方发报,愤然指出:"芝阁门自杀,以效尸谏,乞公据实奏闻,平反秋瑾冤狱……"又说:"芝瑛愿以一身当之,勿再牵涉学界一人。"吴芝瑛将电文藏于袖中,被女儿发现。江苏绅士闻听此事,纷纷站出来上书两江总督力争此事,指出吴芝瑛早年提倡国民捐,海内响应,所写小万柳堂屏帖石印出售,所得资金全部充国民捐……其爱国热情不应埋没。并以立宪为由为吴芝瑛辩护,认为吴芝瑛义肠侠骨,安葬烈士出于人道主义,并未违犯法度。

曾与芝瑛有过交往的美国人麦美德女士也为她鸣不平。这时清政府正准备欢迎美舰访华,特意赶制了 1 000 只银杯送给美舰官兵做纪念品。麦美德利用这一点,于 1908 年 10 月 20 日,在《泰晤士报》上发表文章《吴芝瑛事略》,说:"现在清政府正要把一个仗义的女子从医院赶入牢狱致死,尊重女权的美国官兵,难道还愿收这批纪念银杯吗?"

严复撰文《吴芝瑛传》谴责政府胡乱抓人,又有仁和县知县为徐自华姐妹开脱,结果是清政府迫于中外舆论,收回了严办吴芝瑛、徐自华的命令。秋瑾灵柩迁回绍兴,西湖秋坟平毁。

徐自华悲恸不已,秋瑾墓在西湖仅仅一年——徐自华的内心被掏得空空、揪得生疼。吴芝瑛怜惜徐自华,将一幅《西泠悲秋图》赠予徐自华,以表达自己对徐自华的安慰、珍惜、理解和爱惜。吴芝瑛伤心地说:"……芝瑛自经此事,日写《楞严》,荐悼秋氏。离一切色相,早证菩提……"

西湖没有了秋瑾,留给徐自华的,只有一幅《西泠悲秋图》相伴。

1909年11月13日南社成立后,徐自华是首批加入南社的女社员,先后4次参加南社雅集,在《南社丛刊》多次发表纪念秋瑾的诗词文章。柳亚子等人建议,请徐自华做《南社丛刊》的编辑,为了保护徐自华的安全,陈去病坚决反对。而当徐自华拿出《西泠悲秋图》请南社社友题词时,很多南社诗人填词写曲赋诗,成全了徐自华纪念秋瑾的夙愿。

中华民国成立后,徐自华主持追悼会,广泛征集、搜求秋瑾档案,成立秋社,回迁秋瑾灵柩,在西湖重建秋墓,创建秋祠,主持竞雄女学。她最后8年住在秋社,为秋瑾终日祭扫,1935年7月12日在西湖秋社仙逝。因西湖有禁止营坟造墓的禁令,死后两年,灵柩放于秋祠与秋瑾为伴,而后安葬于杭州公墓。1943年4月,迁葬于孤山生圹之内,再与秋瑾为邻。1964年末,徐自华墓由西湖迁到鸡笼山,从此与秋瑾隔山而葬。1966年,秋瑾墓迁至鸡笼山,二人再次重逢。

1981年10月,秋瑾墓迁至西湖孤山西北角,徐自华再次与秋瑾重山相隔。

吴芝瑛在秋瑾灵柩重新安葬于西湖后,了无憾事,1914年和夫君廉泉到日本开办书画社,一年后,终因思念悲秋阁的亡灵,将夫君交托日本女子春野,独自回国,陪伴悲秋阁中的盟妹秋瑾,直到1934年春,逝于无锡廉泉的老家。而她的夫君已于1932年10月6日在北京去世,葬于北京潭柘寺。后来,廉泉与春野的后人将春野遗骸与廉泉并骨,并立碑纪念。

今天,当我们再次提起那段往事,再次目睹《西泠悲秋图》,心中诸多感慨油然而生。追忆当年情景,南社先觉们早已与世长辞,留给我们的只有敬仰、坚守和使命的担当。

女权先锋林宗素

陈 碧

1912年1月初的一天,章太炎与张謇、程德全来到南京总统府,把报纸扔给坐在办公桌前的孙中山。孙中山定睛一看,是《民主报》《申报》等,上面赫然标题"孙中山先生接见女子参政会林女士……"章太炎先行质问:"某女子以一语要求,大总统即片言许可,足未明定法令。浮议嚣张之日,一得赞成,愈形恣肆。"这一质问把刚坐上总统位置的孙中山问得头上直冒汗,他思忖片刻回答说:"民国初立,各项事情都未仔细考虑,我与林女士会谈不过是个人闲谈。"

林女士何人?为什么她与孙中山的见面会引起如此巨大的反弹呢?

她芳名林宗素(1878—1944),原名易,福州闽侯青口人,南社社员林白水之妹,同盟会的早期人物,被喻为"苏菲亚式的女性"。辛亥革命后,林宗素历经为女权而抗争的坚韧岁月,成了"女权先驱"。

林宗素

一、为妹妹而结婚的哥哥

闽侯青口的林白水家,曾祖父林唐卿在贵州做过官。父亲林钧,字剑泉,中过举,有文才但性情贪逸好闲,不到万不得已时不肯去做事养家。因不务正业,没几年便将家产挥霍一空。母亲黄玉芝是雍乾年间名诗人黄任——早题巷"十砚斋""香草斋"主人的后裔,学问好,而且工刺绣,以此维持家计。林家兄妹因为家贫不能上私塾,读书完全由黄氏教导。

林白水不仅仅是林宗素行动上的护卫者、精神与意志上的鼓励者,还关心着妹妹一生的幸福。1893年,19岁的林白水应浙江石门知县林孝恂(林徽因祖父)之请,任林家西塾教师。不久,杭城知府林启又慕其名,聘他到杭州蚕桑学堂任教。后又任杭州东城讲舍、养正学堂和求是学堂总教习。甲午海战中,中国四条战舰致远舰、经远舰、超勇舰、扬威舰被击沉,其4位管带分别为邓世昌、林永升、黄建勋、林履中。除了邓世昌,另外3位管带都是林家的近亲。为了给叔祖、叔父林永升、林履中办丧事,林白水又一次回乡,因在杭州视野开阔,而且接受思想先进,这一次回乡,林白水看到妹妹整天不是绣花就是制鞋,思想受限,所以想把她带出家门,开阔视野,将来也容易找到理想的对象结婚,否则不是嫁给官吏,就是嫁给商人,碌碌一生。办完丧事,他想把妹妹带出门,但父亲林钧借口年老无人照顾不答应。

1898年戊戌变法失败后,在杭州的林白水因"纵容"学生孙翼中作文讥讽满人,为避风头而再次返乡。这次返乡,他一是与表弟黄展云等人共同筹办了蒙学堂——它成为辛亥革命的摇篮。黄花岗起义中的七十二烈士,有"福州十杰",如林觉民、陈与燊,他们大部分出自蒙学堂。二是决意带妹妹出门。作为条件,林白水答应尽早结婚,故娶了陈氏进门。

林宗素的一生之作为,离不开哥哥对她的关爱、教导与扶持。这种兄妹情分也使她在后来经济状况稍好的情况下,反过来对兄长办报给予极大支持,也终于成就了兄妹二人在近代史上文化事业与社会事业的声名。

二、征婚与女权

到杭州后,林宗素认识了哥哥的好友秋瑾、蔡元培等,并很快成为好友。1901年,《杭州白话报》创刊,林白水为第一任主笔,林宗素开始为报纸撰稿、打理编务。因白话报宣扬社会变革,杭州的开明人士颇多,名媛贵妇们在白话报的影响下,成立了全国第一个"女子放足会"。

1902年春,蔡元培、章炳麟、黄宗仰等开明人士认为当下的译本教科书多不适用,非要重新编订完善,不足以改良教育,因联络海上有志之士,发起中国教育会为策动机关。其宗旨为"以教育中国男女青年,开发其智识,而推进其国家观念,以为他日恢复国权之基础为目的"。在酝酿、筹备教育会的过程中,林宗素提出须建立一个女校作为教育会的实体,此议得到了蔡元培的大力支持。

上海爱国女校就纳入这些革新者的工作范畴。黄宗仰带着林宗素兄妹前往上海地产大亨哈同夫人罗迦陵处募捐。罗夫人喜爱林宗素,对他们的事业也慷慨解囊,一口应承了创办女校的全部费用。

爱国女校开办后,林宗素入校一面当学生,一面当教员。她与蔡元培、林白水等人一起,明里办教育,暗里宣传革命,或撰文或演讲,很快就成为言辞犀利的女记者和运动领袖。

1902年6月26日和7月27日,在中国南北最开明的两份大型日报——天津《大公报》和上海《中外日报》上,相继刊载了由同一人发布的一则征婚广告。广告全文是:

> 今有南清志士某君,北来游学。此君尚未娶妇,意欲访求天下有志女子,聘定为室。其主义如下:一要天足;二要通晓中西学术门径;三聘娶仪节悉照文明通例,尽除中国旧有之陋俗。如有能合以上诸格及自愿出嫁、又有完全自主权者,毋论满汉新旧、贫富贵贱、长幼妍媸,均可。请即邮寄亲笔覆函,若在外埠,能附寄大著或玉照更妙。信面写AAA,托天津《大公报》馆或青年会二处代收。

征婚启事往往能反映时代的价值观与爱情观,还看得出女性在社会上的地位,所以,《中外日报》在刊登这份广告时,特意加上了一个十分醒目的标题《世界最文明之求婚广告》,表达了舆论界的赞赏态度。

林宗素以非同寻常的视角与逻辑,看出了这位征婚者在貌似思想先进、追求婚姻自由中,却隐含着男子中心主义的骄气,即只对女方提出要求而丝毫未介绍自己的情况。她写信给《中外日报》,猛烈批评这则广告,提出质问:

> 所谓南清志士,究竟是何许人?为何隐名不报?观其口气,大有以中国伟人自居之意,实际上只不过是一个口谈维新的庸人罢了。何也?既然征婚求偶,就该自报家门,介绍自己的品行职业。当今之世,不仅男择女,女也有择男的权利;西方男女订婚,都有个相互了解的过程。今此君开列对女方的三个条件,对自己的情况却讳莫如深,直将吾中华二万万女子视为随意摆布的姬妾,视为上海租界的妓女也。

林宗素为什么会有这么激烈的反应呢？原来早在1900年她就了解过蔡元培小范围公开的一则征婚启事。1900年，蔡元培原配夫人王昭女士病逝。作为光绪年间的举人、钦点的翰林，说媒者自是络绎不绝。蔡元培面对纷至沓来的媒人，磨墨铺笺，写下一则"征婚启事"，贴在了大门外的墙上，要求如下："女子须不缠足者；须识字者；男子不娶妾；男死后女可以再嫁；夫妇如不相合可离婚。"短短几十个字，充满了民主、开放、平等的思想，充满了对女性的敬意，不仅没有要求女性为丈夫守贞，更难能可贵的是，在男人蓄妾的晚清，蔡元培主动提出一夫一妻制、反对纳妾、提倡夫妇平等。

林宗素对蔡先生之举心怀崇敬，并常与林白水对女性平等问题进行交流，致有如此犀利之表达。

这时候宗素已经二十四五岁了，林白水介绍刚从日本留学回国的胡先生与她相识。胡先生身材高大，相貌非凡。不久他们订了婚，但宗素不肯立即结婚，因为她想赴日本留学。1903年春，林白水带着妹妹一同赴日求学。在渡轮上与革命党人吴玉章相遇，吴玉章后来回忆说："我又认识了一位福建的林宗素，我们刚从闭塞的四川出来，看到女子出洋留学，本来就已觉得新奇，而她那滔滔不绝的言词，说的又全是些革命的道理，更使我们感到佩服。"可见，1903年的林宗素，已是一个唤醒二万万女同胞的女界先觉者和满口革命道理的革命者了。

宗素到日本不久，很快成为知名演说能手和妇女运动的领导者。一次留学生大会上，她对着台下一千多名听众演讲女权："二千多年来，两万万女同胞的奇耻大辱莫过于娼妓之存在，我以为仅仅废娼，还不能尽雪前耻。将来我们要报复，他们以前怎么玩我们的，我们要怎么玩他们……"她这一大胆、矫枉过正的演说传到杭州，胡家人听到了几乎崩溃，遂解除婚约。

不久国内传来消息——帝俄强占东北，还进一步提出七项新要求。大清亲贵在节节败战中早已输怕了，但日本的留学生们却义愤填膺。林白水等人组织了留日学生大会、拒俄义勇队。林宗素发起、联络了十几位女生，共同组织了"日本留学女学生共爱会"，商议与义勇队回国从军北征。但清廷通令解散学生军，并扬言一旦抓获就地正法，留学生们只得改以组织军国民教育会来做宣传和发动工作。

由于清廷对爱国学生的严缉，留日学生们决定了3个计划：一是宣传，唤醒民众；二是起义；三是暗杀。林白水等回到上海担任宣传工作，先后创办了《俄事警闻》和《警钟日报》。他还单独创办《中国白话报》。1904年春，林宗素回国在这些报社任编辑。

1905年,《中国白话报》与《警钟日报》先后被迫停刊。3月,林宗素再次东渡日本,进入东京女子高等师范学校。同年秋,黄兴在日本横滨设立制造弹药机关,林宗素与秋瑾、方君瑛等成为积极参与者。1906年1月10日,林宗素在东京加入中国同盟会。不久,日本文部省颁布《取缔清国留日学生规则》,限制中国留日学生的革命活动。这一做法遭到东京8 000余名中国留学生罢课抗议,林宗素退学回到福州。

三、中西合璧的婚礼

订婚后又被退婚的宗素到了近30岁还没有解决终身大事。在日本追求她的人不少,其中学问最好、品行最端正、对宗素最忠实、最默契而情深的是汤忠先生。汤忠到福州拜见准岳父后,大家都高兴地筹办婚礼。

婚礼定在1906年元宵节。这是一场福州空前的文明结婚典礼。这种仪式除了上海,全国也不多见。所谓文明婚礼,就是半中半西式的。新婚夫妇不拜天地也不给家族长辈磕头。结婚的礼服,新娘本要穿白色婚纱,但父亲林钧坚决反对,中国民俗以白色为丧服,他要求女儿穿大红色的,至于样式他倒不讲究。父女僵持之际,林白水折中让妹妹穿粉色西式礼服。

婚礼设在福州仓前山中湖黄府(宗素母舅宅院)。在黄家宽大的宅院里,新郎穿西式黑色燕尾服,新娘穿拖地粉缎礼服,手捧鲜花,头戴粉红色的婚纱,足穿皮鞋,在西洋音乐中慢慢走出。新婚夫妇各有一位男女傧相。在婚礼上,一切下跪磕头等仪式都用鞠躬行礼取代。主婚人是新娘的父亲林钧,祝福新人后,由表兄黄翼云证婚。介绍人就是哥哥林白水,他把妹妹在杭州、上海及日本所做的诸多爱国事情向亲友们介绍后,来宾都很惊奇身边的女子竟也是木兰一样的英雄人物。他们要求新婚夫妇汇报一下他们恋爱的过程。汤忠先生为人忠厚腼腆,不善言辞,而宗素则落落大方地向大家讲述,并告诉大家,是由于汤先生情书写得非常动人,使她最终决定结婚……这场婚礼被誉为福州第一场甚至是福建第一场的中西合璧新式婚礼。

婚后他们一同到了上海。

四、激情燃烧的维权岁月

1911年12月20日,林宗素带头在上海发起了"女子参政同志会",并被选为会长。她们积极进行参政培训,满怀憧憬迎接新纪元。

1912年1月5日林宗素等人专程由上海前赴南京,代表"女子参政同志会"拜见了才上任5天的总统孙中山,他们曾有如下对白:

孙:听到你们女子参政同志会情形及参政同志会成立情形,深以为慰。将来政府必予女子以完全参政权,惟女子须急求法政学知识,了解平等自由之真理。

林:本会现在正办理法政讲习所,拟为将来要求地步,但此事总统虽极力赞成仍恐不免有横生阻力者。

孙:我必力任排解保护之责。

林:本党女党员若联络上书要求参政,能否有效力?

孙:我甚承认贵党可以为全国女胞之代表而尊重之。

林:总统既承认,我将在有关报刊宣布此言,为他日之证据。

孙:甚善。

这就是文前开头,大佬章太炎等人向孙中山发难的由头。

与此同时,女革命者们惊愕地发现,新政权就这样完全放弃了保障男女平等的承诺。1912年2月,南京临时政府参议员开始制定《临时约法》,他们拒绝承认女性有选举权和被选举权。3月19日至21日,连续3天,女界代表到临时参议院去讨说法。门卫不肯放她们进去,这些亲历过革命枪林弹雨的女侠们怒火中烧,动起手来,把卫兵踢倒在地,把参议院的门窗玻璃砸得稀烂,最后强行闯进了议事厅。这就是鲁迅先生在《论妇女的解放》文中提到的:"辛亥革命后,为了参政权,有名的沈佩贞女士曾经一脚踢倒过议院门口的守卫……"

唐群英、张汉英、王昌国等人在南京联络林宗素的"女子参政同志会"及"女子后援会""女子尚武会""女子同盟会""女国民会"等女界团体,组成"女子参政同盟会",这个当时最大的女子参政团体提出11条纲领。她们向参议院和临时大总统孙中山提出请愿书,"要求中央政府给还女子参政权"。这场女权运动被人们赞叹为"五千年来女权之曙光""中国妇女运动的第一声"!

1912年3月10日袁世凯在北京就任大总统,4月1日孙中山正式辞位。

4月24日,林宗素与唐群英、吴木兰等到上海举行秋瑾烈士追悼大会,她在会上提倡以秋瑾为榜样,鼓励妇女们为国家振兴、为取得男女平等权利而战斗。

此后,她又在上海成立"男女平权维持会",继而,5个妇女团体在南京联合组建了"中华民国女子参政同盟会",并决定派代表到北京。

此时北京的参议院正在讨论一项与妇女参政密切相关的法案:国会选举法。该法草案一开始就把妇女排除在外,规定国会议员的选举人和被选举人都必须是年满25岁以上的男子。"女子参政同盟会"的代表赶到北京,起先是向参议院上书,要求修改法律。可是她们的议案连被讨论的资格都没有。对峙多时,参议院却无让步之意,矛盾越来越激化。女界认为:"当民军起义时代,女子充任秘密侦探,组织炸弹队,种种危险,女子等牺牲生命财产,与男子同功,何以革命成功,竟弃女子于不顾?"但无人理睬。

出于党派斗争的需要,同盟会在这年8月改组国民党时广泛团结各方,以便能够在未来的国会选举中成为第一大政党,这样就能实际控制国会,与袁世凯政府抗争。为了团结不同的政治势力,总归要做出一些牺牲,妇女参政权就属于被牺牲的内容之一。宋教仁领导的国民党把同盟会纲领中的"男女平等"条款删除了。

此举激起了女会员的强烈抗议。8月25日国民党召开成立大会。女会员们走向主席台,唐群英义正辞严地责问宋教仁:国民党纲领中删除男女平等这一条"实为蔑视女界,亦即丧失同盟会旧有精神……"宋无言以对,盛怒下唐群英打了宋教仁一记耳光,她们冲到宋教仁面前,"举手抓其额,扭其胡""以纤手乱批宋颊,清脆之声震于屋瓦"。同盟会元老张继等人出来圆场,提议在场的与会代表举手表决是否同意增加男女平权条款,但与会男性集体噤声,举手者寥寥。女会员们见此状怒不可遏,愤而退场。

1913年,国民政府取缔了几乎所有女性的政治组织和权利组织,1914年,在袁世凯政府的《治安警察条例》中,规定女性"不许参与政谈集会",取缔了"女子参政同盟会"。民初的妇女参政运动至此告一段落。

女权运动的失败和参政的失败给林宗素带来极大伤害。而且此时,她与汤忠的婚姻也出现了矛盾。丈夫汤忠性格原来平和内向,先是在蔡元培先生手下任教育次长,后离职在报业工作,他们已经有汤孟斐与汤俊两个孩子,他希望她在家相夫教子,但林宗素性格外向,热衷于参加社会活动,却又在时局里常常受挫。

夫妻俩的朋友、华侨黄亦舟邀请林宗素一家赴新加坡游历和办学,但是汤忠不愿同去,而且也反对宗素去。为了出国之事,两人更伤了和气,1913年他们终于离婚。

五、不安定的余生

在新加坡,林宗素在黄亦舟的帮助下创办了一所华人学校,自任校长。在办校过程中与湖南人张客公结婚。

张客公比林宗素小近 10 岁,在民元之后,曾任《天铎报》主笔,当时不过 20 来岁,也是非常之辈。他的性格与宗素相似,家庭富有,对经商也很内行,10 年不到,他们就成了新加坡富有的华侨。1919 年,毛泽东在湖南所办的《湘江评论》,就是在张客公所建的长沙印刷厂印制的。其间,林白水办报,经济上不时发生困难,宗素常常毫无条件地全力支持。

1922 年 3 月,林宗素一家从新加坡回到北京,不久返回湖南后又赴河南开封工作。1925 年夏天,张、林的爱子国光病逝,夫妻悲伤难抑,遂回到北京与林白水一家同住。1926 年 8 月 6 日,林白水被军阀杀害,宗素料理完后事后就回到了南方定居。张客公作为南京老报人,回国后入南京《中央日报》任总编辑;抗日战争爆发后,任报社总主笔,随报社迁长沙继续出版该报。

林宗素携家远赴大西南,在昆明从事药材生意,从职业革命者转身商人与家庭主妇,但生活并不安定。小儿子汤俊曾在美国学飞机制造,回国期间同美国女友游泳时竟不幸溺亡。

而另一桩家庭的变故想必林宗素在老年时,会回想到自己的从前:林宗素的大儿媳在追求光明、追求理想中,重复了林宗素当年走过的路——1938 年,在南京汤家,汤孟斐的妻子才生下女儿汤明数月,就奔赴延安,一别而去再不回头(后来在中央任职)。无奈之下,孟斐遂把女儿送至云南的奶奶林宗素处抚养。

太平洋战争爆发以及远征军在缅甸战场的失利,日军控制东南亚并对占领区的共产党、抗日分子和华侨进行大屠杀,各国华侨不能通过海路,只能通过陆路即滇缅公路取道回国,云南成了难侨集中地,此时张客公被委以"云南省紧急救侨委员会"主任委员。林宗素虽然没有具体职务,但在孙女汤明的记忆中,她曾随奶奶参加红十字会的活动以及奶奶资助穷人的事情,印象很深刻。

汤明与奶奶朝夕相处了 8 年。民国 33 年(1944),林宗素因患胃癌去世。